ÖKONOMISCHE INTEGRATION

ÖKONOMISCHE INTEGRATION

Beiträge der DDR-Teilnehmer zum IV. Weltkongreß der Ökonomen

Herausgegeben von

PROF. DR. h. c. FRED OELSSNER

im Auftrag des Nationalkomitees
für Wirtschaftswissenschaften
bei der Akademie der Wissenschaften der DDR

AKADEMIE-VERLAG · BERLIN
1975

Erschienen im Akademie-Verlag, 108 Berlin, Leipziger Str. 3—4

Lizenznummer: 202 · 100/232/75
Umschlagentwurf: Ludwig Schünke
Gesamtherstellung: VEB Druckhaus „Maxim Gorki“, 74 Altenburg
Bestellnummer: 752 806 4 (6295) · LSV 0385
Printed in GDR
EVP 13,–

Inhaltsverzeichnis

Vorwort

Mit der vorliegenden Publikation unterbreiten wir der interessierten Öffentlichkeit der Deutschen Demokratischen Republik die Beiträge, die von den Wirtschaftswissenschaftlern unserer Republik auf dem 4. Weltkongreß der Ökonomen geleistet wurden.
Dieser Kongreß fand vom 19. bis 24. August 1974 in Budapest statt. Er war von der Ungarischen Ökonomischen Gesellschaft im Auftrage der Internationalen Ökonomischen Assoziation (IEA) ausgerichtet worden.
Die IEA ist eine nichtstaatliche internationale Vereinigung von Ökonomen, die mit dem Status eines konsultativen Organs zur UNESCO gehört. Die Ökonomen der DDR sind durch das Nationalkomitee für Wirtschaftswissenschaften bei der Akademie der Wissenschaften der DDR seit 1964 in der Internationalen Ökonomischen Assoziation vertreten.
Die Besonderheit des 4. Weltkongresses war es, daß er zum ersten Male in einem sozialistischen Lande stattfand (1956 – Rom, 1962 – Wien, 1968 – Montreal). In bezug auf die Anzahl der teilnehmenden Ökonomen und Länder überragte er weit alle bisherigen Weltkongresse. Während an dem Kongreß 1968 in Montreal 700 Wissenschaftler aus 40 Ländern teilnahmen, waren in Budapest annähernd 2000 Ökonomen aus 78 Ländern anwesend.
Etwa die Hälfte der Delegierten kam aus den sozialistischen Ländern, die stärkste Gruppe aus der Sowjetunion. Die sowjetischen Gelehrten spielten auf dem Kongreß auch eine sehr aktive Rolle, im Plenum sowohl wie in den Arbeitsgruppen. Das grundlegende Referat von Prof. Bogomolov in der Plenarsitzung fand große Beachtung und wirkte sich nachhaltig auf die Debatten aus.
Zum ersten Male nahm auch eine Delegation der DDR an einem Weltkongreß der IEA teil. Obwohl wir 1968 schon Mitglied der IEA waren, konnten wir an dem Kongreß in Montreal nicht teilnehmen, weil uns die damalige kanadische Regierung keine Visa erteilte. Die DDR-Delegation in Budapest bestand aus 54 Teilnehmern, die aus allen bedeutenden wirtschaftswissenschaftlichen Instituten und den Hochschulen

kamen. Sie hatte sich fast ein Jahr lang gründlich auf den Kongreß vorbereitet. Davon zeugen die nachstehend abgedruckten Beiträge. Dementsprechend spielten die Wissenschaftler der DDR auf dem Kongreß auch eine sehr aktive Rolle. Prof. Dr. Willi Kunz von Zentralinstitut für sozialistische Wirtschaftsführung hielt auf die Bitte des Präsidenten der IEA hin ein Korreferat in der Plenartagung, ebenso hielt Prof. Dr. Gunther Kohlmey in der Arbeitsgruppe J das Hauptreferat. Die anderen 23 Beiträge, die nachstehend abgedruckt sind, wurden zum größten Teil in den Arbeitsgruppen vorgetragen. Die wenigen Beiträge, die wegen Zeitmangels nicht mündlich vorgetragen werden konnten, wurden der Kongreßleitung als Material überreicht, so daß sie ebenfalls in diese Veröffentlichung gehören. Das Anliegen unserer Delegation, vor dem Weltforum der Ökonomen die Wirtschaftswissenschaft der DDR zur Geltung zu bringen, konnte verwirklicht werden.

Die allgemeine politische Bedeutung des 4. Weltkongresses besteht darin, daß er ganz im Zeichen der vom XXIV. Parteitag der KPdSU eingeleiteten internationalen Entspannung stand. Vom kalten Krieg waren nur noch einzelne, schwache Luftzüge zu spüren. Grobe antikommunistische oder antisowjetische Provokationen gab es nicht.

Schon der Präsident des Ministerrates der Ungarischen Volksrepublik Jenö Fock, der als Ehrenpatron den Kongreß feierlich eröffnete, appellierte an die Teilnehmer, einen Beitrag zur internationalen Entspannung zu leisten. Er ging dabei auf die ökonomischen Probleme der heutigen Welt ein und machte Mitteilungen über die Methoden zur Lösung der Entwicklungsaufgaben der ungarischen Volkswirtschaft bei aktiver Teilnahme am Rat für Gegenseitige Wirtschaftshilfe.

Das umfassende Thema des 4. Weltkongresses lautete: „Globale, regionale und sektorale ökonomische Integration“. Trotz der sachlichen Atmosphäre, die im Plenum wie in den Arbeitsgruppen herrschte, trafen bei diesem Thema die bestehenden Gegensätze hart aufeinander. Es bestehen ja in Europa real zwei Typen der ökonomischen Integration, die sich prinzipiell voneinander unterscheiden: die sozialistische Integration, vertreten durch den RGW, und die kapitalistische Integration, vertreten durch die EWG. Die Kontroversen über diese beiden Integrationstypen waren in den Diskussionen auf dem Kongreß vorherrschend sowohl im Plenum wie in den zehn Arbeitsgruppen.

Ziemliche Einmütigkeit herrschte darüber, daß die Integrationsprozesse objektive Ursachen haben. Die Entwicklung der Produktivkräfte, die Anwendung der Ergebnisse der wissenschaftlich-technischen Revolution führen zu einer fortschreitenden Internationalisierung der Wirtschaft. Dieser Tatsache muß in beiden Lagern entsprochen werden. Aber das ist nur eine allgemeine Tendenz.

Konkret ist der Charakter der Integration aber sozialökonomisch bedingt. Die Ökonomen aus den sozialistischen Ländern wiesen nach, daß der Integrationstyp in den RGW-Ländern durch die Herrschaft der Arbeiterklasse, durch das gesellschaftliche Eigentum an den Produktionsmitteln und die darauf beruhende zentrale Planung der Volkswirtschaft bestimmt ist. Daraus ergibt sich das Ziel der sozialistischen ökonomischen Integration: die ständige Verbesserung des materiellen und kulturellen Lebensniveaus der werktätigen Massen. Und ebenso ergibt sich daraus der Mechanismus der sozialistischen Integration: Sie umfaßt den gesamten gesellschaftlichen Reproduktionsprozeß, von der wissenschaftlich-technischen Vorbereitung über die Produktion, Zirkulation bis zur Konsumtion, wobei als Mittel der Planung die Ware-Geld-Beziehungen breite Anwendung finden. Der RGW orientiert vor allem auf gemeinsame Entscheidungen produktionstechnischer Aufgaben, auf die Schaffung moderner hocheffektiver Strukturen der Wirtschaft der Teilnehmerländer.

Auch die kapitalistische ökonomische Integration ist durch die politischen und sozial-ökonomischen Verhältnisse der teilnehmenden kapitalistischen Länder bedingt. Bei fortdauernder Herrschaft der Monopolbourgeoisie und Beibehaltung des kapitalistischen Eigentums verfolgt sie ein ganz anderes Ziel, nämlich eine möglichst hohe Rendite, das heißt die Profitmaximierung. Sie kann – wegen ihrer Eigentumsform – nicht den ganzen gesellschaftlichen Reproduktionsprozeß erfassen, sondern muß an der Oberfläche, dem Marktmechanismus haften bleiben, darum nennt sich die EWG ja auch „gemeinsamer Markt“. Ihre Instrumente (und ihre Themen auf dem Kongreß) sind Zölle, Preise, Währungsfragen usw.

Dieser Gegensatz der beiden Integrationstypen bildete das Hauptthema auf dem Kongreß. Die marxistischen Ökonomen bewiesen mit konkreten Tatsachen die Vorteile der sozialistischen ökonomischen Integration. Sie konnten darauf hinweisen, daß die im RGW zusammenarbeitenden sozialistischen Länder heute die stabilste und dynamischste Wirtschaftsregion der Erde bilden. Einige bürgerliche Ökonomen unternahmen den untauglichen Versuch, die mangelnde Effektivität der sozialistischen Integration zu „beweisen“, wobei sie einerseits das Außenhandelsmonopol der sozialistischen Staaten dafür verantwortlich machten und andererseits behaupteten, die sozialistische Integration sei untauglich für den mikroökonomischen Bereich, das heißt für Betriebe, Kombinate usw. Es fiel den Ökonomen aus den sozialistischen Ländern nicht schwer, anhand der Erfolge des RGW und der Krisenerscheinungen in der EWG die Überlegenheit der sozialistischen ökonomischen Integration nachzuweisen. Dieser Hauptgegensatz zieht sich auch wie ein roter Faden durch die nachstehend abgedruckten Beiträge der DDR-Teilnehmer.

Neben diesem Hauptthema spielten auch die Integrationsprozesse zwischen den Entwicklungsländern sowie zwischen ihnen und den entwickelten sozialistischen und kapitalistischen Ländern eine beachtliche

Rolle, besonders in der entsprechenden Arbeitsgruppe, wenn auch der großen Bedeutung dieses Problems nicht genug Rechnung getragen wurde. Daß die Ökonomen der DDR diese Frage nicht unterschätzen, beweisen die vier nachstehend abgedruckten Beiträge zu diesem Thema.

Besonders in bezug auf die Entwicklungsländer, aber auch allgemein fanden die multinationalen Monopole große Beachtung, und auch hierzu haben die DDR-Ökonomen fundierte Beiträge geliefert.

Im ganzen läßt sich sagen, daß die von den DDR-Ökonomen geleisteten Beiträge einen Überblick über den gegenwärtigen Stand der Integrationsforschung in unserer Republik bieten.

Abschließend muß über den Kongreß noch gesagt werden, daß trotz der großen Meinungsverschiedenheiten allgemeine Einmütigkeit darüber bestand, daß die Unterschiede der Integrationstypen und der theoretischen Auffassungen darüber kein Hindernis für die Entwicklung sowohl sachlicher wirtschaftlicher Beziehungen zwischen den Ländern der Integrationsgruppen als auch sachlicher Diskussionen zwischen den Wirtschaftswissenschaftlern beider Gruppen sind. Es bestand Einmütigkeit darüber, daß die Länder der verschiedenen Integrationsgruppen zusammenleben können, miteinander wetteifern und sachliche Wirtschaftsbeziehungen untereinander haben können. Die Voraussetzung dafür ist nur die Beseitigung jeglicher Diskriminierung. Auch dieser Aspekt hat in den Beiträgen der DDR-Wissenschaftler seinen Ausdruck gefunden.

Die Arbeit des Kongresses hat das gegenseitige Verständnis der Ökonomen gefördert, die auf verschiedenen Positionen stehen, und sie hat zugleich die Erfolge aufgezeigt, welche die marxistisch-leninistische ökonomische Wissenschaft in der Erforschung der komplizierten Prozesse der gegenwärtigen Welt aufzuweisen hat. Auch dazu haben die Wirtschaftswissenschaftler aus der Deutschen Demokratischen Republik ihren Beitrag geleistet.

Berlin, 5. Oktober 1974

Prof. Dr. h. c. *Fred Oelßner*
Vorsitzender des Nationalkomitees

Prof. Dr. Willi Kunz
Institut für sozialistische Wirtschaftsführung, Berlin

Zur Einschätzung des Standes und der Entwicklung von Prozessen ökonomischer Integration

1. Einige Ausgangspunkte

Zwischen Vertretern der verschiedensten Auffassungen (marxistischen und nichtmarxistischen) gibt es keine Meinungsverschiedenheiten darüber, daß die Wirtschaftsprozesse bereits gegenwärtig in wesentlichen Teilen internationalisiert sind. Alle Staaten der Erde unterhalten internationale Wirtschaftsbeziehungen. Dabei treten jedoch bedeutende Unterschiede im Grad ihres Gewichts für die nationalen Wirtschaften, in ihrer inhaltlichen Struktur sowie in ihren sozialpolitischen Zielstellungen und Auswirkungen zutage.
Wie differenziert und widersprüchlich dieser Prozeß verläuft, zeigt sich besonders deutlich, wenn wir bedenken, daß weite Gebiete der Erde und große Teile der fast 4 Milliarden Menschen zählenden Erdbevölkerung kaum bzw. sehr schwach in den ökonomischen Kreislauf einbezogen sind. So liegt nach jüngsten Berechnungen der Weltbank das durchschnittliche Bruttosozialprodukt pro Kopf für 2,3 Milliarden Menschen in den ökonomisch wenig entwickelten Ländern Asiens und Afrikas zum Teil beträchtlich unter 200 Dollar pro Jahr und damit bei nur 5 bis 6 Prozent des durchschnittlichen Bruttosozialprodukts pro Kopf der Bevölkerung in den kapitalistischen Industriestaaten.
Wie unser Kongreß in seinem bisherigen Verlauf unterstrich, hat die gewaltige Dynamik der Produktivkräfte in den letzten Jahrzehnten dazu geführt, daß sich Prozesse internationaler Integration des Wirtschaftslebens gegenwärtig sowohl im Sozialismus als auch im Kapitalismus vollziehen, Barrieren werden beseitigt, die eine Weiterentwicklung der Produktivkräfte hemmen. Die Integration führt zu größerer Wissenschafts- und Produktionskonzentration und -potenz, zu höherer Dynamik und Effektivität, zugleich zu stärkerer Verflechtung und Abhängigkeit innerhalb der jeweiligen Gemeinschaft, die den Integrationsprozeß vollzieht.
Internationale Integrationsgemeinschaften, wie der RGW als institutioneller Ausdruck dieser objektiven ökonomischen Entwicklungstendenzen und -prozesse, sind aus dem Wirtschaftsleben Europas und der Welt von heute nicht mehr wegzudenken. Sie bilden eine an Bedeutung und

Einfluß zunehmende weltwirtschaftliche Bedingung für die Entwicklung der Produktion, für den wissenschaftlich-technischen und wirtschaftlichen Fortschritt und deren zwischenstaatliche Regulierung.
Wir sind der Auffassung, daß die wirtschaftliche Integration eine solche Stufe der Internationalisierung des Wirtschaftslebens ist, die in einem langfristigen Prozeß zur Herausbildung umfangreicher internationaler Wirtschaftskomplexe und allmählichen Verschmelzung verschiedener Volkswirtschaften führt. Dieser Prozeß erfolgt durch den Zusammenschluß mehrerer Länder mit gleichartiger sozialpolitischer Struktur, wobei eine regionale Ländergruppierung in jedem Falle das wirtschaftliche Zentrum bildet; er wird mit dem Ziel gestaltet, optimale wissenschaftlich-technische, ökonomische und politische Bedingungen für die Entwicklung der Produktivkräfte im Interesse der herrschenden Klasse in der jeweiligen Ländergruppe zu schaffen. Ein bestimmter staatlicher Leitungsmechanismus mit entsprechenden ökonomischen und juristischen Instrumentarien wird für dieses Ziel eingesetzt.
In der Diskussion über die Vorzüge der Integration, ihre Ziele, Methoden und Resultate, bei der Einschätzung ihres Standes und ihrer Entwicklung pflichten wir allen denjenigen bei, die bei Vergleichen von Entwicklungsreihen und Trends zum Beispiel im RGW und der EWG ausdrücklich darauf verweisen, daß diese *Integrationsprozesse sozialökonomisch determiniert* sind.[1]
Der Zusammenschluß zur *Integration* vollzieht sich *grundsätzlich nur zwischen Ländern gleicher Gesellschaftsordnung.* Somit stehen primär die Ziele, Aufgabenstellungen und Bedingungen der jeweiligen sozialen Ordnung auch für die Einschätzung des Standes bzw. der Entwicklung der Wirtschaftsintegration im Vordergrund.

2. Der Vergleich

2.1. *Die sozialistische ökonomische Integration* im RGW leiten wir in erster Linie aus den Grundinteressen des Sozialismus ab. Sie ist ein planmäßiger, langfristiger Entwicklungsprozeß des Sozialismus, ein Prozeß der zunehmenden Verflechtung der Wissenschafts- und Produktionspotentiale der beteiligten sozialistischen Staaten im RGW mit dem Ziel, die günstigsten Bedingungen für deren Ausnutzung und damit für die Festigung und Weiterentwicklung der sozialistischen Ordnung und für die Verwirklichung der sozialpolitischen Zielstellungen der sozialistischen Gesellschaft in den beteiligten Ländern zu schaffen. Die Anstrengungen der RGW-Länder zur Verwirklichung des Ziels der sozialistischen

[1] Vgl. Diskussion in: Probleme des Friedens und des Sozialismus, 7/73, S. 883 bis 898; 8/73, S. 1051–1058; 10/73, S. 1350–1356; 11/1973, S. 1466–1477; 12/73, S. 1617–1626.

Produktion und zur Entwicklung und Vertiefung der sozialistischen ökonomischen Integration haben bereits zu bedeutsamen Resultaten geführt, die sich direkt auf die Arbeits- und Lebensbedingungen der Bevölkerung auswirken.
So konnten zum Beispiel die RGW-Länder ihre Industrieproduktion und ihr Nationaleinkommen von 1950 bis 1973 beträchtlich, das heißt auf 840 Prozent bzw. auf 570 Prozent[2], erhöhen.
Der RGW liegt im Wachstum des Nationaleinkommens in der Zeit von 1951 bis 1972 mit jährlich durchschnittlich 8 Prozent beträchtlich über den Zuwachsraten der kapitalistischen Industrieländer, die im Durchschnitt bei 4,5 Prozent (Bruttosozialprodukt) lagen.[3]
Damit konnte auch der Anteil des RGW an der industriellen Weltproduktion und am erzeugten Nationaleinkommen der Welt bedeutend erhöht werden.
Auch der Außenhandelsumsatz der RGW-Länder entwickelte sich in schnellem Tempo. Von 1950 bis 1973 erhöhte sich ihr Außenhandelsumsatz auf mehr als das 11fache.
Der Außenhandelsumsatz der RGW-Länder untereinander (Intra-RGW-Handel) stieg von 1950 bis 1973 von 4,5 Milliarden Rubel auf 47,5 Milliarden Rubel[4], das heißt wertmäßig auf mehr als das 10fache.
Dabei liegen die Handelsanteile des Intra-Handels im RGW (für diesen längeren Zeitraum betrachtet) konstant bei etwa 60 Prozent.
Bemerkenswert sind die Strukturveränderungen, die sich im Außenhandel der RGW-Länder vollzogen. Ein beträchtlicher und überdurchschnittlicher Anstieg ist beim Umsatz von Maschinenbauerzeugnissen und industriellen Konsumgütern zu verzeichnen.
Ein schriftliches Material enthält entsprechende Fakten.[5] Die Entwicklung im RGW vollzieht sich dabei stabil und kontinuierlich, sie führt direkt zu positiven Ergebnissen für das Lebensniveau der Bürger in den RGW-Ländern.
In meinem schriftlichen Material sind auch hier entsprechende Zahlenreihen aufgeführt.[6]

[2] Berechnet nach folgenden Quellen: Statistical Yearbook of United Nations, New York, Statističeskij ežegodnik stran-členov Soveta Èkonomičeskoj Vzaimopomošči, Moskva 1973, Sodružestvo Socialističeskoe (Veröffentlichung von Mitarbeitern des Internationalen Instituts für ökonomische Probleme des sozialistischen Weltsystems und des RGW-Sekretariats) Moskva 1973, Anh.

[3] Ebenda, vgl. auch Juraj Vigaš, Die ökonomische Entwicklung der Volkswirtschaften der RGW-Staaten, in: Plánované Hospodářstiví, 2/1974, S. 9/10.

[4] N. S. Patoličev, Die Zusammenarbeit der RGW-Länder im Außenhandel wächst, in: Vnešnaja torgovlja SSSR, 5/1974.

[5] Vgl. Anhang.

[6] Vgl. Anhang.

Auch 1973 hatten die meisten RGW-Länder eine höhere Wachstumsrate der Konsumtion, als das für den Fünfjahrplanzeitraum vorgesehen war. Die Geldeinnahmen der Bevölkerung erhöhten sich im vergangenen Jahr in der UdSSR, der DDR und der ČSSR um 5 bis 6 Prozent, in Ungarn und Rumänien um 9 bis 10 Prozent und in Polen um 13 Prozent. Diese Entwicklung vollzog sich im wesentlichen bei stabilen Einzelhandelspreisen, ohne die Preislawine, von der gegenwärtig die EWG-Länder, Japan, die USA und andere kapitalistischen Staaten betroffen sind.

Die gestiegene Wirtschaftskraft des RGW kommt zum Ausdruck in einer zunehmend modernen und hochproduktiven Wirtschafts- und Industriestruktur, in einer leistungsfähigen Wissenschaft und Technik, in den stetig steigenden Anteilen der RGW-Länder bei weiteren wichtigen Produktions-, Produktivitäts- und Verbrauchskennziffern in der Welt.

Das betrifft zum Beispiel auch die Produktion der wichtigsten Energieträger und industriellen Rohstoffe, wo der RGW zum Beispiel im Unterschied zur EWG in der Lage ist, den Eigenbedarf größtenteils aus eigenem Aufkommen zu decken. So produzierte der RGW 1971 1 063 Milliarden kWh Elektroenergie, die EWG hingegen 615 Milliarden (1950 war das Niveau mit 135 bzw. 123 Milliarden kWh fast gleich).

Bei Steinkohle und Anthrazit sind es 692 bzw. 159 Millionen Tonnen (auch hier war das Niveau 1950 annähernd ausgeglichen); auch in der Weltstahlproduktion hat der RGW seinen Anteil von 18,9 Prozent (1950) auf 28,6 Prozent (1972) erhöht.

Diese Entwicklung unterstreicht, daß die RGW-Länder durch eine langfristig geplante Rohstoff- und Energiepolitik und deren Koordinierung im Rahmen der Gemeinschaft solide Grundlagen für ihre wirtschaftlichen Erfolge geschaffen und entsprechende Stabilität erzielt haben. Die westeuropäischen Länder ließen sich in diesen Sektoren weitgehend von Konjukturüberlegungen leiten und sind gegenwärtig gezwungen, erneut umzustrukturieren.

Bereits gegenwärtig bilden die RGW-Länder als Folge ihrer vertieften Zusammenarbeit das größte zusammenhängende Wirtschaftsgebiet, sie haben sich zur dynamischsten Industrieregion der Welt entwickelt. Sie entwickeln sich schneller, zugleich kontinuierlicher, proportionaler und harmonischer als andere Ländergruppen. Dieser Prozeß vollzieht sich seit Bestehen des RGW mit großer Planmäßigkeit und Stabilität, zunehmender Komplexität und Effektivität.

Die Ergebnisse des RGW konnten nur erreicht werden unter den *Bedingungen der sozialistischen Planwirtschaft*, auf der Grundlage des gesellschaftlichen Eigentums an den Produktionsmitteln.

Für die Leitung der sozialistischen Wirtschaft ist bekanntlich die Planung das bestimmende Charakteristikum. Das trifft auch für die öko-

nomische Integration im RGW zu. Das 1971 in Bukarest beschlossene Komplexprogramm des RGW stellt dazu fest: „Die Mitgliedländer des RGW betrachten die Zusammenarbeit auf dem Gebiet der Planungstätigkeit und besonders der Koordinierung der Pläne als Hauptmethode der Organisation der Zusammenarbeit und der Vertiefung der internationalen sozialistischen Arbeitsteilung."[7]
Die planmäßige Gestaltung der Prozesse der sozialistischen ökonomischen Integration ist ein wesentlicher Vorzug des Sozialismus und zugleich eine Voraussetzung, um langfristig höchstmögliche Effektivität und Stabilität für alle beteiligten Partner zu erreichen. Die RGW-Staaten tragen diesen Bedingungen Rechnung, indem sie

- die Fünfjahrpläne koordinieren und auf dieser Grundlage langfristige Handelsabkommen für 5 Jahre untereinander abschließen und Jahresprotokolle vereinbaren;
- begonnen haben, schrittweise eine gemeinsame Planung für einzelne Industriezweige und Erzeugnisarten durch interessierte Länder zu entwickeln und einzuführen;
- neue Organisationsformen der Zusammenarbeit schaffen, vor allem gemeinsame Wirtschaftsorganisationen und -vereinigungen, die auf ausgewählten Gebieten einen unmittelbaren Zusammenschluß des Wirtschafts- und Produktionspotentials der RGW-Länder gewährleisten (in den letzten 12 Monaten wurden so bedeutende multilaterale Vereinigungen gebildet, wie die Vereinigungen für den Bau von Atomkraftwerken, für den Textilmaschinenbau, für Chemiefasern, aber zum Beispiel zwischen der UdSSR und der DDR auch die bilaterale Vereinigung für die Film- und Fotochemikalienindustrie u. a. m.).

Die Planung der internationalen Wirtschaftsbeziehungen und Entwicklung der Integration im RGW bezieht sich dabei auf solche wichtigen Gebiete, wie

- die gemeinsame Erschließung von Rohstoffvorkommen und Energiequellen;
- die Vertiefung der Arbeitsteilung, Spezialisierung und Kooperation in der verarbeitenden Industrie zur Konzentration und Intensivierung der Produktionsprozesse;
- das schnelle Wachstum des Außenhandelsumsatzes zwischen den RGW-Ländern.

[7] Komplexprogramm für die weitere Vertiefung und Vervollkommnung der Zusammenarbeit und Entwicklung der sozialistischen ökonomischen Integration der Mitgliedsländer des RGW, in: Dokumente RGW, Berlin 1971, S. 27 ff.

Die internationale Planungszusammenarbeit im RGW wird entsprechend den Festlegungen im Komplexprogramm zunehmend dadurch charakterisiert, daß sich ihre Zeithorizonte, Maßstäbe und Verflechtungen ausdehnen und die der Produktion vorgelagerten Phasen, vor allem die Forschung, Entwicklung und Projektierung einschließlich der gemeinsamen Ausarbeitung neuer Technologien ständig mehr zum Gegenstand dieser Zusammenarbeit werden.
Auf dieser Grundlage erarbeiten die RGW-Länder zum Beispiel ein einheitliches System der Nachrichtentechnik, sie haben ein einheitliches System elektronischer Rechenmaschinen der 3. Generation entwickelt (ESER), sie gestalten ein gemeinsames Kosmosprogramm, arbeiten seit Jahren erfolgreich im gemeinsamen Kernforschungsinstitut in Dubna.
Die großen Fortschritte in der Planung der gemeinsamen wissenschaftlich-technischen Arbeit zeigen sich deutlich im Plan des RGW für die Koordinierung der Hauptrichtungen der wissenschaftlich-technischen Forschungen. Für die Jahre 1966 bis 1970 umfaßte dieser Plan noch 50 Probleme, für 1971 bis 1975 umfaßt er jedoch bereits 260 Probleme für die multilaterale und rund 2400 für die bilaterale Zusammenarbeit.
Auf dieser Grundlage werden Koordinierungszentren, internationale Forschungskollektive, Konstruktionsbüros und wissenschaftlich-technische Räte gebildet.
Die Länder des RGW sind dazu übergegangen, gewaltige Entwicklungsressourcen zu erschließen, indem zu einer gemeinsamen Rohstoff- und Energiepolitik übergegangen wurde. Gemeinsame Entwicklungskonzeptionen für solche wichtigen Zweige wie die Metallurgie, den Werkzeugmaschinenbau, den Landmaschinenbau u. a. sind in Vorbereitung.
Damit werden im zunehmenden Maße mögliche uneffektive Parallelentwicklungen und -produktionen in wichtigen Bereichen ausgeschaltet.
Ohne Zweifel müssen in diesem Zusammenhang auch die Festlegungen zu einer gemeinsamen Prognosearbeit der RGW-Länder gesehen werden.
Prognosen, die in bestimmten Fällen bis zum Jahre 2000 gehen, sind als notwendige Ausgangspunkte für die Erarbeitung einheitlicher Programme der RGW-Länder allseitig anerkannt und werden gemeinsame Praxis. Sie bilden eine wichtige Voraussetzung für die komplexe Lösung von Problemen für einen längeren Zeitraum durch gemeinsame langfristige Planung.
Das betrifft zum Beispiel das Brennstoff- und Energieproblem, die Planung neuer Energieträger, einer entsprechenden Produktionstechnologie, rationeller Beförderungssysteme für Energieträger usw.
Die angeführten Fakten beweisen nach unserer Auffassung eindeutig, daß sich im RGW-Bereich umfassende Integrationsprozesse vollziehen.
Besonders in den letzten Jahren (nach Annahme des Komplexprogramms des RGW) wurden vielfältige Voraussetzungen geschaffen, um diesen Prozeß noch dynamischer und für die Beteiligten fruchtbringender voranzutreiben.

Der RGW erweist sich dabei für alle Welt immer offenkundiger als eine sozialistische internationale Integrationsgemeinschaft, der Autarkie bzw. Diskriminierung von Drittländern, zum Beispiel durch ein differenziertes Embargo- bzw. Zollsystem fremd sind. Das echte Interesse an Vertiefung der Zusammenarbeit auch mit Drittländern auf der Basis der Gleichberechtigung und des gegenseitigen Vorteils hat unter den Bedingungen der friedlichen Koexistenz von Staaten unterschiedlicher sozialer Ordnung eine neue materielle Grundlage gefunden. Ausdruck dieser für den gesellschaftlichen Fortschritt positiven Tendenz sind die Zuwachsraten des Außenhandels zwischen RGW-Staaten und nichtsozialistischen Ländern, besonders in den letzten beiden Jahren, wie auch die Zunahme von Kooperationsbeziehungen, die für alle beteiligten Partner von Vorteil sind.

2.2. *Die ökonomische Integration im Kapitalismus* unterliegt auf der Basis des herrschenden kapitalistischen Eigentums an den Produktionsmitteln dem Profitstreben der herrschenden Klasse. Die Integration mit ihren Konzentrations- und Produktivitätseffekten wird von den großen kapitalistischen Monopolen dazu genutzt, um Extraprofite zu realisieren und die Positionen des Kapitalismus zu festigen. Analoge Zielstellungen haben alle regionalen Integrationsgemeinschaften der kapitalistischen Welt.

Die außenwirtschaftlichen Beziehungen zwischen den kapitalistischen Industrieländern sind durch eine weitgehende Internationalisierung mit vielen Elementen der Integration gekennzeichnet, andererseits jedoch durch wachsende innere Widersprüche. Besonders in den wissenschafts- und forschungsintensiven Zweigen operieren mächtige Konzerne in vielen Ländern durch internationale Produktion und entsprechende Markt-Organisation. Das erfolgt sowohl innerhalb von Staatengruppierungen, wie zum Beispiel in der westeuropäischen Gemeinschaft, die sich in völkerrechtlichen Verträgen das Ziel einer Integration gestellt haben, ebenso als de-facto-Verflechtung ohne ausdrückliche staatsrechtliche Vertragsbasis.

Einem weiteren Voranschreiten dieser und anderer Formen weitreichender internationaler Arbeitsteilung zu stabiler Integration steht aber die Tatsache entgegen, daß die auf dem Privateigentum beruhende Gesellschaftsordnung einschließlich ihrer staatlichen und internationalen Organisationen die Gesetze des internationalen Marktes nicht zu beherrschen vermag.

Spontane Preis- und Inflationsentwicklungen sowie unkontrollierbare internationale Kapitalbewegungen führen zu starken Zahlungsbilanzungleichgewichten. Als Reaktion darauf setzen die Staaten ihre Machtmittel und Instrumentarien ein, wobei sie sich bemühen müssen, zwischen dem Wirtschaftswachstum, der Entwicklung des Preisniveaus, der Währung, der Zahlungsbilanz und der Beschäftigungslage ein Gleichgewicht zu erhalten. Dieses wird zunehmend labiler, was immer häufiger einzelne Staaten veranlaßt, global oder auf einzelnen Sektoren zum Nachteil anderer in die Außenwirtschaftsbeziehungen einzugreifen. Da der Gebrauch von Zöllen und Genehmigungen durch internationale Vereinbarungen weitgehend eingeschränkt ist, hat sich ein ganzes Arsenal anderer Methoden herausgebildet. Es handelt sich u. a. um Alleingänge in der Währungspolitik, Erhebung von Depots für Importe, Verteuerung oder Verbilligung von Krediten durch die Diskont- und Reserve-Politik.

Die Labilität der internationalen Wirtschaftsbeziehungen bei gleichzeitigem Anwachsen der Intensität der Verflechtungen und entsprechender hochgradiger Anfälligkeit des Wirtschaftslebens hat Formen angenommen, daß weltweite Krisen immer mehr befürchtet werden. So warnte der Sprecher der „Europäischen Gemeinschaft" Soames im Mai dieses Jahres auf der Jahrestagung der OECD vor weiterer Entliberalisierung des Welthandels, weil das die Gefahr eines Rückfalls in die Rezession der dreißiger Jahre heraufbeschwören würde.

Natürlich wollen wir nicht unzulässig vereinfachen. Was zum Beispiel die westeuropäische Integration anbetrifft, so hat sie zweifellos über viele Jahre die Entwicklung der Produktivkräfte, das ökonomische Wachstum der beteiligten Länder gefördert.

Trotz der unbestritten vorhandenen Wachstumseffekte der Integration innerhalb der EWG-Länder über einen langen Zeitraum zeigen die Jahre 1973 und besonders 1974 eine eindeutige Verlangsamung des ökonomischen Wachstums.

Außer in Italien sinkt die Zuwachsrate der Industrieproduktion in den anderen EWG-Ländern seit dem IV. Quartal 1973, der Anstieg der Verbraucherpreise lag 1973 in den Ländern zwischen 6 und 12 Prozent.[8]

Diese Entwicklung soll sich nach den eigenen Voraussagen und Prognosen der EWG-Organe weiter fortsetzen.

Es zeigt sich auch, daß der EWG-Mechanismus nicht durchgängig für den ganzen Reproduktionsprozeß funktioniert. Konkurrenz, Parallelentwicklungen und -produktionen haben keineswegs abgenommen, sondern haben sich eher verstärkt, da der Mechanismus innerhalb der EWG trotz bestimmter Regulierungsversuche nach wie vor wesentlich durch die kapitalistischen Marktgesetze bestimmt wird.

Am 1. 1. 1974 sollte zum Beispiel der Übergang zur 2. Stufe der Wirtschafts- und Währungsunion erfolgen. Nunmehr mußte jedoch eine „Konsolidierungsphase" eingeschoben werden, die vom heutigen Kanzler der BRD vor dem Royal Institute of International Affairs in London folgendermaßen charakterisiert wurde: „Die sogenannte ‚zweite Stufe', die heute im Gespräch ist, hat mit jener zweiten Stufe wenig zu tun,

[8] Nach Angaben der OECD (Main Economic Indicators, Paris u. a.)

wie sie im Oktober 1972 in Paris angestrebt worden war. Heute besteht statt dessen eine mehr oder weniger halbherzige Übereinstimmung zu einer bestimmten Koordinierung der Konjunkturpolitik."[9]
Und an gleicher Stelle deutete Helmut Schmidt die großen Interessenunterschiede zwischen den EWG-Staaten an, als er sagte: „Sowohl bei den Zielen wie bei den Instrumenten steuern wir unterschiedliche Kurse."[10]
Zusammenfassend zur Entwicklung in der EWG ist also festzustellen, daß die erklärten Ziele und Etappen innerhalb dieser westeuropäischen Gemeinschaft auf Grund beträchtlicher Interessenunterschiede zu wesentlichen Teilen suspendiert wurden.
Ohne Zweifel wirken in Westeuropa zentripetale wie auch zentrifugale Kräfte, Tendenzen der Integration wie der Desintegration.
Die gegenwärtigen Krisenerscheinungen in der EWG sind dabei Teil der Krise des imperialistischen Systems überhaupt.

3. **Einige Schlußfolgerungen** (und Perspektiven)

3.1. Die Wirtschaftsintegration innerhalb des RGW hat auf der Grundlage sozialistischer Planwirtschaft und Plankoordinierung von Jahr zu Jahr an Stabilität und Effektivität zugenommen. Ausdruck dafür sind hohe kontinuierliche Wachstumsraten der ökonomischen Gesamtentwicklung im RGW-Bereich, eine zunehmende Harmonie in den Wirtschaftsbeziehungen und Angleichung des ökonomischen Entwicklungsniveaus der RGW-Länder. Erfolgreich werden neue Formen im Mechanismus der Zusammenarbeit angewandt.
3.2. Für den Bereich der EWG ist einzuschätzen, daß eine gewisse Rückentwicklung gegenwärtig für alle Bereiche und Beziehungen der EWG-Staaten untereinander voll zutrifft.
Einzelinitiativen der Länder sind eindeutig gegen die Gemeinschaft gerichtet. Dazu zählen unter anderem die zeitweilige Freigabe des Wechselkurses des Franc durch das französische Kabinett im Januar, die drastische Importeinschränkung durch die italienische Regierung im Mai diesen Jahres u. a. m.
Die Praxis der EWG wird auch in der Zukunft offensichtlich sowohl durch Integrations- als auch durch Desintegrationstendenzen gekennzeichnet sein.
3.3. Zwei ihrem sozialökonomischen Charakter nach völlig unterschiedliche Arten von Wirtschaftsintegration mit ihren institutionellen Ein-

[9] H. Schmidt, Notwendigkeit einer integrierten europäischen Gesamtpolitik, in: Bulletin, Presse- und Informationsamt der Bundesregierung, Bonn 30. 1. 1974, S. 106.
[10] Ebenda, S. 107.

richtungen stehen sich in der Welt von heute gegenüber. Sie stehen im ökonomischen Wettbewerb miteinander, koexistieren und beginnen allmählich auch sachliche Wirtschaftsbeziehungen miteinander herzustellen.

Die im RGW zusammengeschlossenen Länder haben von Beginn an in ihrer Außenwirtschaftspolitik gleichberechtigte Beziehungen zu den Ländern, die um ihre Unabhängigkeit kämpfen, und zu den kapitalistischen Ländern angestrebt und entwickelt.

Der Weg von der Konfrontation zur Zusammenarbeit von Staaten unterschiedlicher sozialer Ordnung auf ökonomischem Gebiet, auch zwischen den Integrationsgemeinschaften, hat allerdings zur Voraussetzung die Beseitigung jeglicher Diskriminierung und die Förderung gegenseitig vorteilhafter Beziehungen.

Nur so kann die Zusammenarbeit intensiviert und zu einer weiteren Internationalisierung des Wirtschaftslebens beigetragen werden, ohne daß dieser Weg allerdings zu einer Integration (der beiden sozialökonomischen Systeme) führen wird.

Anhang (schriftlich übergebenes Material)

Besonders die ökonomisch ehemals weniger entwickelten Mitgliedsländer des RGW konnten ihren Export von Maschinen, Ausrüstungen und Transportmitteln bedeutend schneller steigern als den Gesamtexport. So erhöhte zum Beispiel die VR Bulgarien den Anteil dieser Erzeugnisse am Gesamtexport von 2,6 Prozent (1955) auf 38,8 Prozent (1973). Die VR Polen steigerte ihren Anteil von 13,1 Prozent auf 38,8 Prozent.

Ökonomisch entwickeltere Länder, wie zum Beispiel die ČSSR oder die DDR, hielten ihren Exportanteil von Maschinen, Ausrüstungen und Transportmitteln bei 46 bis 52 Prozent in den letzten 13 Jahren im wesentlichen konstant, erhöhten demgegenüber jedoch den Import von 21,7 auf 36,3 Prozent (ČSSR) bzw. von 12,7 auf 33,0 Prozent (DDR).[11]

Auf der Grundlage zunehmender internationaler Spezialisierung und Kooperation in der Konsumgüterindustrie und zur Durchführung ihrer sozialpolitischen Programme haben die RGW-Länder in den letzten 3 Jahren ihre gegenseitigen Lieferungen an industriellen Konsumgütern fast doppelt so schnell gesteigert wie den gesamten Warenumsatz.

Diese beachtlichen Strukturveränderungen im Außenhandel der RGW-

[11] Alle Zahlen aus
- Volkswirtschaft der RGW-Länder, Moskau 1974, RGW-Sekretariat, T. 94/95;
- Sodruzestvo sozialističeskoje, Moskva 1973, S. 146 ff.

Länder sind eine Folge der eigenen Industrialisierungsanstrengungen jedes Landes selbst, dabei in zunehmendem Maße auf der Grundlage planmäßiger internationaler Spezialisierung und Kooperation sowie der Verflechtung der Volkswirtschaftsstrukturen zwischen ihnen, also der zunehmenden sozialistischen ökonomischen Integration.
Der Einzelhandelsumsatz in den RGW-Ländern pro Kopf der Bevölkerung stieg 1972 gegenüber 1970 (in vergleichbaren Preisen)[12]

– in der ČSSR	auf 112 Prozent
– in der VR Bulgarien	„ 110 „
– in der UVR	„ 110 „
– in der DDR	„ 122 „
– in der VR Polen	„ 114 „
– in der SR Rumänien	„ 112 „
– in der UdSSR	„ 112 „

[12] Statističeskij eżegodnik stran-členov Soveta Èkonomičeskij Vzaimopomošči, Moskva 1973, S. 321/322.

Prof. Dr. Gunther Kohlmey
Zentralinstitut für Wirtschaftswissenschaften
der Akademie der Wissenschaften der DDR

Interregionaler und internationaler Handel: Trends und Strukturen

1.

Bei der Behandlung der Probleme des internationalen, intraregionalen und subregionalen Handels sind drei methodologische Wege gangbar:
1. die Anwendung der soziologischen bzw. sozialökonomischen Methode,
2. die Methode der reinen ökonomischen Theorie,
3. die historisch-empirische Verfahrensweise, einschließlich Analysen der internationalen Wirtschaftspolitik und ihrer Institutionen.

Auf jedem dieser drei Wege gelangen wir zu spezifischen Ergebnissen. Im vorliegenden Material werden Elemente aller drei Methoden angewandt. Damit wird eine von mehreren möglichen Varianten gewählt, um in einem einleitenden Referat der Problematik des weit abgesteckten Themas einigermaßen gerecht zu werden.
Im folgenden sollen einige Hauptlinien der bisherigen Entwicklung des internationalen Handels der Nachkriegszeit gezogen und auch einige Einschätzungen neuerer Entwicklungslinien versucht werden. Die Klammer um beide Analysen bildet die These:
Weltwirtschaft und Welthandel sind Anfang der siebziger Jahre in einen neuen Entwicklungsabschnitt eingetreten.

2.

2.1. *Zunehmende Veränderungen durch den Sozialismus und zugunsten des Sozialismus* bilden den qualitativen, wenn auch quantitativ erst teilweise genügend wirksamen Grundzug im Ablauf der internationalen Wirtschaftsbeziehungen während der letzten drei Jahrzehnte.
Dies soll noch einmal hervorgehoben werden, weil vor zwanzig, ja noch vor zehn und fünf Jahren von nicht wenigen Wirtschaftswissenschaftlern die Ansicht vertreten wurde, daß es zwar so etwas wie eine „östliche Welt“ gebe, daß deren Existenz aber keine neuen Fragestellungen für die Theorie des internationalen Handels aufwerfe. Inzwischen ist das, wie auch die Themenstellung unseres Kongresses zeigt, anders geworden. Mit der Entwicklung des internationalen Systems des Sozia-

lismus tauchten nicht nur viele neue praktische Fragen der internationalen Wirtschaftsbeziehungen auf, es ergaben sich auch mannigfache neue Probleme der Theorie des internationalen Handels. Mit antiquierten Vorstellungen vom Wirken freier und gleicher Marktkräfte als Grundgrößen bei der Modellierung internationaler Wirtschaftsbeziehungen wird man allerdings der neuen Problematik noch weniger gerecht als schon der alten.

2.2. Der Einfluß der sozialistischen Länder in der Weltwirtschaft hat schnell zugenommen. Allein der Anteil der RGW-Länder an der Weltindustrieproduktion erhöhte sich von 18 Prozent im Jahre 1950 auf etwa 33 Prozent im Jahre 1972.[1] Auch mit ihren durchschnittlichen jährlichen Wachstumsraten des Nationaleinkommens pro Kopf der Bevölkerung (in Prozent) lagen die Mitgliedsländer des Rates für Gegenseitige Wirtschaftshilfe an erster Stelle der verschiedenen internationalen Wirtschaftsgruppierungen:

	1961–65	*1966–70*
Welt	3,2	3,4
Entwickelte kapitalistische Länder	4,2	3,9
Entwicklungsländer	1,5	2,7
RGW-Länder	4,7	6,4

Der Anteil der RGW-Länder am Welthandel (Volumen-Index) erhöhte sich von 9,5 Prozent im Durchschnitt der Jahre 1956–60 über 10,8 Prozent 1961–65 auf fast 12 Prozent im Jahre 1973. Im gleichen Jahr betrug der Anteil am Wertvolumen nur 9,5 Prozent. Die Differenz ist auf die inflationäre Entwicklung der kapitalistischen Weltmarktpreise zurückzuführen. Während in der zweiten Hälfte der fünfziger Jahre und in den sechziger Jahren bis einschließlich 1968 die Differenzen zwischen den *Veränderungen* der Außenhandelspreise des Intrahandels der RGW-Länder und der Preise auf den internationalen kapitalistischen Märkten nicht sehr groß waren, müssen wir ab 1969 bei der Berechnung des Anteils der sozialistischen Länder am Welthandel die Inflationsraten der kapitalistischen Märkte berücksichtigen. In der heutigen Zeit der

[1] Quellen für alle Zahlen, wenn keine gesonderten Angaben erfolgen: Berechnungen des Verfassers nach
Statistical Yearbook, UN,
Monthly Bulletin of Statistics, UN,
Sodružestvo socialističeskoe, Moskva 1973,
Statističeskij ežegodnik stran-členov Soveta Ėkonomičeskij Vzaimopomošči, Moskva, verschiedene Jahrgänge,
Narodnoe chozjajstvo SSSR. Statističeskij ežegodnik, Moskva, verschiedene Jahrgänge.

Inflation, Preislabilität, Währungskrisen wie schließlich Geld- und Kapitalmarktspekulationen in der Welt des Kapitalismus ist bemerkenswert, daß 1973 *zwischen allen* sozialistischen Ländern Waren im Wert von etwa 70 Milliarden US-Dollar (laufende Wechselkurse) zu im wesentlichen stabilen Preisen umgesetzt wurden. Das sind dem Volumen nach mehr als 10 Prozent des Welthandels. Unbedingt hervorzuheben ist auch die Stabilität der sozialistischen Valutabeziehungen.[2]

2.3. Vor einigen Jahren waren die Bedingungen gegeben, daß die RGW-Länder zur internationalen Wirtschaftsintegration übergehen konnten, um die Vorzüge der internationalen Arbeitsteilung wirkungsvoller ausnutzen zu können.[3]

Das gesellschaftliche Eigentum an den Produktionsmitteln bietet im Sozialismus die Möglichkeit, die internationale Wirtschaftsintegration zwischen *gleichberechtigten* Partnern *vereinbart, komplex* und staatlich *zentral geplant* durchzuführen. Die ergriffenen Maßnahmen erfassen in der Regel den *gesamten* Reproduktionszyklus der jeweils *ausgewählten* Gebiete der *interessierten* Partner – von der Grundlagenforschung über Investitionen und Produktion bis zum Absatz.

Die Vorzüge der zentralen staatlichen und international koordinierten oder auch gemeinsamen Planung ausgewählter ökonomischer Prozesse der RGW-Länder kommen in den bisher gebildeten zweiseitigen und mehrseitigen Koordinierungszentren für wichtige Forschungsthemen zum Ausdruck, ebenso in internationalen Wirtschafts- (Forschungs- und Produktions-) Organisationen einschließlich gemeinsamen Produktionsbetrieben.

In diesen Einrichtungen arbeiten wissenschaftlich-technische Räte die erforderlichen wissenschaftlichen, technischen und wirtschaftlichen Strategien aus; sie planen gemeinsame und abgestimmte Forschungen ebenso wie Konstruktionsarbeiten, gemeinsame Standards, Investitionsabstimmungen, internationale Produktionskooperationen, Bezug, Absatz und technische Dienste. Es entwickelt sich auf ausgewählten Gebieten eine gemeinsame Planung und eine gemeinsame technische Politik. National und international erweitert sich der Verantwortungsbereich der Betriebe und anderen wirtschaftlichen Organisationen. Notwendig ist der weitere Ausbau eines integrationsgemäßen ökonomischen Mechanismus in den beteiligten Volkswirtschaften und zwischen ihnen.

[2] Der Goldgehalt des transferablen Rubels, der gemeinsamen Verrechnungswährung der RGW-Staaten, ist ebenso gleichberechtigt zwischen den Partnern vereinbart worden wie die Kurse dieser Valuta gegenüber den Währungen der Mitglieds- und Nichtmitgliedsländer. Selbstverständlich werden auch alle Änderungen vereinbart.

[3] Komplexprogramm für die weitere Vertiefung und Vervollkommnung der Zusammenarbeit und Entwicklung der sozialistischen ökonomischen Integration der Mitgliedsländer des RGW, in: Dokumente RGW, Berlin 1971.

2.4. Die RGW-Länder konnten dank eigener Anstrengungen und durch internationale Zusammenarbeit Fortschritte bei der Angleichung ihres zunächst stark unterschiedlichen wirtschaftlichen Niveaus erzielen. (Vgl. *Tabelle 1.*)

Tabelle 1

Fortschritte bei der Angleichung des wirtschaftlichen Entwicklungsniveaus der europäischen RGW-Länder 1950–1970
(Angaben je Kopf der Bevölkerung: UdSSR jeweils = 100)

Land	Nationaleinkommen		Industrieproduktion		Agrarproduktion	
	1950	1970	1950	1970	1950	1970
Bulgarien	60	96	43	82	84	113
Ungarn	119	81	78	71	165	132
DDR	131	135	136	154	84	106
Polen	114	81	70	73	169	120
Rumänien	55	70	31	57	78	80
ČSSR	172	109	143	110	120	92

Quelle: J. N. Beljajev/L. S. Semenova, Socialističeskaja integracija i mirovoe chozjajstvo, Moskva 1972, S. 96.

Setzen wir die Erzeugung des Nationaleinkommens je Kopf der Bevölkerung 1960 = 100, so hatten 1972 erzielt:

Rumänien	246
Bulgarien	221
Jugoslawien	191
Polen	190
UdSSR	189
Ungarn	183
DDR	171
ČSSR	161
Mongolei	106 Prozent

Im Wachstumstempo liegen die früher schwach entwickelten Länder, mit Ausnahme der Mongolischen Volksrepublik, an der Spitze. Für die Förderung dieser Republik wurde mit dem Integrationsprogramm der RGW-Staaten ein umfangreicher Maßnahmeplan in Gang gesetzt.
Die in *Tabelle 2* abzulesenden Veränderungen des Quotienten $\frac{\text{Maschineneinfuhr}}{\text{Maschinenausfuhr}}$ bringen ebenfalls deutlich die ökonomischen Angleichungsprozesse im RGW-Bereich zum Ausdruck.

Tabelle 2

$\frac{\text{Einfuhr}}{\text{Ausfuhr}}$ von Maschinen der europäischen RGW-Länder 1955–1972
(Importe = 1)

Land	1955	1960	1965	1970	1972
Bulgarien	0,05	0,28	0,57	0,78	0,77
ČSSR	3,65	2,21	1,63	1,54	1,54
DDR	14,10*	3,85	2,98	1,40	1,67
Ungarn	2,76	1,23	1,16	0,98	1,01
Polen	0,42	0,92	1,00	1,04	0,93
Rumänien	0,15	0,57	0,49	0,54	0,54
UdSSR	0,65	0,68	0,61	0,67	0,65

* metallverarbeitende Industrie

Quellen: Berechnet nach Statističeskij eżegodnik stran-členov Soveta Ėkonomičeskij Vzaimopomošči, Moskva 1971, 1972
DDR 1955: Statistisches Jahrbuch der DDR, 1955

Damit steht im Zusammenhang, daß der Anteil der Nahrungsmittel, Rohstoffe und Brennstoffe am Außenhandel zwischen den RGW-Ländern von 42 Prozent im Durchschnitt der Jahre 1956–60 auf 27 Prozent 1966–70 zurückging und der Anteil der Maschinen von 29 auf 37 Prozent zunahm.

3.

Für die bisherige *Nachkriegsentwicklung des intraregionalen und internationalen Handels des nichtsozialistischen Weltwirtschaftsbereichs* waren vor allem folgende Prozesse kennzeichnend:
3.1. Der antikoloniale Befreiungskampf und die fast vollständige Beseitigung der alten Kolonialreiche führten zu Reduzierungen und Umgestaltungen in den Wirtschaftsbeziehungen zwischen ehemaligen Kolonien und „Mutterländern" und damit zu einigen neuen internationalen Handelsströmen.
3.2. In der Nachkriegszeit bildete sich die Gruppierung der Entwicklungsländer heraus, die im internationalen Handel und bei internationalen Beratungen wiederholt mit im wesentlichen einheitlichen Vorschlägen auftraten; allerdings waren sie politisch und wirtschaftlich stark differenziert, und die Differenzierungen haben zugenommen.
Wenn auch der Anteil der Entwicklungsländer an der Weltindustrieproduktion (im einzelnen sehr unterschiedlich) etwas zugenommen hat, so waren doch die internationalen Wirtschaftsbeziehungen der kapita-

listischen Welt für die meisten Entwicklungsländer keine Quelle für Entwicklung, Wachstum und Volkswohlstand.
Ein großer Teil der Produktion und des Außenhandels von Entwicklungsländern befindet sich in der Verfügungsgewalt ausländischen Kapitals. Das System der „dual economy“ wurde ausgebaut. Nach Schätzungen entfallen (im Durchschnitt!) mehr als 30 Prozent des Außenhandels der Entwicklungsländer auf Umsätze der „multinational corporations“.[4]
Während der Anteil der Entwicklungsländer am Welthandel, wie bekannt, laufend zurückgegangen ist, haben Verschuldung und Schuldendienst stark zugenommen. Die öffentliche und private Verschuldung der Entwicklungsländer ist in den sechziger Jahren im Jahresdurchschnitt um rund 15 Prozent angestiegen, der Schuldendienst um etwa $10^1/_2$ Prozent, aber die Ausfuhren dieser Länder erhöhten sich nur um etwa 7 Prozent.[5] Diese aggregierten Prozesse verliefen regional und strukturell sehr ungleichmäßig. Dazu gehören Erscheinungen einer Dekapitalisierung von Entwicklungsländern. Hierfür ein Beispiel (in Mill. US-Dollar):[6]

	1960	1970
Direkte Privatinvestitionen der USA in Entwicklungsländern	210	956
Gewinne	1835	3688
davon: Reinvestitionen	358	575
Ausgeschüttete Gewinne	1506	3115

Der Außenhandel *zwischen* den Entwicklungsländern hat sich relativ rückentwickelt: von 4,8 Prozent der Weltexporte im Jahre 1960 auf 3,4 Prozent im Jahre 1970.[7] Die Zollunionen, Wirtschaftsgemeinschaften und Integrationsversuche der Entwicklungsländer konnten unter den geschilderten Umständen des kapitalistischen Weltwirtschaftsbereichs nur wenig Erfolg haben. Der Anteil der Entwicklungsländer an den Ausfuhren/Einfuhren der kapitalistischen Industrieländer ging von rund 29 Prozent im Jahre 1955 auf rund 18 Prozent im Jahre 1970 zurück.
Wenn auch der Anteil der sozialistischen Länder am Außenhandel der Entwicklungsländer aus historischen Gründen noch niedrig war, so konnte er doch in den sechziger Jahren erhöht werden. Mit 8,6 Prozent lag die durchschnittliche jährliche Zuwachsrate der Ausfuhren der Entwicklungsländer in die sozialistischen Länder höher als die Wachstumsraten der Exporte in die USA (5,3 Prozent), EWG der Sechs (8,0 Prozent) und EFTA (4,1 Prozent).[8]

[4] Bjul'etin inostrannoj komerčeskoj informacii. Moskva 29. 12. 1973.
[5] World Bank/I. D. A., Reports, und: Statistical Yearbook, UN.
[6] Survey of Current Business, August 1962, October 1971.
[7] Yearbook of International Trade Statistics (UN); Monthly Bulletin of Statistics (UN).
[8] Ebenda.

Als Fazit aus 3.2. ergibt sich, daß die imperialistische Politik der Unterentwicklung des größten Teils der Bevölkerung und der Gebiete des kapitalistischen Bereichs der Weltwirtschaft eines der größten Hemmnisse des internationalen Handels war und ist.[9]

3.3. Ähnlich wie in der Freihandelsära der zweiten Hälfte des 19. Jahrhunderts, die auf der Vormachtstellung Großbritanniens beruhte, war in den Jahren nach dem zweiten Weltkrieg auf der Grundlage der Vorherrschaft der USA das Funktionieren des zunächst relativ stabilen Systems von Bretton Woods ebenso möglich wie eine relative Liberalisierung des internationalen Kapitalverkehrs und, im Rahmen des GATT, des kapitalistischen internationalen Handels. Dabei gab es, zum Beispiel gegenüber sozialistischen Staaten, genügend Prozesse der Diskriminierung und des Protektionismus. Es gab ferner in zunehmendem Maße binnenwirtschaftliche Regulierungen durch die einzelnen Staaten und großen Konzerne mit entsprechenden Wirkungen auf den Außenhandel. Mit der Verstärkung der Positionen der Konkurrenten der USA wurden die tarifären, nichttarifären und valutarischen Regulierungen des Außenhandels ausgebaut. So kam es zum Zusammenbruch des Mechanismus von Bretton Woods, zur internationalen Währungskrise des Kapitalismus und zu den damit im Zusammenhang stehenden umfangreichen spekulativen Bewegungen von kurzfristigem Kapital.[10] Das führte zu den bekannten Deformationen und Konflikten im kapitalistischen Bereich des Welthandels.

3.4. Eine neue Erscheinung im kapitalistischen Bereich der Weltwirtschaft war in der Nachkriegszeit die Herausbildung regionaler Integrationsblöcke führender kapitalistischer Staaten. In ihnen laufen nicht nur neue Prozesse volkswirtschaftlicher Verflechtungen (der Internationalisierung der Wirtschaft) ab, hier zeigt sich auch, wie die Zusammenhänge von EWG und NATO deutlich machen, eine neue Verknüpfung von imperialistischer Politik und internationalen Wirtschaftsbeziehungen.

Bekanntlich nahm der Intrahandel der EWG-Partner – anders als im RGW-Bereich (vgl. 5.2.) – eindeutig vorrangig im Vergleich zum Handel mit Drittländern zu. Es gab und gibt diskriminierende Regelungen

[9] Vgl. Vierte Konferenz nichtpaktgebundener Staaten (September 1973 in Algier), Politische Deklaration, in: Asien, Afrika, Lateinamerika, 1/1974. S. 45 f.

[10] Im Wirtschaftsbericht des Präsidenten der USA vom Januar 1973 ist die Rede von „kurzfristigen Kapitalbewegungen, die, auf das ganze Jahr umgerechnet, in den ersten drei Quartalen 1972 zu einer Nettoeinfuhr an kurzfristigem Kapital (in die USA) von 0,9 Milliarden US-Dollar führten, während im Jahr 1971 noch ein Nettoexport von 10,2 Milliarden zu verzeichnen war“. (Economic Report of the President, January 1973, Washington 1973, S. 116.)

gegenüber sozialistischen Staaten und Entwicklungsländern; das war und ist ein weiterer Störfaktor in den internationalen Wirtschaftsbeziehungen.[11]

3.5. Eine andere neue Form der internationalen wirtschaftlichen Verflechtungen und der internationalen Arbeitsteilung im Imperialismus der Nachkriegszeit, zugleich aber auch ein neuer Störfaktor in den internationalen Wirtschaftsbeziehungen waren das schnelle Wachstum und die Ausdehnung der Einflußsphäre der großen transnationalen Konzerne, besonders der der USA. Trans- und multinational sind sie in der Regel nicht durch Eigentum und Leitung, vielmehr durch ihre Tochtergesellschaften, Filialen, Einflußsphären und Wirtschaftsoperationen.

Während der Integrationsbereich der RGW-Mitgliedsländer gegen das Eindringen der „multinational corporations" abgesichert wurde, bauten diese ihre Machtpositionen und Einflußsphären in vielen Entwicklungsländern aus und führten eine weitere wirtschaftliche Verflechtung der entwickelten kapitalistischen Volkswirtschaften herbei. Als vertikale Integration von Konzernen wirkten sie desintegrierend gegenüber der horizontalen Integration regionaler Gruppierungen (EWG). Wenn sie auch monopolistische und oligopolistische Marktsituationen schufen, trugen sie gleichzeitig zu verschärftem internationalen Konkurrenzkampf bei.

„Während ihre Tätigkeiten oft global sind, sind ihre Interessen die von Unternehmen ... Ihre Vorherrschaft kann oft monopolistische Strukturen hervorrufen, wodurch die weltwirtschaftliche Effektivität reduziert wird und alternative Aktivitäten verdrängt und verhindert werden."[12]

Nach (natürlich nur rohen) Schätzungen, die im zitierten UN-Material über „multinational corporations" enthalten sind, betrug die Produktion dieser Konzerne 1971 etwa 330 Mrd. US-Dollar und lag damit um etwa 32 Prozent über der Summe der Ausfuhren aus den kapitalistischen Industriestaaten. Mehr als 15 Prozent des nichtsozialistischen Welthandels – nach anderen Schätzungen über 25 bis 30 Prozent – entfallen auf die Umsätze *innerhalb* der „Multis". So ist ein beträchtlicher Teil des heutigen internationalen Handels im kapitalistischen Bereich der Weltwirtschaft *direkt* ein Intra-Konzern-Handel (indirekt natürlich viel mehr).

Der Einfluß der „multinational corporations" auf den nichtsozialistischen internationalen Handel hat sich in den sechziger Jahren verstärkt. So erhöhten sich zum Beispiel die Umsätze der Filialen von US-Gesell-

11 Vgl. u. a. Vierte Konferenz nichtpaktgebundener Staaten, Wirtschaftliche Deklaration, Abschnitt XI, in: Asien, Afrika, Lateinamerika, 1/1974, S. 60.

12 Multinational Corporations in World Development, UN, ST/ECA/190, New York 1973, S. 2.

schaften der verarbeitenden Industrie im Ausland von 23,6 Mrd. Dollar im Jahre 1960 um 225 Prozent auf 76,8 Mrd. Dollar im Jahre 1970, während die Fertigwarenexporte der USA in dieser Zeit nur um 138 Prozent zunahmen (von 12,3 auf 29,3 Mrd. Dollar).[13]
Die „Multis“ *nutzen* die Unterschiede zwischen den einzelnen staatlichen Gesetzgebungen und Regelungen aus (Lohn- und Sozialpolitik, Finanz- und Steuer-, Preis- und Währungspolitik); gleichzeitig *beeinflussen* sie diese Politik und Gesetzgebung. Da „die Entscheidungszentren multinationaler Unternehmen außerhalb der Reichweite der territorialen Aktionsmöglichkeiten liegen“[14], geht von ihnen, besonders gegenüber wirtschaftlich schwachen Ländern, die Tendenz zur Untergrabung der wirtschaftlichen Selbständigkeit und der politischen Souveränität von Staaten aus. Sie waren und sind eine der Hauptkräfte des Neokolonialismus.

3.6. Die wirtschaftliche Macht der großen kapitalistischen Länder und die Ausdehnung ihres Einflusses im kapitalistischen internationalen Handel – 1955 entfielen 58,3 Prozent dieses Handels (Export) auf die USA und Westeuropa, 1972 waren es 67,1 Prozent – beruhte auf alten und neuen Formen der nationalen und internationalen Ausbeutung. Von den neuen internationalen Formen seien erwähnt:

1. Die zeitweilige oder dauernde Beschäftigung eingewanderter, nicht gleichberechtigter und nicht gleichgestellter ausländischer Arbeitskräfte.
2. Der „Brain Drain“ als eine spezielle Form dieser Einwanderung.
3. Die Verschwendung von natürlichen Ressourcen und der Bezug billiger Nahrungsmittel, Rohstoffe und Brennstoffe aus Entwicklungsländern.
4. Die Beschäftigung billiger Arbeitskräfte in Betrieben der Entwicklungsländer, die ausländischen Firmen gehören. (In Entwicklungsländern kann der Quotient $\frac{\text{Produktionsergebnis}}{\text{Lohn}}$ größer als in entwickelten kapitalistischen Ländern sein.) Damit ist der Abzug von Gewinn aus den Entwicklungsländern verbunden – verschärft durch terms of trade und Währungskrisen.

3.7. Wir können nicht daran vorbeigehen, daß es andere wichtige Störfaktoren im internationalen Handel der letzten zwei, drei Jahrzehnte gab: lokale imperialistische Aggressionen; antinationale, antidemokratische und antisozialistische Aktionen; außenpolitische und handelspolitische Diskriminierungen der verschiedensten Art. Die friedlichen und wohlstandsfördernden Funktionen des internationalen Handels wurden

[13] P. G. Peterson, The United States in the Changing World Economy, Washington 1972, Chart 57.
[14] EG-Experten, zitiert nach: Handelsblatt (Düsseldorf), 5. 2. 1973.

dadurch gestört.[15] So ist es unerläßlich, Vorschläge für die Verbesserung der internationalen Wirtschaftsbeziehungen mit Vorschlägen für Entspannung und friedliche, gleichberechtigte internationale Zusammenarbeit zu verbinden.

3.8. Wenn auch die historische Tendenz zur weiteren Internationalisierung des Wirtschaftslebens, verstärkt durch die neuen Maßstäbe der Anwendung von Wissenschaft und Technik in der modernen Großproduktion, durch die politischen und sozialökonomischen Machtverhältnisse des Imperialismus deformiert und gehemmt wurde, so entwickelte sich doch, wie bekannt, der internationale Handel in der Nachkriegszeit schneller als Nationaleinkommen und Industrieproduktion.

Obwohl einwandfreie und vergleichbare Zahlen nur zum Teil zur Verfügung stehen, kann festgestellt werden, daß fast so schnell, ebenso schnell oder schneller noch als der internationale Handel mit Gütern der internationale Kapitalverkehr, die internationalen Dienstleistungen, der internationale Transfer von Wissen (know how, Technologien, Lizenzen u. a. m.) und der internationale Tourismus zugenommen haben.

4.

Wenn wir die Skizzen der Ziffern 2 und 3 ein wenig verallgemeinern, so läßt sich *eine vielschichtige Dialektik in der gegenwärtigen Entwicklung des internationalen Handels* herauslesen:

4.1. Die von Marx formulierte grundlegende ökonomische Dialektik von Produktivkräften und Produktionsverhältnissen zeigt sich im heutigen Welthandel in den beiden Tendenzen zur

- weiteren allgemeinen (extensiven und intensiven) Internationalisierung von Produkten und gesamter Wirtschaft, zur Erweiterung und Vertiefung von internationaler Arbeitsteilung und internationalem Handel;
- sozialökonomischen Differenzierung und Determinierung dieses Prozesses, abgeleitet aus den jeweils gegebenen Produktionsverhältnissen und gesellschaftlichen Strukturen.

4.2. In der heutigen Weltwirtschaft vollzieht sich der widerspruchsvolle Prozeß der weiteren Herausbildung und Konsolidierung selbständiger Nationen mit komplexen Volkswirtschaften und der gleichzeitigen engeren Verbindungen zwischen den Völkern und Verflechtungen zwischen den Volkswirtschaften.

In der wirtschaftlichen Zusammenarbeit der Mitgliedsländer des RGW geht der komplizierte Prozeß der Herausbildung und Konsolidierung

[15] Vgl. Resolution 2626 (XXV) vom 24. Oktober 1970 (Internationale Entwicklungsstrategie für die zweite Entwicklungsdekade der Vereinten Nationen), United Nations, New York 1970, Absatz A 5 (engl.).

sozialistischer Nationen, Staaten und Volkswirtschaften Hand in Hand mit ihrer Annäherung, der allmählichen Angleichung ihres Entwicklungsniveaus und der Integration ihrer Volkswirtschaften.
In vielen Entwicklungsländern bilden und konsolidieren sich allmählich freie Nationen und selbständige, komplexe Volkswirtschaften. Dies ist das Ergebnis des Kampfes gegen die Entfremdung der Individuen und Völker durch neokolonialistische Abhängigkeit und Ausbeutung. Internationalisierung durch internationale Konzerne, Politik der Unterentwicklung usw. ist weltwirtschaftliche Entfremdung; Internationalisierung durch gleichberechtigte Zusammenarbeit und gegenseitige Unterstützung ist Annäherung der Völker.
So ist die These nicht haltbar, daß etwa Nation und Nationales heute statisch, internationale Konzerne jedoch dynamisch seien.
4.3. Mit den neuen Prozessen der Internationalisierung der Produktion erhielten Bildung und Austausch internationaler Werte neue Grundlagen, Triebkräfte und Formen. Das gilt in gleicher Weise für die Ausnutzung komparativer Vorteile durch internationale Arbeitsteilung und Außenhandel.
Modellmäßig vereinfacht lassen sich bekanntlich die folgenden Typen der Bildung internationaler Werte und Ausnutzung komparativer Vorteile formulieren:
- bei internationaler Immobilität der Produktionsfaktoren und Ausnutzung komparativer Vorteile nur über den Außenhandel;
- bei internationaler Mobilität eines oder mehrerer Produktionsfaktoren, wobei der internationale Transfer von Wissen (Information, Technologie usw.) eine spezifische Bedeutung erlangt hat;[16]
- in internationalen Forschungs- und Produktionseinrichtungen.

Aus den neuen Vorgängen der Bildung und Realisierung internationaler Werte ergeben sich neue Funktionen des Außenhandels, die vor allem bei Integrationsprozessen in Erscheinung treten:
- Umsatz nicht nur von Rohstoffen und Finalprodukten, sondern zunehmend von Bauelementen, Baugruppen, Teilen, Teilmaschinen usw. im Rahmen internationaler Produktionsspezialisierung und -kooperation.
- Umsätze im Zusammenhang mit der internationalen Bewegung von Produktionsfaktoren: Gewährung und Tilgung von Krediten, Investitionsbeteiligungen und internationaler Transfer von Wissen in verschiedenen Formen.
- Umsätze zur Realisierung der Anteile in gemeinsamen Unternehmen sowie Bezug und Absatz dieser Betriebe.

[16] Auf dem Dritten Weltkongreß der I. E. A. (Montreal, September 1968) hat hierzu H. G. Johnson referiert: H. G. Johnson, The Theory of International Trade.

4.4. Die Dialektik von intraregionalem und internationalem Handel ist eine aus 4.1. bis 4.3. *abgeleitete,* also *sekundäre* Dialektik. Das Regionale ist nur ein Akzidens des Sozialökonomischen. Die Bewertung von Prozessen des Bilateralismus (zum Beispiel bilateraler Produktionskooperation), der intraregionalen Beziehungen und des internationalen Handels hängt ganz von ihrem sozialökonomischen Charakter und ihrer Effektivität ab, von ihren Funktionen bei der Entwicklung gleichberechtigter internationaler Wirtschaftsbeziehungen, der Förderung des wirtschaftlichen Wachstums und des Lebensstandards, der Annäherung der Nationen.

5.

In der heutigen Zeit der Veränderungen der Kräfteverhältnisse und der verschiedenen strukturellen Umgestaltungen in den internationalen ökonomischen Beziehungen sind Fortschreibungen bisheriger Entwicklungen in die nächsten 15 bis 20 Jahre nicht möglich. Trotzdem lassen sich vielleicht *einige zukünftige Entwicklungstendenzen des internationalen und intraregionalen Handels* skizzieren.

5.1. So wird *die Rolle der sozialistischen Länder* zukünftig in den internationalen Wirtschaftsbeziehungen qualitativ und quantitativ größer als in der Vergangenheit sein.

Im Rahmen der Wirtschaftsintegration der RGW-Länder wird das technisch-ökonomische Potential der Partnerländer ausgebaut und intensiviert. Die aus 2.3. und 4.3. abzuleitenden Integrationsaufgaben des intrasystemaren Handels werden erweitert, was unter anderem zu einer weiteren Verbesserung der Außenhandelsstrukturen zugunsten der verarbeitenden Industrie führt. Der Vorrang des Wachstums des Außenhandels gegenüber dem der Industrie und des Nationaleinkommens, der in der zweiten Hälfte der sechziger Jahre relativ gering war, wird verstärkt. Diese Tendenz zeichnet sich bereits seit 1969 ab.

Dieser Verlauf erklärt sich vor allem aus den Industrialisierungsprozessen in bisher weniger entwickelten sozialistischen Volkswirtschaften und aus dem Übergang zu intensiverer Ausnutzung der Vorteile internationaler Arbeitsteilung. Das Verhältnis $\frac{\Delta x + m}{\Delta p}$ durchlief, wenn wir die Angaben in *Tabelle 3* schematisieren, drei Phasen:

1. Phase: Beginn der Industrialisierung, mit stark wachsendem Importbedarf (Investitionsgüter, Roh- und Brennstoffe) und (im allgemeinen etwas weniger stark) ansteigenden Exporten (vor allem Agrarprodukte, Rohstoffe und auch einfache Industriewaren), mit denen die Importe bezahlt werden.

2. Phase: Die schon einigermaßen entwickelte Industrie deckt zunehmend Teile des Bedarfs der Volkswirtschaft an Investitions- und Konsumgütern; aber die junge Industrie ist auf den Außenmärkten noch wenig wettbewerbsfähig; so läßt das Anwachsen der Außenhandelsintensität vorübergehend nach.

Tabelle 3

Wachstumsraten der industriellen Produktion und des Außenhandelsumsatzes der europäischen RGW-Länder 1950–1972 (in Prozent)

Zeitraum	Δ p*	Δ (x + m)**
1951–1955	89	89
1956–1960	62	71
1961–1965	49	49
1966–1970	48	54
1971–1972	24	25

Quelle: Vom Verfasser berechnet nach: Sodružestvo socialističeskoe, Moskva 1973, S. 140 und Anhang, Darstellung 1 (1971–1972 vom Verfasser anhand von UN-Statistiken berechnet)

* Industrieproduktion
** Export plus Import

3. Phase: Die Industrie wird international wettbewerbsfähig; im Interesse weiteren Wachstums muß sie international spezialisiert werden, die Außenhandelsintensität nimmt wieder schneller zu.

5.2. Der Handel der RGW-Staaten mit nichtsozialistischen Ländern dürfte auf der Grundlage der sozialistischen ökonomischen Integration und im Rahmen der Politik der friedlichen Koexistenz zunächst etwas schneller als der Intrahandel der RGW-Länder zunehmen (wert- und auch volumenmäßig) und dann etwa ebenso schnell wachsen wie dieser.
Der Anteil der nichtsozialistischen Länder am gesamten Außenhandelsumsatz der RGW-Staaten betrug (in Prozent):[17]

1956–60	1961–65	1966–70	1970	1971	1972
25,0	29,4	34,2	35,1	35,9	33,2

Tabelle 4 enthält die jährlichen Wachstumsraten des Außenhandels der RGW-Staaten mit den verschiedenen Regionen.
Die Thesen von der ex ante- oder auch ex post-Autarkie der einzelnen

[17] Berechnet nach Statističeskij ežegodnik stran-členov Soveta Ėkonomičeskij Vzaimopomošči, Moskva 1973, und Monthly Bulletin of Statistics, UN.

sozialistischen Volkswirtschaft und der RGW-Gemeinschaft insgesamt[18] sind theoretisch nicht haltbar und von der Praxis widerlegt.
Wenn die Position verschiedener westlicher Kräfte aufgegeben wird, daß die Meistbegünstigung nicht gegenüber sozialistischen Staaten gelten

Tabelle 4

Jährliche Wachstumsraten des Außenhandelsumsatzes der RGW-Länder 1956 bis 1972 (Prozent; lfd. Preise)

Periode	Insgesamt	Zwischen europ. RGW-Länd.	Mit anderen sozialist. Ländern	Mit kapital. Industrieländern	Mit Entwicklungsländern
∅ 1956–60	10,9	10,9	4,9	13,5	17,6
∅ 1961–65	8,4	9,0	./. 14,0	10,1	17,4
∅ 1966–70	8,7	8,2	3,2	11,3	11,2
1968	9,1	10,9	8,5	6,7	5,1
1969	10,4	9,0	3,2	13,3	13,0
1970	11,0	10,7	5,2	11,3	13,3
1971	9,0	9,1	20,6	11,0	2,0
1972	18,4	20,6	3,3	14,6	17,7

Quellen: Yearbook of International Trade Statistics, UN
Monthly Bulletin of Statistics, UN

Anmerkung: Ohne Handel zwischen den Volksrepubliken Asiens sowie zwischen DDR und BRD. Jugoslawien ist gemäß UN-Statistik bei den kapitalistischen Industrieländern und Cuba bei den Entwicklungsländern enthalten.

könne und andere westliche Handelshindernisse abgebaut und beseitigt werden, könnten die Außenhandelsaktivitäten der sozialistischen Länder im „Ost-West-Handel" verstärkt werden.[19] Ihre Exporte bzw. Importe in diesem Handel könnten von rund 22½ Mrd. US-Dollar im Jahre 1972 auf etwa 80 Mrd. und mehr im Jahre 1985 ansteigen (bei Annahme unveränderter Kurse und Preise). Diese Entwicklung hätte auch für die

[18] Vgl. z. B. die Ausführungen einiger USA-Wirtschaftswissenschaftler auf einer Konferenz, enthalten in: A. A. Brown/E. Neuberger (Hrsg.), International Trade and Central Planning, Berkeley und Los Angeles 1968.

[19] Hätte es keinen kalten Krieg und andere internationale Handelshemmnisse gegeben, hätten die Exportstrukturen der RGW-Länder früher verbessert und Unterschiede im technologischen Niveau gegenüber westlichen Industrieländern eher reduziert werden können.

Sicherheit und Entspannung in Europa große Bedeutung.[20] Der Handel zwischen RGW-Staaten und kapitalistischen Staaten Europas sollte in stärkerem Maße die Formen des traditionellen Handels nur mit Finalprodukten abstreifen und auf der zu erweiternden Basis der wissenschaftlich-technischen und Produktionszusammenarbeit effektivere Funktionen erhalten. Dabei könnten auch neue Organisationsstrukturen entwickelt werden, zum Beispiel durch Einbeziehung der in 2.3. erwähnten internationalen Wirtschaftsorganisationen der RGW-Staaten in die Beziehungen zwischen Staaten verschiedener Gesellschaftsordnung.[21]

5.3. Während der Außenhandelsumsatz *zwischen* den RGW-Ländern 1961–65 im jährlichen Durchschnitt um 9 Prozent und 1966–70 um 8,2 Prozent zunahm, erhöhten sich die Umsätze mit den Entwicklungsländern um 17,4 bzw. 11,2 Prozent. (Vgl. *Tabelle 4.*) Auch in Zukunft wird es Unterschiede zwischen den beiden Wachstumsraten geben. Im Jahre 1971 nahm allerdings der Außenhandelsumsatz der RGW-Staaten mit den Entwicklungsländern nur um rund zwei Prozent zu. Im ersten Zwischenbericht des UN-Department of Economic and Social Affairs über die zweite Entwicklungsdekade der Vereinten Nationen wird vermutet, daß damit „ein Trend der osteuropäischen Länder" zum Ausdruck komme[22] und daß „ähnliche Ungewißheiten in bezug auf die künftigen Importe aus Entwicklungsländern" auftreten könnten wie in der EWG.[23] Dieser Annahme widersprechen nicht nur die Grundsätze der sozialistischen Politik gegenüber Entwicklungsländern, sondern auch die Gesamtentwicklung der Zusammenarbeit mit dieser Ländergruppe und die Steigerungsraten des Außenhandels mit ihr in den Jahren 1972 (fast 20 Prozent) und 1973 (+ 28 Prozent).

Es kann damit gerechnet werden, daß sich der Anteil der Ausfuhren der sozialistischen Staaten an den Gesamtausfuhren der Welt in die

[20] Vgl. Entwurf einer Gemeinsamen Erklärung über die Entwicklung der Zusammenarbeit auf dem Gebiet der Wirtschaft, des Handels, der Wissenschaft und Technik sowie im Bereich des Umweltschutzes, von der Ungarischen Volksrepublik und der DDR im Juli 1973 in Helsinki bei der Vorbereitung der Konferenz über Sicherheit und Zusammenarbeit in Europa vorgelegt, Neues Deutschland v. 6. 7. 1973, S. 6.

[21] Eine andere organisatorische Form wurde mit dem Abkommen über die Zusammenarbeit zwischen dem RGW und Finnland vom Mai 1973 gewählt. (Texte: Vnešnaja Torgovlja SSSR 10/1973, Moskva.)

[22] Implementations of the International Development Strategy. Papers for the First Over-all Review and Appraisal of Progress during the Second United Nations Development Decade. Bd. II, UN, New York 1973, S. 92.

[23] The International Development Strategy. First Over-all Review and Appraisal of Issues and Policies. Report of the Secretary General, UN, New York 1973, S. 46.

Entwicklungsländer von knapp 10 Prozent in den Jahren 1970–72 auf etwa 15 bis 18 Prozent im Jahre 1985 erhöhen wird. In Verbindung damit werden die Halbfertigwaren- und Fertigwarenimporte der sozialistischen Länder aus den Entwicklungsländern weiter vorrangig zunehmen. Eine noch größere Rolle werden die wissenschaftlich-technische Zusammenarbeit mit einer Reihe von Entwicklungsländern und der gemeinsame Aufbau von Produktionsbetrieben, Einrichtungen der Infrastruktur u. a. m. spielen.[24]
Langfristige Stabilität der Beziehungen ist ebenso notwendig wie der schon in 5.2. erwähnte Einsatz neuer Institutionen.[25]

6.

Einige *Entwicklungstrends des internationalen Handels im nichtsozialistischen Weltwirtschaftsbereich* dürften sein:
6.1. Der Anteil des Handels *zwischen* den Entwicklungsländern am Welthandel (Wert und Volumen) wird allmählich etwas zunehmen. Durch wirtschaftliche Zusammenschlüsse von Entwicklungsländern werden sich einige neue intraregionale Handelsströme herausbilden.
Die wirtschaftlichen Zusammenschlüsse werden unterschiedlicher Art sein. So werden sich unter anderem antiimperialistische junge Staaten mit progressiven Eigentums-, Sozial- und Einkommensstrukturen zusammenschließen. Weiter ist anzunehmen, daß Entwicklungsländer, die schon in bestimmtem Maße industrialisiert sind, dabei auch Produzentenländer wichtiger Roh- und Brennstoffe (mit gewissen Monopolstellungen), zu regionalen Industriezentren einer Gruppe von Entwicklungsländern werden. Damit im Zusammenhang wird sich die Nachfrage dieser Länder nach Roh- und Brennstoffen erhöhen, und auf den internationalen Märkten „einfacher" Fertigwaren wird die Konkurrenz stärker.
Die Unterschiede zwischen den am wenigsten entwickelten Ländern und Entwicklungsländern mit Industrie dürften größer werden.[26] Besondere internationale Maßnahmen zur Minderung von Hunger, Krankheit und Analphabetentum in den am wenigsten entwickelten Ländern werden erforderlich.

24 Vgl. vier Vorschläge zur Verbesserung der industriellen Kooperation der sozialistischen Staaten mit Entwicklungsländern, in: Implementations of the International Development Strategy, ..., New York 1973, S. 106.
25 So wurde 1973 mit Wirkung vom 1. 1. 1974 die Bildung eines Entwicklungsfonds bei der Internationalen Investitionsbank der RGW-Länder beschlossen.
26 Vgl. den entsprechenden Hinweis auf gegenwärtige Tendenzen, in: Weltbank/IDA, Jahresbericht 1973, Text in Deutsch, S. 7.

Regionale Integrationen von Entwicklungsländern werden erfolgreich und zugleich auch progressiv sein, bei zwei Bedingungen:

1. eigene Produktionsverbesserungen durch sozial gerechte und wachstumsfördernde Eigentums- und Distributionsverhältnisse;[27]
2. internationale Zusammenarbeit mit sozialistischen Staaten und allen nichtsozialistischen Ländern und Einrichtungen, die gleichberechtigte wirtschaftliche Zusammenarbeit und den Aufbau einer selbständigen nationalen Wirtschaft gewährleisten.

6.2. In den kapitalistischen Industrieländern wird wegen der weiteren Fortschritte der modernen Großproduktion der Außenhandel auch in nächster Zukunft vorrangig gegenüber der Industrieproduktion wachsen. Allerdings dürfte aus folgenden Gründen eine längerfristige Verlangsamung des industriellen Wachstums (und auch des Wachstums des Außenhandels) in den kapitalistischen Industrieländern eintreten:

– Einschränkung der in 3.6. erwähnten internationalen Ausbeutungsbasis der führenden kapitalistischen Staaten;
– zunehmende soziale und politische Konflikte;
– destabilisierende Wirkungen von Inflation, Währungs-, Kapitalmarkt- und Zahlungsbilanzkrisen wie auch hektischen Preisbewegungen;
– zunehmende Ausgaben für bisher vernachlässigten Umweltschutz;
– relative Verknappung von Brennstoffen und Rohstoffen, wobei demgegenüber die Substitutionsforschung und de facto-Substitution noch viele Jahre weiterhin zurückbleiben.[28]

6.3. Aus 5., 6.1. und 6.2. ergibt sich, daß sich der Konkurrenzkampf auf den internationalen kapitalistischen Märkten wesentlich verschärfen wird. Die Tendenzen zu regionalen Gruppierungen, zu Protektionismus und Bilateralismus werden verstärkt wirksam, wobei die Konkurrenz zwischen transnationalen Konzernen und Einzelstaaten wie auch regionalen und subregionalen Gruppierungen zunehmen wird. Einige neue regionale Wirtschaftsbeziehungen (mit Vereinbarungen über Investitionen, Produktion und Lieferungen) dürften sich zwischen einigen Entwicklungsländern (sich industrialisierenden Rohstoffproduzenten) und kapitalistischen Industriestaaten herausbilden. Aus diesen und anderen Gründen werden starke zentrifugale und desintegrierende Kräfte in der EWG wirksam werden.

[27] Vgl. Resolution 2626 (XXV) vom 24. Oktober 1970 (Internationale Entwicklungsstrategie für die zweite Entwicklungsdekade der Vereinten Nationen), United Nations, New York 1970, Absatz B 18 (engl.) und UNESCO, Committee for Development and Planning, 1970 („Tinbergen-Bericht").

[28] Dieses Zurückbleiben ist vor allem damit zu erklären, daß der Bezug billiger Brennstoffe und Rohstoffe aus Entwicklungsländern deren Verschwendung und nicht die Substitution stimulierte. Aus diesen und anderen Gründen ist die sogenannte Energiekrise keine natürlich bedingte Knappheitskrise, sondern ein sozialökonomischer Prozeß.

6.4. Aus den in 6.2. und 6.3. dargelegten Gründen ist mit einem Rückgang der Wachstumsraten des physischen Volumens des Außenhandels der kapitalistischen Industriestaaten zu rechnen. Der Anteil bestimmter Gruppen von Entwicklungsländern am internationalen Handel wird zunehmen (ebenfalls physisches Volumen). Da die Nachfrage nach Roh- und Brennstoffen in allen Bereichen der Weltwirtschaft anhalten wird, ist langfristig (im Durchschnitt) mit einer zumindest parallelen Entwicklung der Preise für Rohstoffe und für Fertigwaren auf den kapitalistischen internationalen Märkten zu rechnen. In Verbindung mit anderen erwähnten Faktoren dürfte deshalb der Anteil der Entwicklungsländer am Welthandel zumindest nicht weiter sinken.

7.

Die erwähnten Prozesse und Trends rechtfertigen nach Meinung des Autors die These, daß Weltwirtschaft und internationaler Handel in eine neue Phase ihrer Nachkriegsentwicklung eingetreten sind. Bei der Lösung der in dieser Phase anstehenden internationalen Wirtschaftsaufgaben können wir von einer These in der „Deklaration“ der VI. Sondertagung der UN-Vollversammlung ausgehen, die lautet:
„Die gegenwärtige internationale Wirtschaftsordnung steht im direkten Widerspruch zur heutigen Entwicklung in den internationalen politischen und ökonomischen Beziehungen.“[29]
In der neuen Phase werden Kräfte und Gegenkräfte miteinander darum ringen, eine „rationelle und gerechte internationale Arbeitsteilung“ durchzusetzen und eine „grundlegende Umstrukturierung des Weltwirtschaftssystems“ herbeizuführen, wie es im „Aktionsprogramm für die Schaffung einer neuen internationalen Wirtschaftsordnung“ heißt, das auf der erwähnten UN-Sondertagung im April 1974 angenommen wurde.[30]

[29] Deklaration über die Schaffung einer neuen internationalen Wirtschaftsordnung, VI. Sondertagung der UN-Vollversammlung, Dokument A/9556 (Teil II), 1. Mai 1974, in: Außenwirtschaft, 22/1974.

[30] Aktionsprogramm über die Schaffung einer neuen internationalen Wirtschaftsordnung, in: Außenwirtschaft, 22 und 23/1974.

Arbeitsgruppe A

Einschätzung des Standes und der Entwicklung der Wirtschaftsintegration

Dr. H. Bruder / Prof. Dr. K. H. Stiemerling
Institut für Gesellschaftswissenschaften beim ZK der SED

Zu einigen Merkmalen der sozialistischen ökonomischen Integration der Mitgliedsländer des Rates für Gegenseitige Wirtschaftshilfe

Jede Betrachtung des erreichten Standes der ökonomischen Integration der Mitgliedsländer des RGW muß zunächst von den Zielen ausgehen, die sich diese Länder in dem von der XXV. Tagung des Rates für Gegenseitige Wirtschaftshilfe angenommenen „Komplexprogramm für die weitere Vertiefung und Vervollkommnung der Zusammenarbeit und Entwicklung der sozialistischen ökonomischen Integration der Mitgliedsländer des RGW" gestellt haben.[1] Dabei ist zu beachten, daß die RGW-Länder einerseits bereits auf eine 25jährige erfolgreiche Entwicklung ihrer wirtschaftlichen Zusammenarbeit zurückblicken können, sich aber andererseits noch in der Anfangsphase der Verwirklichung des 1971 angenommenen und für einen Zeitraum von 15—20 Jahren berechneten Komplexprogramm befinden.
Die sozialistische ökonomische Integration ist ein objektiver Prozeß. Er zielt darauf ab, die Vorzüge der sozialistischen Produktionsverhältnisse zu nutzen, langfristige stabile Kooperationsbeziehungen herzustellen und die Plankoordinierung als Hauptmethode zu verwirklichen.
Die sozialistische ökonomische Integration ist ein von den kommunistischen und Arbeiterparteien und den Regierungen der Mitgliedsländer des RGW bewußt und planmäßig gestalteter Prozeß der internationalen sozialistischen Arbeitsteilung, der Annäherung ihrer Wirtschaften und der Herausbildung einer modernen hocheffektiven Struktur der nationalen Wirtschaften, der schrittweisen Annäherung und Angleichung ihres ökonomischen Entwicklungsniveaus, Herausbildung tiefgehender und stabiler Verbindungen in den Hauptzweigen der Wirtschaft, Wissenschaft und Technik, der Erweiterung und Festigung des internationalen Marktes dieser Länder sowie der Vervollkommnung der Ware-Geld-Beziehungen.
Die sozialistische ökonomische Integration der Staaten des RGW ergibt

[1] Vgl. Komplexprogramm für die weitere Vertiefung und Vervollkommnung der Zusammenarbeit und Entwicklung der sozialistischen ökonomischen Integration, in: Dokumente RGW, Berlin 1971, S. 13/20.

sich aus der beschleunigten Internationalisierung des Wirtschaftslebens, deren materielle Grundlage der Fortschritt auf wissenschaftlich-technischem und sozialem Gebiet ist.

Die Zusammenarbeit sozialistischer Staaten beruht auf der strikten Verwirklichung der Prinzipien des sozialistischen Internationalismus, der harmonischen Verbindung internationaler und spezifischer Aufgaben, auf konsequenter Respektierung der nationalen Interessen, auf der Gleichberechtigung und der territorialen Integrität. Im Rahmen dieser freiwilligen Zusammenarbeit erhält jedes der Länder die günstigsten Möglichkeiten für die Stärkung seiner Souveränität und Unabhängigkeit und genießt gleichzeitig alle Vorteile, die sich aus der gegenseitigen Hilfe und kameradschaftlichen Unterstützung ergeben.

Die Tätigkeit des RGW in 25 Jahren seines Bestehens zeigt, daß die sozialistische Gesellschaftsordnung auch im internationalen Leben Beziehungen völlig neuen Typs hervorbringt, die durch volle Souveränität und Gleichberechtigung sowie Mitverantwortung jedes Landes für die Realisierung gemeinsamer Interessen und Aufgaben gekennzeichnet sind. Diese zwischenstaatlichen Beziehungen sind von gegenseitigem Vorteil, von kameradschaftlicher Hilfe und von gegenseitiger Unterstützung getragen und werden durch strikte Freiwilligkeit und unbedingte Einhaltung eingegangener Verpflichtungen, durch Planmäßigkeit und hohe Effektivität gekennzeichnet. Es hat sich eine neue Qualität internationaler zwischenstaatlicher Beziehungen herausgebildet, die die Unterdrückung und Ausbeutung einzelner Länder ausschließt und die vom Kapitalismus verursachte ungleichmäßige ökonomische Entwicklung allmählich überwinden hilft.

Die Vertiefung des wirtschaftlichen Integrationsprozesses der Mitgliedsländer des RGW erfordert, die Leitung, Planung und Stimulierung der Wirtschaftsprozesse dieser Länder noch enger einander anzugleichen und die konkreten wirtschaftspolitischen Aufgaben (insbesondere auf den Gebieten der Investitions- und Strukturpolitik, der Außenwirtschaft) noch wirksamer zu koordinieren. Das bedeutet vor allem, den demokratischen Zentralismus in der Wirtschaftstätigkeit zu verbessern, die Rolle und Autorität des Planes zu erhöhen und die Ware-Geld-Beziehungen besser auszunutzen, damit durch die Anwendung vervollkommneter Planungsmethoden und wirksamer ökonomischer Regelungen Effektivität und Stabilität der wirtschaftlichen Tätigkeit erhöht werden.

Die sozialistische ökonomische Integration erweitert und vertieft planmäßig die internationale Arbeitsteilung und Kooperation. Sie dehnt sie einerseits auf neue Gebiete der Produktion aus, andererseits vertieft sie vor allem die Spezialisierung und Kooperation innerhalb der einzelnen Produktionszweige. Aus der Verflechtung der Volkswirtschaftsstrukturen erwachsen Konzentrations-, Zeit-, Struktur-, Substitutions-, Außenwirtschafts- und andere Effekte.

Die Konzentration der Produktion infolge der schneller als bisher wachsenden Arbeitsteilung und Kooperation vergrößert die Produktionsvolumina, sie erhöht die Seriengrößen und schränkt die Sortimentsbreite ein. Durch Arbeitsteilung und Kooperation, die alle Phasen der Reproduktion erfassen, können das technische Niveau und die Qualität der Erzeugnisse erhöht und Zeitaufwand und Kosten für ihre Entwicklung und Herstellung verringert werden. Es werden Substitutionsprozesse stimuliert, die sich bei Beschränkung der Produktionsentwicklung auf den Rahmen der einzelnen Volkswirtschaft nur in geringem Umfang und Tempo durchsetzen können, weil natürliche und produktionstechnische Voraussetzungen dafür fehlen und sie im nationalen Rahmen nicht oder nur unter großen Schwierigkeiten und mit höherem Aufwand geschaffen werden könnten.
Rationalisierende Einflüsse übt die Integration auch auf die Investitionsprozesse aus. Konsequente Arbeitsteilung und Kooperation, die bereits in der Forschung und Entwicklung einsetzen und sich zunehmend über den gesamten Prozeß der Realisierung von Investitionen erstrecken, können helfen, den Investitionsaufwand bezogen auf die zu schaffenden Kapazitätseinheiten zu verringern.
Die sozialistische ökonomische Integration schafft neue Bedingungen für den Einsatz der wissenschaftlich-technischen Potentiale der einzelnen Mitgliedsländer. Durch Arbeitsteilung und Kooperation im internationalen Maßstabe (gemeinsame Arbeit nationaler Forschungseinrichtungen an bestimmten Forschungsaufgaben bzw. Schaffung internationaler Forschungseinrichtungen) entstehen Voraussetzungen für eine Konzentration der Forschungskapazitäten. Daraus ergibt sich die Möglichkeit, die Durchführung wissenschaftlich-technischer Arbeiten zu beschleunigen und den Aufwand für wissenschaftlich-technische Vorleistungen für die Produktion rationeller zu gestalten.
In der DDR sind gegenwärtig bereits 80 Prozent der Aufgaben des Staatsplanes für Wissenschaft und Technik in verschiedenen Formen mit der internationalen Arbeitsteilung verbunden.
Ein Gradmesser des Standes der Integration der Mitgliedsländer des RGW ist die Entwicklung ihres gegenseitigen Außenhandelsumsatzes. Dieser Umsatz weist ein schnelles Wachstum auf. Er stieg 1970 gegenüber 1960 um 133 Prozent. Sein Wachstumstempo beschleunigte sich nach der Annahme des Komplexprogramms noch erheblich.
Der Anteil des gegenseitigen Warenaustausches der RGW-Länder ist hoch. Er wird von keiner anderen Ländergruppe, die sich zum Zwecke der ökonomischen Integration zusammengeschlossen hat, übertroffen. Seit 1970 stieg der Anteil des gegenseitigen Außenhandelsumsatzes der RGW-Länder an ihrem gesamten Außenhandelsumsatz von 60,9 Prozent auf 62,7 Prozent. Für die Mehrzahl der RGW-Länder liegen die Anteile des gegenseitigen Außenhandelsumsatzes sowie des Exports und Imports

Anteile des Außenhandelsumsatzes mit den RGW-Ländern

	Umsatz in Prozent zum Gesamtumsatz
Bulgarien	78,1
Ungarn	65,0
DDR	67,8
Kuba	61,2
Mongolische Volksrepublik	95,4
Polen	59,4
Rumänien	46,6
UdSSR	59,6
ČSSR	67,1

Quelle: Berechnet nach Statističeskij ežegodnik stran-členov SEV, Moskva 1973, S. 353.

noch wesentlich über dieser Durchschnittszahl für die gesamte Staatengemeinschaft.

Die Warenstruktur des gegenseitigen Exports und Imports der RGW-Länder weist eine Reihe wesentlicher Veränderungen aus, die als Ausdruck ihrer zunehmenden Integration und der Annäherung ihres ökonomischen Entwicklungsstandes zu betrachten sind. Beim Export von Maschinen, Ausrüstungen und Transportmitteln weisen fast alle RGW-Länder eine Steigerung der Strukturanteile aus. Die stärkste Entwicklung verzeichneten im Zeitraum von 1960 bis 1972 die bisher industriell weniger entwickelten Länder, wie Bulgarien (auf das 2,6fache) und Rumänien (auf das 2fache). Auch die UdSSR (auf das 1,9fache) und Polen (auf das 1,3fache) traten wesentlich stärker als Exporteure von Maschinen, Ausrüstungen und Transportmitteln in Erscheinung. Dagegen weist der Exporteur mit dem bisher größten Anteil von Maschinenexporten, die DDR, die größte Steigerung des Anteils von Importen von Maschinen, Ausrüstungen und Transportmitteln am Gesamtimport aus. Der Strukturanteil dieser Warengruppe hat sich im Zeitraum von 1960 bis 1973 mehr als verdreifacht.

Die Strukturanteile des gegenseitigen Exports von Industriewaren für den Massenbedarf sind bei der Mehrzahl der RGW-Länder zum Teil sehr erheblich gestiegen. Dagegen weisen die Strukturanteile des Imports der gleichen Warengruppe geringere Veränderungen aus.

Für den gesamten Außenhandel kann man feststellen, daß die RGW-Länder ein schnelles und stabiles Wachstum ihres Außenhandelsumsatzes aufweisen. Das beweist anschaulich die folgende Übersicht für die DDR, die im Zeitraum von 1966–70 sämtliche langfristigen Handelsabkommen nicht nur erfüllt, sondern die weitaus meisten übererfüllt

und neue Abkommen mit erheblicher Steigerung für den Zeitraum von 1971 bis 1975 abgeschlossen hat.
Die langfristigen Handelsabkommen der DDR mit den europäischen RGW-Ländern 1966–1970 und 1971–1975 (Mrd. Rubel)

Zeitraum		Bulgarien	Ungarn	Polen	Rumänien	UdSSR	ČSSR	insges.
1966–70	Abkommen	0,9	1,6	2,4	0,6	12,8	2,6	20,9
1966–70	Realisierung	1,2	1,7	2,4	0,8	14,0	3,3	23,3
1971–75	Abkommen	2,3	2,6	4,1	1,4	22,0	4,5	36,9

Die erheblichen Verschiebungen, die sich seit 1960 in den Anteilen der Hauptwarengruppen im gegenseitigen Außenhandelsumsatz der RGW-Länder vollzogen haben, stehen in unmittelbarem Zusammenhang mit der Vertiefung der internationalen Arbeitsteilung zwischen ihnen und sind Ausdruck der zunehmenden Verflechtung ihrer Volkswirtschaftsstrukturen.
Offensichtlich werden sich bei den erreichten hohen Anteilen z. B. des Exports und Imports von Maschinen, Ausrüstungen und Transportmitteln derartig auffällige Verschiebungen nicht mehr vollziehen. Zudem führt die zunehmende innerzweigliche Spezialisierung und Kooperation dazu, daß sich die Fortschritte in der Verflechtung der Vertiefung der Arbeitsteilung und der Volkswirtschaftsstrukturen als mikrostrukturelle Wirkungen bei geringfügigeren Veränderungen der Relationen der Hauptwarengruppen äußern werden.
Als Ausdruck der sich vollziehenden Integration und der damit verbundenen Annäherung des Entwicklungsniveaus der RGW-Länder muß man die Annäherung im produzierten Nationaleinkommen je Einwohner sowie die Tendenzen zur Annäherung der Strukturanteile der verschiedenen Bereiche der Volkswirtschaft am produzierten Nationaleinkommen betrachten.
Die Reduzierung der Unterschiede im produzierten Nationaleinkommen pro Kopf der Bevölkerung wird ein Ergebnis der unterschiedlichen Wachstumsraten des Nationaleinkommens in den einzelnen Ländern sein.
Mit der Errichtung der entwickelten sozialistischen Gesellschaft und der Schaffung der materiell-technischen Grundlagen des Kommunismus in der Sowjetunion sowie mit den sichtbaren Fortschritten bei der Gestaltung der entwickelten sozialistischen Gesellschaft in anderen RGW-

Ländern rückt der Prozeß der schrittweisen Angleichung des ökonomischen Entwicklungsniveaus der Mitgliedsländer des RGW immer mehr in den Mittelpunkt. Im Sozialismus gibt es ein objektiv bedingtes Interesse aller Länder – der industriell entwickelten wie der industriell weniger entwickelten –, den Prozeß der schrittweisen Angleichung des ökonomischen Entwicklungsniveaus zu beschleunigen.

Die wichtigsten Bedingungen für die Angleichung des ökonomischen Niveaus sind der gemeinsame Kampf um höchste Arbeitsproduktivität und die rationellste Leitung und Planung. Noch sind die Produktivitätsunterschiede (gemessen am Nationaleinkommen, an der industriellen und landwirtschaftlichen Produktion je Beschäftigten) zwischen den RGW-Ländern beachtlich. Sie werden in einem längeren Prozeß entsprechend den im Komplexprogramm gewiesenen Wegen reduziert werden.

Doch die in den vergangenen 25 Jahren erreichten Erfolge (zwischen den europäischen RGW-Ländern veränderte sich das Verhältnis zwischen dem Land mit dem höchsten Pro-Kopf-Nationaleinkommen und dem Land mit dem niedrigsten Pro-Kopf-Nationaleinkommen von etwa 3 : 1 auf etwa 2 : 1) berechtigen zu großem Optimismus, daß durch zielstrebige und vereinte Anstrengungen aller beteiligten Länder im Kampf um höchste Effektivität der sozialistischen Produktion weitere Fortschritte auf diesem Gebiet erreicht werden.

Der Prozeß der Angleichung des ökonomischen Entwicklungsniveaus bedeutet nicht, daß in allen sozialistischen Ländern in jeder Beziehung gleichartige volkswirtschaftliche Komplexe entstehen und alle Kennziffern der Produktion und Konsumtion einander angeglichen werden müssen.

Infolge differenzierter natürlicher Bedingungen, bestimmter Besonderheiten und historischer Traditionen, infolge von Unterschieden in der Größe des Territoriums und der Bevölkerungszahl, der Spezifik der zwischenstaatlichen Spezialisierung und Kooperation der Produktion usw. werden zwischen den sozialistischen Ländern Unterschiede in der Struktur ihrer Wirtschaft, in der Konsumtion bestimmter Erzeugnisse pro Kopf der Bevölkerung usw. bestehen bleiben.

Entscheidend ist die Tendenz der Angleichung in allen wichtigen Kennziffern des gesellschaftlichen Reproduktionsprozesses. Wir denken dabei insbesondere an den Anteil des sozialistischen Sektors an der Produktion des Nationaleinkommens, an das ökonomische Wachstum und an die Höhe des Nationaleinkommens und seiner Teile (Konsumtion, Akkumulation) je Kopf der Bevölkerung.

Die Angleichung des ökonomischen Entwicklungsniveaus wird vor allem erreicht durch

1. die maximale Mobilisierung und effektive Nutzung der eigenen Anstrengungen und Ressourcen der Länder,

2. die Nutzung der Vorzüge der sozialistischen internationalen Arbeitsteilung, die auf den Prinzipien der Äquivalenz, des gegenseitigen Vorteils sowie der gegenseitigen Hilfe und Unterstützung beruht, sowie
3. die perspektivische Gestaltung eines optimalen Volkswirtschaftskomplexes in jedem Mitgliedsland des RGW.

Bei allen konkreten Formen der wirtschaftlichen und wissenschaftlich-technischen Zusammenarbeit der Mitgliedsländer des RGW wird der allseitigen Hilfe und Unterstützung der industriell weniger entwickelten Länder große Aufmerksamkeit geschenkt.

Mit dem höheren ökonomischen Wachstum lösen die RGW-Länder ihre historische Aufgabe, ein höheres Niveau der Produktivität der gesellschaftlichen Arbeit gegenüber kapitalistischen Industrieländern zu erreichen.

Gradmesser der ökonomischen Integration von Staaten sind vor allem

- die weitgehende Angleichung der Ziele, der Formen und Methoden der Wirtschaftspolitik der beteiligten Staaten,
- die Verflechtung, Spezialisierung und Kooperation in Produktion und Wissenschaft,
- ein hoher Anteil des gegenseitigen Warenaustausches sowie die Angleichung der Ex- und Importstrukturen,
- die systematische Angleichung des ökonomischen Entwicklungsniveaus (Produktivität und Lebensstandard).

Die Erfolge der sozialistischen Staaten, die sich zum Zwecke ihrer ökonomischen Integration zusammengeschlossen haben, bestätigen, daß diese Anforderungen bereits in hohem Maße erfüllt sind und mit der zielstrebigen Verwirklichung des Komplexprogramms noch besser realisiert werden.

Die sozialistische ökonomische Integration schließt Wirtschaftsbeziehungen mit kapitalistischen und Entwicklungsländern nicht aus. Vielmehr ist die planmäßige Entwicklung der wirtschaftlichen und wissenschaftlich-technischen Beziehungen mit kapitalistischen Industrie- und den Entwicklungsländern im Interesse der Durchsetzung der Prinzipien der friedlichen Koexistenz von Staaten mit unterschiedlicher sozialer Ordnung und der Realisierung des gegenseitigen Vorteils internationaler Arbeitsteilung und Kooperation notwendig und möglich.

Die sozialistische ökonomische Integration ist nicht auf Autarkie gerichtet. Vielmehr vollzieht sich ihre Verwirklichung unter Berücksichtigung der internationalen Arbeitsteilung und der Erweiterung wirtschaftlicher und wissenschaftlich-technischer Beziehungen mit nichtsozialistischen Ländern. So konnten in vielfältigen Formen und Methoden – Außenhandel, Kooperation, Kredite, wissenschaftlich-technische Zusammenarbeit, Ausbildung von Kadern u. a. m. – die Beziehungen der RGW-Staaten zu den Entwicklungsländern in den zurückliegenden Jahren beträchtlich ausgebaut werden. Wenn in der zurückliegenden Zeit

der Umfang der ökonomischen und wissenschaftlich-technischen Beziehungen der Länder des RGW mit den kapitalistischen Industriestaaten weit unter den Möglichkeiten blieb, so ist das vor allem der imperialistischen Politik des „kalten Krieges“ geschuldet.
Die Wirtschaftsbeziehungen mit kapitalistischen Industrieländern basieren auf den Prinzipien der friedlichen Koexistenz und dienen ihrer Durchsetzung. Voraussetzung hierfür sind die Anerkennung der Gleichberechtigung, des gegenseitigen Vorteils sowie die Respektierung der staatlichen Souveränität. Das veränderte Kräfteverhältnis in der Welt zugunsten des Sozialismus und die Tatsache, daß sich im Ergebnis der konstruktiven Friedenspolitik der UdSSR, der DDR und anderer Bruderländer eine Wende vom „kalten Krieg“ zur Entspannung vollzieht, baut Hindernisse ab und schafft Möglichkeiten zum Ausbau der Wirtschaftsbeziehungen mit kapitalistischen Industrieländern.
Die sozialistische ökonomische Integration ist das solide Fundament für die Entwicklung der Außenwirtschaftsbeziehungen mit kapitalistischen Industrieländern. Die Dialektik besteht darin, daß mit der ökonomischen Macht der sozialistischen Länder auch die Möglichkeiten für die Ausdehnung der Zusammenarbeit mit kapitalistischen Industrieländern wachsen. Die erklärte Bereitschaft zur Ausdehnung und die in Gang gekommene umfassende Zusammenarbeit von Staaten unterschiedlicher Gesellschaftsordnung sind ein Zeichen der gewachsenen Stärke des Sozialismus.
In unserer Epoche sind Handelsbeziehungen zwischen Ländern mit unterschiedlichen sozialökonomischen und politischen Grundlagen eine dem Frieden dienende politische und ökonomische Notwendigkeit.

Dr. rer. oec. Hannes Wunderlich
Parteihochschule „Karl Marx“ beim ZK der SED, Berlin

Zu den Triebkräften und Grenzen der kapitalistischen Integration im Rahmen der „Europäischen Gemeinschaften“

Stabilität, Kontinuität und Dynamik sind charakteristische Kennzeichen der sozialistischen ökonomischen Integration im Rahmen des RGW. Die gesamtgesellschaftliche Entwicklung vollzieht sich hier mit großer Konsequenz im Interesse und zum Nutzen der werktätigen Menschen. Bei voller Beschäftigung aller Werktätigen, stabilen Preisen und steigendem Realeinkommen pro Kopf der Bevölkerung hat sich der Umfang ihres Verbrauchs systematisch vergrößert.[1] In den Fünfjahrplänen zur Entwicklung der Volkswirtschaft aller RGW-Länder sind umfangreiche Maßnahmen festgelegt, die darauf zielen, die materiellen und kulturellen Lebensverhältnisse der Werktätigen weiter kontinuierlich zu verbessern. Diese Tatsache erweist sich immer als ein ständig wirkender stimulierender Faktor der gesellschaftlichen Vorwärtsentwicklung in diesen Ländern.

Völlig anders hat sich im selben Zeitraum die sozialökonomische Situation in den Mitgliedländern der „Europäischen Gemeinschaften“ (EG) entwickelt. Die Hauptleidtragenden der krisenhaften Entwicklung in dieser Region sind die werktätigen Menschen. In den größten EG-Ländern hat sich nach offiziellen Angaben beispielsweise die Arbeitslosigkeit wie folgt entwickelt (in 1000):[2]

	Großbritannien	Frankreich	BRD	Italien
1969	566	223	179	663
1970	618	262	149	615
1973	611	394	282	672
1973/IV. Quartal	518	456	362	592*
1974/Januar	798	572	621	ca. 1000

* Oktober (Erhebung vierteljährlich)

1 Vgl. Probleme des Friedens und des Sozialismus. Zeitschrift der kommunistischen und Arbeiterparteien, 5/1974.
2 Main Economic Indicators (OECD), Paris, lfd.

Die Lebenshaltungskosten haben sich folgendermaßen entwickelt:

	1972	1973	1974 (I. Quartal)	Prognose 1974
Großbritannien	+ 7,1	+ 9,2	+ 13,5	+ 14,5
Frankreich	+ 5,9	+ 7,3	+ 12,2	+ 15,0
BRD	+ 5,8	+ 6,9	+ 7,4	+ 9,5
Italien	+ 5,7	+ 10,8	+ 14,2	+ 14,0

Während sich in allen EG-Ländern die Existenzunsicherheit für die Werktätigen erhöht, ist die Konzentration des Kapitals weiter vorangeschritten, haben sich die Umsätze der großen Monopolunternehmen erhöht und ihre Profite vervielfacht. Es erweist sich als unmöglich, auf dem Boden des Kapitalismus die ihm wesenseigenen Widersprüche und Konflikte hinwegzu„regulieren" – weder durch die Wirtschaftspolitik der einzelnen kapitalistischen Regierungen noch durch wirtschaftspolitische Aktivitäten auf der Ebene internationaler staatsmonopolistischer Organisationen wie der EG.

Warum gibt es solche Gegensätze in der Entwicklung des RGW und der EG? Die Beantwortung dieser Frage erfordert eine knappe Darlegung unseres Standpunktes zu einigen Grundfragen bei der Beurteilung der gegensätzlichen Integrationsprozesse im Sozialismus und im Kapitalismus.

In der marxistisch-leninistischen Literatur besteht im wesentlichen darüber Übereinstimmung, daß den gegenwärtigen Integrationsprozessen die objektive Tendenz zur Internationalisierung des Wirtschaftslebens zugrunde liegt.[3] Die hiermit verbundene fortschreitende Vergesellschaftung der Produktion äußert sich unter anderem darin,

– daß die Konzentration und Zentralisation der Produktion sowohl in einzelnen Ländern wie auch auf internationaler Ebene weiter zunimmt;
– daß der Umfang der in der Produktion eingesetzten Kapazitäten immer größere Ausmaße annimmt, wodurch die Anforderungen an die Akkumulationskraft nicht selten selbst das Vermögen einzelner Länder übersteigen;

[3] Vgl. auch:
M. M. Maximowa, Die imperialistische Integration, in: Autorenkollektiv des Instituts für Weltwirtschaft und internationale Beziehungen der Akademie der Wissenschaften der UdSSR: Politische Ökonomie des heutigen Monopolkapitalismus, Berlin 1972, S. 597 ff.
Autorenkollektiv, Einführung in die politische Ökonomie des Kapitalismus, Berlin 1973, S. 352 ff.
Rudi Gündel, EWG-Charakter, Tendenzen und Widersprüche staatsmonopolistischer Integration, in: Einheit, 1/1974, S. 82 ff.

– daß die Spezialisierung und damit die Diversifikation der Produktion auf nationaler und internationaler Ebene fortschreitet, womit die gegenseitige Abhängigkeit der einzelnen Glieder des gesellschaftlichen Reproduktionsprozesses und die Notwendigkeit ihrer Kooperation mehr noch als bisher wachsen;
– daß mit der weiteren Entwicklung der Massen- und Großserienproduktion der Produktionsausstoß rasch zunimmt und eine dementsprechende Extensivierung und Intensivierung der Zirkulationssphäre erfordert.

Diese Entwicklung verlangt immer dringender eine adäquate Entwicklung der internationalen Arbeitsteilung und Kooperation sowie eine dementsprechende *gesamt*gesellschaftliche Planung und Leitung auf nationaler und internationaler Ebene. Diesem allgemeinen, objektiven Erfordernis kann heute niemand mehr ausweichen.

Unter privatmonopolistischen Bedingungen kann der objektiven Tendenz zur Internationalisierung des Wirtschaftslebens nur auf privatmonopolistische Weise entsprochen werden – als Versuch, mittels Integration die Internationalisierung des Wirtschaftslebens dem Streben nach Erhaltung des kapitalistischen Systems und nach Höchstprofiten, der Auseinandersetzung mit dem Sozialismus und um die Neuaufteilung des Weltmarktes und anderer Einflußsphären unterzuordnen. Das geschieht gleichzeitig auf mehreren Ebenen:[4]

1. Durch die Intensivierung und die Entwicklung neuer Formen privatmonopolistischer Produktionsspezialisierung und -kooperation, des Waren- und Kapitalverkehrs;
2. durch eine bisher in diesem Ausmaß nicht gekannte Expansion internationaler Monopole und
3. durch die Bildung internationaler staatsmonopolistischer Organisationen wie der „Europäischen Gemeinschaften".

Es ist kein Zufall, daß sich die kapitalistische Integration am auffälligsten und am konzentriertesten in Westeuropa entwickelt hat. Gerade hier stößt der Drang der monopolkapitalistischen Unternehmen nach immer weiterer Ausdehnung des Feldes für die profitable Verwertung ihrer riesigen Kapitalien auf umfangreiche nationale Grenzen und Beschränkungen. Dieser Umstand wird in jüngster Zeit noch dadurch verschärft, daß sich in der EG deutlich Tendenzen zur Verstärkung des nationalen Protektionismus zeigen. Hinzu kommen weitere ökonomische und politische Faktoren, die nach wie vor die besonders intensiven Integrationsbestrebungen in Westeuropa zusätzlich stimulieren:
Erstens sind durch die erheblichen Veränderungen des internationalen

[4] Vergleiche J. Sokolow, Integration und Desintegration in der Wirtschaft des Kapitalismus der Gegenwart, 1. Teil, in: Sowjetwissenschaft. Gesellschaftswissenschaftliche Beiträge, 6/1971, S. 629.

Kräfteverhältnisses zugunsten des Sozialismus die ökonomischen und politischen Positionen der kapitalistischen Mächte besonders stark in Europa berührt worden. Der Chefredakteur der französischen Zeitschrift „Expansion“ hat das beispielsweise wie folgt umschrieben: „Der Wettbewerb zwischen den verschiedenen Weltsystemen ist als Stimulus für die Expansion (der Wirtschaft, H. W.) zu dem üblichen Wettbewerb hinzugetreten und hat ihn fast schon abgelöst. Der Sozialismus tritt heute als amtlicher Herausforderer des Kapitalismus um die Meisterschaft der Expansion auf. Man mißt seine Wachstumsraten wie früher die Stärke seiner Divisionen.“[5]

Zweitens haben sich in allen EG-Ländern mit den zunehmenden sozialen Konflikten die antimonopolistischen Aktivitäten der Arbeiterklasse und anderer werktätiger Schichten weiter erheblich verstärkt.

Drittens sind die Positionen der kapitalistischen Mächte Westeuropas auch dadurch besonders geschwächt worden, daß ihre ehemaligen Kolonialreiche zerfallen und schließlich zusammengebrochen sind. Eine Reihe junger Staaten ist dazu übergegangen, sich mehr und mehr aus der ihnen vom Kapitalismus aufgezwungenen Rolle als billige Rohstoffanhängsel der ehemaligen „Mutterländer“ zu befreien. Diese Entwicklung hat ernste Konsequenzen für den globalen gesamtkapitalistischen Reproduktionsprozeß, der von Anfang an auf kapitalistisch-kolonialistischer „Arbeitsteilung“ basiert, die durch den Kampf der Völker immer mehr in Frage gestellt wird.

Viertens schließlich geraten die kapitalistischen Mächte Westeuropas noch dadurch unter einen zunehmenden Druck, daß sie in wachsendem Ausmaß mit dem Eindringen und mit der scharfen Konkurrenz der ihnen in vielerlei Hinsicht (Kapitalumfang, Profitmasse, Wissenschaft und Technik, Arbeitsproduktivität, internationale Verbindungen und Positionen, Management, Innovationstempo usw.) weit überlegenen US-amerikanischen Monopolunternehmen konfrontiert sind. Diese konzentrieren ihre Expansion auf die Beherrschung von Schlüsselindustrien, die im Prozeß des wissenschaftlich-technischen Fortschritts ebnso wie im ökonomischen Wettbewerb mit dem Sozialismus von ganz entscheidender Bedeutung sind.

Angesichts dieser und ähnlicher ständig wirkender Faktoren verstärken die herrschenden kapitalistischen Kreise Westeuropas ihre Integrationsbestrebungen, um auch auf diese Weise zu versuchen, „das Überleben einer Zivilisation zu sichern, die ihnen gemeinsam ist.“[6]

[5] J. Boissonat, Das Wirtschaftswachstum als soziales und politisches Phänomen, in: Auf dem Weg zu einem europäischen Entwicklungsmodell, Brüssel 1972, S. 92.

[6] Die europäische Identität. EG-Dokument der Konferenz von Kopenhagen, in: Bulletin des Presse- und Informationsamtes der Bundesregierung, Bonn vom 18. Dezember 1973, S. 1651.

Doch trotz zugrunde liegender objektiver Triebkräfte und zunehmender Integrationsbestrebungen im Rahmen der EG müssen wir feststellen, daß sich dort gleichzeitig tiefe sozialökonomische Widersprüche und Konflikte entwickeln, die der Integration ernsthaft entgegenwirken und zentrifugale Tendenzen verstärken. Wie ist das zu erklären?
Unter kapitalistischen Bedingungen wird die objektive Tendenz zur Internationalisierung des Wirtschaftslebens selbst zu einem erstrangigen Faktor, der den widerspruchsvollen Charakter und die objektiven Grenzen aller kapitalistischen Integrationsbestrebungen bestimmt. Die fortschreitende Vergesellschaftung der Produktion kollidiert unvermeidlich mit den privatkapitalistischen Eigentumsverhältnissen. Als Versuch, diesem Widerspruch im Rahmen des Kapitalismus entgegenzuwirken, ist die kapitalistische Integration zugleich darauf gerichtet, seine sozialökonomische Grundlage nicht nur zu erhalten, sondern weiter auszubauen. So heißt es zum Beispiel ausdrücklich in Artikel 222 des Vertrages zur Gründung der EWG: „Dieser Vertrag läßt die Eigentumsordnung in den verschiedenen Mitgliedstaaten unberührt." Die unvermeidliche Folge ist die weitere Zuspitzung des Grundwiderspruchs der kapitalistischen Produktionsweise zwischen dem gesellschaftlichen Charakter der Produktion und der privatkapitalistischen Form der Aneignung ihrer Resultate. Das ist letztlich die tiefste Ursache aller Widersprüche und Konflikte, die für die Entwicklung in der EG wie für die kapitalistische Integration insgesamt kennzeichnend sind.
Die Verschärfung dieses Widerspruchs äußert sich sowohl in der inneren Entwicklung jedes EG-Landes in Gestalt zunehmender sozialer Konflikte, die in einer Reihe dieser Länder bereits zu Regierungskrisen geführt haben, als auch in Form wachsender ökonomischer und politischer Widersprüche und Gegensätze in ihren internationalen Beziehungen, in jüngster Zeit insbesondere zwischen den Mitgliedländern der EG und den USA.
Das in den monopolkapitalistischen Produktionsverhältnissen wurzelnde Gesetz der ungleichmäßigen ökonomischen und politischen Entwicklung der kapitalistischen Länder hat bereits zu einer erheblichen Veränderung des Kräfteverhältnisses in der kapitalistischen Welt zuungunsten der USA geführt. Die Schärfe des dadurch bewirkten Konflikts zwischen den spezifischen Interessen der EG und den USA äußert sich beispielsweise in folgender Feststellung des Präsidenten der USA: „Das wirft die fundamentale Frage auf: Kann das Prinzip der atlantischen Einheit in der Verteidigung und Sicherheit mit der zunehmend regionalen Wirtschaftspolitik der Europäischen Gemeinschaft in Einklang gebracht werden?" Und keinen Zweifel an der von ihm angestrebten Lösung dieses Problems lassend, lautete Nixons Antwort auf diese Frage: „Es geht nicht um die (west-)europäische Einheit. Es geht auch nicht um die Bedingungen gemeinsamer Innen- und Außenpolitiken, die diese

Einheit stärken. Uns geht es vielmehr darum, konkrete Probleme zu prüfen, die sich auf die spezifischen Interessen der Vereinigten Staaten auswirken ..."[7] Diese Entwicklung und ähnliche Konfliktfelder in den Beziehungen zwischen den kapitalistischen Rivalitätszentren wirken den Integrationsbestrebungen in der EG ernsthaft entgegen.

Es ist erforderlich, noch auf den folgenden Umstand besonders aufmerksam zu machen. Die Entwicklung des Kapitalismus vollzieht sich heute unter den Bedingungen eines erheblich zu seinen Ungunsten veränderten Kräfteverhältnisses in der Welt. Dadurch wird der Bewegungsspielraum der kapitalistischen Monopole und Regierungen auf nationaler und besonders auch auf internationaler Ebene mehr und mehr eingeschränkt. Die Existenz einer sozialistischen Staatengemeinschaft und ihre koordinierte Friedenspolitik sind hierbei ein ganz entscheidender Faktor, der den Versuchen kapitalistischer Kreise entgegenwirkt, die negativen Folgen kapitalistischer Integration auf die friedliebenden Völker und Staaten abzuwälzen.

Abschließend ergeben sich folgende Überlegungen:

1. Die gegensätzliche Entwicklung im RGW und in der EG spricht eindeutig dafür, die prinzipiellen Unterschiede zwischen der sozialistischen und der kapitalistischen Integration nicht zu verwischen, sondern ihre konsequente Beachtung als ein grundlegendes methodologisches Prinzip anzuerkennen und durchzusetzen. Die Tatsachen selbst beweisen die sozialökonomische Gegensätzlichkeit des sozialistischen und kapitalistischen Typs der Integration und widerlegen eindeutig eine angebliche Konvergenz.
2. So sehr auch die Tendenz zur Internationalisierung des Wirtschaftslebens eine allgemeine Gesetzmäßigkeit in unserer Zeit ist, so kann sie sich jedoch nicht anders durchsetzen als unter den konkreten Bedingungen der im jeweiligen Bereich existierenden gesellschaftlichen Produktionsweise und der ihr zugrunde liegenden herrschenden Produktionsverhältnisse. In dieser Beurteilung der Rolle der Produktionsverhältnisse, der Rolle der Produktionsweise in den internationalen Wirtschaftsbeziehungen liegt einer der wesentlichsten Unterschiede zwischen den bürgerlichen und den marxistisch-leninistischen theoretischen Auffassungen über die verschiedenen Integrationsprozesse in der Gegenwart.[8]
3. Die Erfahrungen lehren, daß die sozialökonomischen Gegensätze zwischen der sozialistischen und der kapitalistischen Integration unter

[7] Zitiert bei C. A. Ehrhardt, Ernüchterung zwischen Europa und Amerika, in: Außenpolitik, Hamburg, 4/1973, S. 382 (mit Vermerk: Deutscher Text: Presseabteilung der Botschaft der USA in Bonn).

[8] Vergleiche M. M. Maximowa, Die imperialistische Integration. ..., Berlin 1972, S. 602.

der Voraussetzung der Anerkennung der Prinzipien der friedlichen Koexistenz in den Beziehungen zwischen Ländern unterschiedlicher Gesellschaftsordnung *nicht* der notwendigen Herstellung und Entwicklung gegenseitig vorteilhafter Wirtschaftsbeziehungen zwischen ihnen widersprechen.

4. Die Tatsachen beweisen, daß nur die sozialistische Integration in der Lage ist, die konsequente Übereinstimmung zwischen der objektiven Tendenz zur Internationalisierung des Wirtschaftslebens und den Lebensinteressen des werktätigen Volkes herzustellen.

Arbeitsgruppe C

Industriepolitik: Standortwahl, Technologie, multinationale Unternehmen, Konkurrenz und Integration der Produktenmärkte

Prof. Dr. Dieter Klein
Humboldt-Universität, Berlin

Die internationalen Monopole — eine negative Antwort auf den kapitalistischen Vergesellschaftungsprozeß

Zwei Ereignisse des Jahres 1973 geben besonderen Anlaß, die negative Rolle der internationalen Konzerne erneut kritisch zu beleuchten. Als internationale Konzerne sollten wir kapitalistische Unternehmen mit einer Eigentumsbasis in mehreren Ländern bezeichnen, die ausgehend von ihren Zentralen eine internationale Strategie für ihre Glieder in verschiedenen Ländern betreiben und innerhalb ihres Eigentums- und Kontrollbereichs eine monopolinterne internationale Arbeitsteilung entwickeln. Natürlich ist es wahr, daß ihre im kapitalistischen Weltmaßstab realisierten Profitmassen ihnen in höherem Maße als den in nationalem Maßstab operierenden Unternehmen erlauben, Anforderungen der wissenschaftlich-technischen Revolution nachzukommen. Aber es gibt genug Publikationen, die die Möglichkeiten der internationalen Gesellschaften ausführlich beleuchten. Ich bin sicher, daß wir nicht die Marxisten brauchen, um das zu beweisen. Ich stimme mit der hier vorgetragenen Auffassung überein, die die Notwendigkeit der Kooperation zwischen Unternehmen aus Ost und West einschließlich der internationalen Gesellschaften betont. Aber das kann eine Kritik der internationalen Unternehmen nicht ausschließen. Das sollten wir nicht verdecken.
Wie steht es also mit den Grenzen der internationalen Monopole?
Die Ölkrise und der faschistische Putsch in Chile zeigen ebenso wie andere Ereignisse, daß die Strategie der internationalen Monopole zu schweren Störungen im internationalen Reproduktionsprozeß der kapitalistischen Welt und zu konterrevolutionären, sozialen Entwicklungen wider den gesellschaftlichen Fortschritt und die Interessen der Werktätigen führen.
Ein tiefer Widerspruch tritt gegenwärtig in der kapitalistischen Entwicklung immer mehr zutage. Der Charakter des gesamten Reproduktionsprozesses ist ausgeprägt gesellschaftlich. Das zeigt sich z. B. in der Notwendigkeit einer komplexen volkswirtschaftlichen Strukturpolitik, die im Rahmen der Privatunternehmen nicht zu bewältigen ist. Das zeigt sich ferner darin, daß die Bereiche außerhalb der materiellen Produktion wie die Grundlagenforschung, das Bildungs- und Sozial-

wesen, das Gesundheitswesen, der Umweltschutz usw. sehr rasch an Bedeutung gewinnen. Diesen Bereichen ist gemeinsam, daß sie in der Regel nur eine relativ geringe Profitrate oder auch gar keinen Profit ermöglichen. Das ist ein entscheidender Grund für ihre Unterentwicklung im Kapitalismus, da das Privatkapital einen wahren Horror vor der Entwicklung nichtprofitabler Bereiche hat. Das zeigt, daß der Rahmen des Profitsystems längst zu eng für die gesellschaftliche Entwicklung geworden ist. Optimale Proportionen zwischen den verschiedenen Sphären der gesellschaftlichen Entwicklung lassen sich in unserer Epoche nur noch durchsetzen, wenn an die Stelle des Profits als Maß aller Dinge ein neues Entscheidungskriterium, die Wohlfahrt aller Werktätigen und die volle Entfaltung ihrer Persönlichkeit tritt. Die Praxis zeigt, daß dies aber nicht auf der Grundlage des kapitalistischen Privateigentums an den Produktionsmitteln, sondern nur unter sozialistischen Produktionsverhältnissen möglich wird. Die bürgerliche Pseudokritik eines Wachstums, das spontan, d. h. konkurrenzorientiert nach den Maßstäben der Profitmaximierung verläuft, und die Theorien von einer angeblich unter kapitalistischen Bedingungen möglichen „neuen Lebensqualität" spiegeln in verzerrter Weise diesen Widerspruch zwischen dem gesellschaftlichen Charakter der Produktion und der kapitalistischen Aneignung im Rahmen des Profitsystems wider.
Diese Konzeption beinhaltet vor allem die Aufforderung an den bürgerlichen Staat, mit seinen Mitteln die Grenzen der privaten Unternehmen bei der Bewältigung der dem gesellschaftlichen Charakter der Produktion entspringenden, komplizierten, sozialen Prozesse zu kompensieren. Aber die sich verstärkenden Staatsaktivitäten sind in letzter Instanz darauf gerichtet, die Macht der privaten Monopole zu stärken und möglichst ihre Entwicklung zu internationalen Unternehmen zu fördern, um so den internationalen Konkurrenzanforderungen und den Dimensionen des gesellschaftlichen Produktionsprozesses zu entsprechen. Damit wird aber der Widerspruch zwischen dem gesellschaftlichen Charakter der Produktion und der Erhaltung des Profitsystems nicht abgebaut, sondern auf einem noch gewaltigerem Maßstab reproduziert.
Denn die sich in den letzten Jahren entfaltende neue Phase in der Entwicklung internationaler Konzerne bedeutet, daß einerseits der Vergesellschaftungsprozeß im internationalen Maßstab vorangetrieben wird, jedoch im Interesse der Machtausweitung der internationalen Gesellschaften und daher verbunden mit schweren Störungen und Konflikten in der weltwirtschaftlichen Entwicklung sowie mit negativen sozialen Folgen für die werktätigen Klassen und Schichten vieler Länder.
Was deutet darauf hin, daß gegenwärtig eine neue Stufe in der Entwicklung der internationalen Konzerne erreicht wird? Zunächst führt bereits der quantitative Machtzuwachs zu neuen Qualitäten des inter-

nationalen Monopolisierungsprozesses. In allen wichtigen kapitalistischen Ländern steigt die Zahl der Fusionen und Eingliederungen bedeutender Firmen im letzten Jahrzehnt mit mehrfacher Zuwachsrate im Vergleich zu vergangenen Zeiträumen, nicht zuletzt, um Gesellschaften internationaler Größenordnungen zu schaffen oder auszubauen. Die Tochtergesellschaften solcher internationalen Unternehmer produzieren nach unterschiedlichen Angaben außerhalb ihrer Stammländer zwischen 300 bis 500 Mrd. Dollar jährlich, d. h. rund ein Viertel des gesamten Bruttosozialprodukts der kapitalistischen Welt oder mehr als das Gesamtvolumen des kapitalistischen Welthandels. Ihr Gesamtumsatz ist höher als das Bruttosozialprodukt von 80 weniger entwickelten Ländern der Erde zusammengenommen.

In diesem Zusammenhang ist die Zahl der amerikanischen Monopole internationalen Charakters unter den 50 größten kapitalistischen Industrieunternehmen von 39 im Jahre 1962 auf 30 im Jahre 1971 zurückgegangen, während sich die Zahl der westdeutschen Unternehmen in diesem Spitzenfeld von 3 auf 6, die der japanischen sogar von 0 auf 5 erhöhte und Italien 2 statt einem Unternehmen unter den 50 größten der kapitalistischen Welt zählt.[1] Insgesamt hat die Macht der internationalen Monopole so zugenommen, daß heute nicht mehr nur schwach entwickelte Länder, sondern der Reproduktionsprozeß auch *entwickelter kapitalistischer* Staaten in erheblichem Maße unter dem Einfluß internationaler Monopole steht. Das wurde während der Ölkrise Ende 1973 besonders deutlich. Die Macht der privaten internationalen Erdölmonopole hat zu tiefen Disproportionen in der kapitalistischen Weltwirtschaftsstruktur, zu einer Hemmung der Produktivkraftentwicklung in den von den internationalen Gesellschaften ausgeplünderten Ölförderländern und zu einer disproportionalen Entwicklung in den imperialistischen Ländern selbst geführt. Von 1960 bis 1968 realisierten die Ölmonopole mit 0,8 Mrd. Dollar Direktinvestitionen allein im Irak und Iran, in Venezuela und Nigeria 12,1 Mrd. Dollar Profit. In diesem Zeitraum betrugen die monopolistischen Gewinne aus Direktinvestitionen insgesamt rund das Zweieinhalbfache der imperialistischen Direktinvestitionen in den Entwicklungsländern.[2] Da diese Profite entweder in solcher Weise in den Entwicklungsländern reinvestiert werden, daß der damit ausgeweitete Auslandssektor den Verwertungsbedürfnissen der internationalen Monopole statt den dringendsten nationalen Erfordernissen der Volkswirtschaftsstruktur in den Entwicklungsländern dient, oder die Profite in die imperialistischen Hauptländer transferiert werden, führen die Operationen der internationalen Monopole zu einer

[1] Vgl. H. Tammer, BRD-Monopole auf Kurs zu internationalen Dimensionen, IPW-Forschungshefte, 4/1973, Berlin S. 16.

[2] DIW-Wochendienst, Westberlin, Nr. 45 v. 4. 11. 1971, S. 330/331.

verstärkten Ungleichmäßigkeit zwischen entwickelten und abhängigen Ländern des kapitalistischen Weltwirtschaftssystems, die mit der Akkumulation von größtem Elend in den Entwicklungsländern als Kehrseite des Akkumulationsprozesses der internationalen Monopole verbunden ist. Zu der unmittelbaren Ausbeutung durch die Direktinvestitionen in den Entwicklungsländern kommt hinzu, daß im Rahmen der monopolinternen internationalen Arbeitsteilung die Forschungskapazitäten meist in den Stammländern der Monopole ausgeweitet werden. Auch dadurch wird die Rückständigkeit der Entwicklungsländer vergrößert, die in diesem Zusammenhang sogar einen Teil ihrer relativ wenigen, wissenschaftlich ausgebildeten Kader durch Abwanderung (brain drain) an die Forschungszentren der internationalen Monopole und andere Forschungseinrichtungen in den imperialistischen Hauptländern verlieren.
Angesichts der hohen Profitraten bei der Benutzung billigen Importerdöls als Energiequelle wurde die Struktur der Energiebilanzen nicht nur einzelner kapitalistischer Staaten, sondern die der Gesamtheit der imperialistischen Hauptländer unter dem Einfluß der internationalen Monopole in erheblichem Maße auf der Ausplünderung der erdölfördernden Entwicklungsländer aufgebaut. Als in den letzten Jahren und insbesondere mit den Maßnahmen der arabischen Ölländer und der OPEC-Länder insgesamt im Herbst 1973 diese Basis unsicher wurde, trat in der Ölkrise offen zutage, daß wichtige Grundproportionen der Volkswirtschaftsstruktur des Weltimperialismus durch die profitorientierte Strategie der internationalen Monopole fehlgesteuert worden sind, daß die Profitorientierung dieser Monopole zu einem volkswirtschaftlich auf längere Sicht unvertretbaren Raubbau an den internationalen Ölvorräten führt, daß die sinnvolle Nutzung anderer einheimischer Energieträger verhindert wurde (z. B. Reduzierung der fördernden Schachtanlagen der BRD von 163 im Jahre 1958 auf 67 im Jahre 1971 und der Kohleförderung von 148,838 auf 110,795 Millionen Tonnen Steinkohle) und daß die rechtzeitige Konzentration auf die Entwicklung neuer Energieträger verlangsamt wird. Alle diese Wirkungen tendieren zu einer Verschlechterung der Lage der Arbeiterklasse. Die Zurückdrängung der Kohle z. B. ist mit der Entlassung von hunderttausenden Bergarbeitern verbunden.
Die Maßnahmen der Ölförderländer wurden von den internationalen Monopolen als Anlaß zu extremen Monopolpreissteigerungen genutzt, die die ohnehin verhandene Inflation verschärfen, zu Entlassungen führten usw.
In der Ölkrise 1973/74 trat also *im internationalen Maßstab* die *Untauglichkeit der Verwertung des internationalen monopolistischen Kapitals als Kriterium kapitalistischer Strukturentwicklung* offen und spektakulär zutage. Es zeigte sich, daß die internationalen Monopole keineswegs eine der Vergesellschaftung der Produktion voll entsprechende

Form der Entfaltung der Produktivkräfte bilden, sondern daß sie deren Entwicklung sowohl in den Entwicklungsländern als auch in den imperialistischen Staaten im Vergleich zu den Möglichkeiten hemmen, die sich in einer planmäßig auf der Grundlage gesellschaftlichen Eigentums geleiteten Gesellschaft ergäben.

Für Japan, das zu 85 Prozent seines Ölimports von den internationalen Ölmonopolen abhängig ist, führten Royal Dutch Shell und Gulf Oil Ende 1973 z. B. eine zeitweilige Kürzung der Ölbelieferung von 27 bzw. 30 Prozent ein. Gleichzeitig erhöhten Exxon und Royal Dutch Shell die Preise um 30 Prozent. Das verstärkte die soziale Unsicherheit für die japanischen Werktätigen und beschleunigte die extreme Erhöhung ihrer Verbraucherpreise noch zusätzlich. In diesen Zeiten der Ölkrise tritt eine weitere allgemeine Tendenz deutlich zutage: Die Strategie der internationalen Monopole gerät in tiefe Konflikte zu den Erfordernissen des Reproduktionsprozesses im nationalstaatlichen Rahmen selbst wichtiger imperialistischer Staaten, führt zu schwerwiegenden Störungen nationaler Wirtschaftsstrukturen und damit auch zu Widersprüchen zwischen den Profitinteressen der internationalen Monopole einerseits und den Regulierungsaktivitäten bestimmter imperialistischer Staaten andererseits. Auch in der Vertiefung akuter internationaler Währungskrisen wie zu Beginn 1973 durch die Spekulationseffekte der flüssigen Mittel der internationalen Konzerne tritt diese Tendenz zutage.

Am zugespitztesten wurde die reaktionäre Rolle der internationalen Monopole 1973 in dem faschistischen Putsch in Chile deutlich. Die Monopole der USA sperrten die Ersatzteilversorgung der Volkswirtschaft und organisierten auf vielen Gebieten ein kapitalistisches Embargo gegen das demokratische Chile. Die Banken und die amerikanische Regierung sperrten vertraglich vereinbarte Kredite. Der amerikanische Konzern International Telephon and Telegraph Corp. (ITT), mit mehr als 200 Unternehmen in über 60 Ländern der Erde eines der größten Konglomerat-Monopole der kapitalistischen Welt, beteiligte sich führend an der Mobilisierung des amerikanischen Staatsapparates und insbesondere des CIA zur Organisierung der Konterrevolution in Chile, nachdem seine Mehrheitsbeteiligung von 70 Prozent durch die Verstaatlichung der chilenischen Fernmeldegesellschaft im Oktober 1971 verlorenging. Die internationalen Kupfermonopole Branden Kennecott Corp. und Anaconds, die in den letzten 50 Jahren 10,5 Mrd. Dollar Profite aus Chile transferiert hatten, organisierten gestützt auf ihren internationalen Einfluß den Boykott des chilenischen Kupfers in der kapitalistischen Welt und regierungsfeindliche Bewegungen in den Kupferminen Chiles. Mit amerikanischen Dollars wurde der Streik der Fuhrunternehmer finanziert, bis schließlich der direkte, blutige faschistische Putsch inszeniert wurde.

Alle diese Wirkungen der internationalen Monopole gestatten einige verallgemeinernde Aussagen über ihre Rolle im kapitalistischen Weltsystem.

Die Mittel, mit denen die internationalen Monopole den Vergesellschaftungsprozeß vorantreiben, führen zu direkten Konflikten des Kapitals mit der Arbeiterklasse nicht nur einzelner Länder, sondern *mit der internationalen Arbeiterklasse in vielen Ländern* zugleich.

Diese Mittel beinhalten gleichzeitig die *verstärkte Ausbeutung* der *Werktätigen in den entwickelten und in den schwach entwickelten kapitalistischen Ländern.*

Diese Mittel stören nicht nur die Proportionen innerhalb der verschiedenen Volkswirtschaften, sondern die *monopolinterne* Strategie weniger internationaler Monopole beinhaltet bereits eine disproportionale Entwicklung der kapitalistischen *Weltwirtschaftsstruktur* als Ganzes.

Der von den internationalen Monopolen über die nationalen Grenzen hinaus vorangetriebene Vergesellschaftungsprozeß bewirkt zwar eine verstärkte staatliche Aktivität und stimuliert die staatliche Integration im internationalen Maßstab. Aber zugleich brechen Widersprüche zwischen den internationalen Monopolen und den auf nationaler Ebene staatlich vertretenen Interessen von gewichtigen Teilen des Monopolkapitals auf. *Staatsinteressen und internationale Monopolinteressen* kollidieren durch die Einschränkung der nationalen Souveränität.

In Chile zeigt sich mit aller Deutlichkeit, daß die internationalen Konzerne nicht nur viele Störungen des internationalen Reproduktionsprozesses bewirken, sondern als ein entscheidendes *Rückgrat der internationalen Konterrevolution* angesehen werden müssen.

Hier wird deutlich, daß ein Zusammenschluß aller an einer harmonischen Entwicklung der internationalen Arbeitsteilung, an einer gleichberechtigten internationalen Arbeitsteilung, an der Verringerung des Rückstandes der Entwicklungsländer Interessierter zur Einengung der Macht der internationalen Monopole auf der Tagesordnung steht.

Zwischen dieser Auffassung und der Kooperation sozialistischer Länder mit internationalen Monopolen besteht kein unerklärlicher Widerspruch. Wenn die internationalen Gesellschaften für zwanzig Jahre und mehr feste Wirtschaftsbeziehungen mit den sozialistischen Ländern aufnehmen, verlangt eine solche Kooperation friedliche Beziehungen zwischen den beiden Weltsystemen. Wir hoffen, daß das Geschäftsinteresse der internationalen Gesellschaften an Kooperationsbeziehungen mit sozialistischen Ländern zur Durchsetzung der friedlichen Koexistenz realisiert werden kann. Die friedliche Koexistenz aber bietet nach unserer Auffassung der vollen Entfaltung der Potenzen des Sozialismus die besten Möglichkeiten.

Arbeitsgruppe D

Migration und Integration der Arbeitsmärkte

Prof. Dr. sc. Harry Maier
Zentralinstitut für Wirtschaftswissenschaften der AdW der DDR

Ökonomische Integration und zwischenstaatliche Migration der Arbeitskräfte

Die ökonomische Integration ist verbunden mit der wachsenden internationalen Mobilität der Arbeitskräfte und materiellen Fonds. Hierbei offenbart sich der tiefe sozialökonomische Gegensatz von sozialistischer und kapitalistischer ökonomischer Integration besonders deutlich im Ziel, Umfang und Ergebnis der Migration und Immigration von Arbeitskräften im Prozeß der ökonomischen Integration. Die kapitalistische Internationalisierung des Wirtschaftslebens auf dem Wege der ökonomischen Integration erfolgt nach den Gesetzen der Akkumulation des Kapitals. Hierbei ist die maximale Verwertung des Kapitals das entscheidende Kriterium für die Verteilung der gesellschaftlichen Arbeit und damit auch der Arbeitskräfte auf die einzelnen Länder und Gebiete.
Dem Kapital ist die historische Tendenz eigen, die Arbeitskräfte dorthin umzulenken, wo es für die Profitmaximierung am besten ist, und sie damit zum Zwecke der Erschließung neuer Akkumulationsquellen in den industriellen Zentren zusammenzuballen. Damit werden die schwachentwickelten Länder und Gebiete wichtiger Teile ihrer Produktivkräfte beraubt und der Prozeß der Überwindung der ökonomischen Rückständigkeit gehemmt. Hierdurch wird die Ungleichmäßigkeit der ökonomischen Entwicklung zwischen den kapitalistischen Ländern verstärkt, die Polarisierung zwischen den ökonomischen Hochburgen des Monopolkapitals und den schwachentwickelten Gebieten und Ländern weiter vorangetrieben.
W. I. Lenin arbeitete in seinem Werk „Der Imperialismus als höchstes Stadium des Kapitalismus" als eine der Besonderheiten des Imperialismus heraus, „die abnehmende Auswanderung aus den imperialistischen Ländern und die zunehmende Einwanderung (Zustrom von Arbeitern und Übersiedlung) in diese Länder aus rückständigen Ländern mit niedrigen Arbeitslöhnen".[1] In einer speziellen Arbeit zu diesem

[1] W. I. Lenin, Der Imperialismus als höchstes Stadium des Kapitalismus, in: Werke, Bd. 22, Berlin 1960. S. 287.

Problem schreibt er: „Der Kapitalismus hat eine besondere Art der Völkerwanderung entwickelt. Die sich industriell rasch entwickelnden Länder, die mehr Maschinen anwenden und die zurückgebliebenen Länder vom Weltmarkt verdrängen, erhöhen die Arbeitslöhne über den Durchschnitt und locken die Lohnarbeiter aus den zurückgebliebenen Ländern an.“[2]

Das Monopolkapital benutzt die Arbeiterimmigration, um neue Quellen der Akkumulation des Kapitals zu erschließen, sich eine internationale Reservearmee zu schaffen, die es ermöglicht, den Druck sowohl auf die einheimischen wie die eingewanderten Arbeiter zu erhöhen und eine absolute Steigerung der Mehrwertproduktion zu erreichen. Gleichzeitig hofft es, damit zeitweise eine weitere Zuspitzung der Systemwidersprüche des Kapitalismus zu vermeiden, indem in den Ländern mit Massenauswanderung die Lösung herangereifter nationaler Probleme – wie die Sicherung der Vollbeschäftigung und Beschleunigung des ökonomischen Wachstums – hinausgeschoben wird und in den hochentwickelten Ländern versucht wird, durch Schürung von Rassismus und Nationalismus die Arbeiterklasse zu spalten, indem man die soziale, rechtliche, kulturelle und ökonomische Gleichstellung der ausländischen Arbeiter zu hintertreiben sucht. In Westeuropa betrifft dies immerhin über 10 Millionen Arbeiter – hierbei in der BRD 2,3 Mill. (rund 11 Prozent der gesamten Arbeitskräfte), Frankreich über 2,5 Mill. (20 Prozent der Arbeitskräfte), Großbritannien über 2,5 Mill., Schweiz rund 1 Mill. etc.[3]

Dies führt angesichts der Polarisierung der produktiven Tätigkeit unter den Bedingungen wissenschaftlich-technischer Revolution (vor allem durch die Automatisierung) dazu, daß die qualifizierten Tätigkeiten den einheimischen Arbeitern vorbehalten werden, während die unqualifizierten, körperlich schweren und geistig monotonen Arbeiten den ausländischen Arbeitern zugeteilt werden. (So verrichten 72 Prozent der eingewanderten Arbeitskräfte in Frankreich unqualifizierte Arbeit.)

Ein wichtiges Ergebnis der Klassenkämpfe in den vergangenen Jahren ist, daß immer mehr ausländische Arbeiter sich an den Kämpfen der einheimischen Arbeiterklasse beteiligen und in die einheitliche Arbeiterbewegung integriert werden.

Für die Auswanderländer entsteht durch die Arbeiterimmigration ein unheilvoller Kreislauf: Der Massenabfluß des aktivsten, energischsten Teils der Arbeiterbevölkerung[4] blutet diese Länder aus, beraubt sie

[2] W. I. Lenin, Kapitalismus und Arbeiterimmigration, Werke, Bd. 19, Berlin 1962, S. 447.

[3] Ausländische Arbeiter in Westeuropa, in: Probleme des Friedens und des Sozialismus, 7/1973, S. 922.

[4] Vgl. W. I. Lenin, Kapitalismus und Arbeiterimmigration, Werke, Bd. 19, Berlin 1962, S. 449.

eines wichtigsten Teils ihrer Produktivkräfte; hierdurch entsteht eine Deformation der Nationalökonomie dieser Länder, die dazu führt, daß ihre Reproduktion immer mehr auf die Valuta„spritzen" in Form von Geldüberweisungen der Auswanderer angewiesen ist. Diese Valutaeinnahmen wiederum sind nur ein Bruchteil der Aufwendungen, die die Ursprungsländer für Heranbildung dieser Arbeitskräfte aufbringen müssen. (Berechnungen des italienischen Ministeriums für Arbeit und Sozialfürsorge ergaben, daß in Italien für die Heranbildung einer Arbeitskraft von 20 Jahren ein Reproduktionsaufwand von 6 Mill. Lire (1965) notwendig sei. Da jährlich 200 000 Italiener auswandern, bedeutet dies, daß Italien jährlich mit 1 200 Mrd. Lire den Arbeitskräftebedarf der hochentwickelten kapitalistischen Länder subventioniert.[5]) Hierdurch verstärkt sich die Ungleichmäßigkeit der Entwicklung der kapitalistischen Länder, die Konzentration der Produktivkräfte in den Hochburgen des Imperialismus, die ein Wesenszug der kapitalistischen ökonomischen Integration ist.

Die zwischenstaatliche Mobilität der Arbeitskräfte im Rahmen der sozialistischen ökonomischen Integration hat einen der Arbeiterimmigration im Kapitalismus entgegengesetzten sozialökonomischen Inhalt und verfolgt ein völlig anderes Ziel. Eine *Integration der Arbeitsmärkte* kann hier nicht erfolgen, da die Arbeitskraft im Sozialismus aufgehört hat Ware zu sein, ihr Träger, die Arbeiterklasse, ist hier zur machtausübenden Klasse geworden, die Eigentümer der vorhandenen Produktionsmittel ist und sie entsprechend ihren Bedürfnissen entwickelt.

Der für die sozialistische ökonomische Integration typische Prozeß der sozialen und ökonomischen Annäherung der sozialistischen Länder – der sich aus dem internationalistischen Wesen der sozialistischen Produktionsverhältnisse ergibt – ist verbunden mit der qualitativen Höherentwicklung der Arbeiterklasse in den verschiedenen sozialistischen Ländern, der Annäherung ihres Bildungs- und Qualifikationsniveaus. Ein hohes Niveau der Allgemeinbildung und eine obligatorische Berufsbildung bestimmen immer mehr das Gesicht der Arbeiterklasse in den sozialistischen Ländern.

In allen Ländern der sozialistischen Staatengemeinschaft wird an der Verwirklichung der allgemeinbildenden Oberschule für alle Kinder des Volkes und am Ausbau der 2. Bildungsstufe gearbeitet. So gingen in der UdSSR 1973 72,3 Prozent der Schulabgänger in die 9. und 10. Klasse über. In der DDR werden gegenwärtig 89,6 Prozent der Abgänger der 8. Klasse in die 9. und 10. Klasse weitergeführt. Die Zahl der Hochschulkader stieg in der VR Bulgarien von 1960–1970 auf 176,4 Prozent, in der VR Polen auf 209,3 Prozent, in der SR Rumänien auf 174,1 Pro-

5 Ausländische Arbeiter in Westeuropa, in: Probleme des Friedens und des Sozialismus, 7/1973, S. 932.

zent, in der ČSSR auf 174,1 Prozent, in der UdSSR auf 193,3 Prozent und in der DDR auf 238,2 Prozent. In der DDR erhöhten sich die Bildungsfonds – dies sind die im Qualifikationsniveau der Werktätigen realisierten Bildungsaufwendungen – wie in den anderen sozialistischen Ländern in einem schnellen Tempo. Sie stiegen von 80 Mrd. Mark im Jahre 1962 auf 125 Mrd. Mark 1971. Damit erreichte die durchschnittliche Ausstattung der Werktätigen mit Bildungsfonds über 40 Prozent ihrer Ausstattung mit materiellen Grundfonds.

Hierdurch ist ein qualitatives Potential entstanden, für dessen effektivitätssteigernde Wirksamkeit in den einzelnen Ländern durch Investitions- und Strukturpolitik die entsprechenden Voraussetzungen geschaffen werden.

Die sozialistische ökonomische Integration bietet für die Nutzung und Erweiterung dieses *qualitativen Potentials im Interesse der sozialistischen Gemeinschaft neue Möglichkeiten. Die zwischenstaatliche Mobilität der Arbeitskräfte spielt hierbei eine wichtige Rolle.* Bei der Analyse der diese Mobilität bestimmenden Faktoren müssen wir *zeitweilig und langfristig wirkende* Komponenten unterscheiden.

Zeitweilige, wenn auch noch in einem relativ langen Zeitraum wirksame Komponenten sind ohne Zweifel jene, die mit den noch vorhandenen Entwicklungsunterschieden zwischen den sozialistischen Ländern verbunden sind. So existieren zum Beispiel in solchen sozialistischen Ländern wie der DDR und ČSSR für die Einbeziehung von neuen Arbeitskräften in den Reproduktionsprozeß auf Grund des bereits erreichten Beschäftigungsgrades der Bevölkerung kaum noch Möglichkeiten. Hieraus ergeben sich hohe Anforderungen an die Intensivierung des Reproduktionsprozesses, vor allem im Hinblick auf die Einsparung von Arbeitskräften mit Hilfe des wissenschaftlich-technischen Fortschritts. In solchen sozialistischen Ländern wie der VR Polen dagegen existieren noch Arbeitskräftereserven für die Ausdehnung des Produktionsfeldes. Hier liegen große Möglichkeiten, um durch eine abgestimmte planmäßige Investitions- und Strukturpolitik ein hohes Wachstum der Effektivität im Rahmen der gesamten Gemeinschaft zu erreichen. Hierbei gehen im Rahmen der sozialistischen Staatengemeinschaft die materiellen Fonds normalerweise in jene Gebiete, wo die Arbeitskräfte beheimatet sind und nicht umgekehrt.[6] So war zum Beispiel für den Bau gemeinsamer Betriebe in der VR Polen der ungleiche Grad der intensiv erweiterten Reproduktion in der DDR, ČSSR und VR Polen entscheidend. Die VR Polen und die DDR bauen auf polnischem Territorium eine Baumwollspinnerei und eine Wälzlagerfabrik; ferner ist vorgesehen, die Beteiligung der ČSSR beim Bau einer Fabrik für

[6] Vgl. G. Kohlmey, Vergesellschaftung und Integration im Sozialismus, Berlin 1973, S. 68–70.

aggregierte Werkzeugmaschinen, einer Eisengießerei, einer Zementfabrik sowie bei der Erweiterung der Kapazitäten für die Produktion von Graphit-Kohle-Erzeugnissen. Gleichzeitig existiert in solchen sozialistischen Ländern, wie zum Beispiel der DDR und der ČSSR, eine Reihe von Produktionskapazitäten, die durch den Einsatz von Arbeitskräften aus anderen sozialistischen Ländern, vor allem aus der VR Polen, besser als bisher im Interesse der Gemeinschaft genutzt werden können. Diese sich aus den unterschiedlichen ökonomischen Ausgangsbedingungen und einer unterschiedlichen demographischen Entwicklung in den einzelnen sozialistischen Ländern ergebenden Möglichkeiten für den effektiven Einsatz des Arbeitskräftepotentials spielen gegenwärtig und ohne Zweifel auch in der nächsten Zukunft eine wichtige Rolle, ihr Gewicht wird sich jedoch mit Annäherung des ökonomischen Entwicklungsniveaus und der demographischen Entwicklung verringern.
In immer stärkerem Maße gewinnt die zwischenstaatliche Migration von Arbeitskräften große Bedeutung für die Nutzung der spezifischen Erfahrungen der Arbeiter verschiedener Länder, den Austausch von Erfahrungen im Zuge der sozialistischen ökonomischen Integration. Dies vor allem bei

- der gemeinsamen Erzielung und Realisierung von Ergebnissen des wissenschaftlich-technischen Fortschritts (Bildung von gemeinsamen Forschungsinstituten, Entwicklungseinrichtungen und Produktionsvereinigungen zur Realisierung von Forschungsergebnissen);
- der Realisierung von gemeinsamen Vorhaben, wie sie im Komplexprogramm der sozialistischen ökonomischen Integration vorgesehen sind (Entwicklung der Brennstoff- und Rohstoffbasis, Bau gemeinsamer Betriebe etc.);
- der Schaffung von Industriekomplexen in grenznahen Gebieten mit dem Ziel, die natürlichen Ressourcen und die Arbeitskräfte besser einzusetzen;
- der Qualifizierung und Weiterbildung von Werkätigen.

Die Realisierung dieser neuen Möglichkeiten für die zwischenstaatliche Migration der Arbeitskräfte erfolgt im Rahmen der Koordinierung der Pläne der RGW-Länder und der gemeinsamen Planung der einzelnen Vorhaben.
Die Zusammenarbeit auf diesen Gebieten hat sich besonders seit Ende der sechziger Jahre verstärkt.[7] Die Vorschläge der UdSSR, der Volksrepublik Polen und der Mongolischen Volksrepublik, auf ihren Territorien Kapazitäten zur Förderung wichtiger Arten von Brennstoffen, Energie und Rohstoffen zu schaffen, bieten für den gemeinsamen Ein-

[7] Vgl. T. Wais / L. Degtjar, Die Zusammenarbeit der RGW-Länder bei der Nutzung ihres Arbeitskräftepotentials, in: Sowjetwissenschaft, Gesellschaftswissenschaftliche Beiträge 4/1974, S. 390.

satz von Spezialisten große Möglichkeiten. Ebenso gewinnt der Austausch von spezialisierten Arbeitskollektiven in den RGW-Ländern an Bedeutung. So beim Bau großer Objekte (Untergrundbahnen, Pipelines, Autobahnen, Kühltürmen, Kernkraftwerken, so zum Beispiel des Kernkraftwerkes Nord in der DDR u. a.). Der Bau gemeinsamer Objekte in Grenzgebieten ermöglicht den rationellen Einsatz auch weniger mobiler Arbeitskräfte über die Ländergrenzen hinweg. So ermöglicht die offene Grenze zwischen der DDR und der VR Polen die wachsende Verflechtung des Wirtschaftsgebietes an beiden Seiten der Oder und Neiße, die zur effektiven Nutzung der hier vorhandenen Arbeitskräfte und materiellen Fonds im Interesse der beiden Länder sowie der gesamten sozialistischen Staatengemeinschaft führt.
Eine neue Form der zwischenstaatlichen Migration von Arbeitskräften ist die Entsendung von Arbeitskräften zur Aus- und Weiterbildung. Ziel ist die Qualifizierung der Arbeitskräfte in jenen Ländern, wo für eine bestimmte Spezialisierung die besten Voraussetzungen gegeben sind. So haben von 1968 an über 30 000 ungarische Jugendliche durch ihre Arbeit in Betrieben der DDR ihre Qualifikation vervollkommnen können. Die Migration der Arbeitskräfte zum Zwecke der Qualifikation, der Austausch von Spezialisten sowie die Bildung gemeinsamer Forschungs- und Produktionskollektive wird mit der Vertiefung der sozialistischen ökonomischen Integration eine schnell wachsende Bedeutung gewinnen.

Prof. Dr. rer. oec. habil. Heinz Petrak
Institut für Gesellschaftswissenschaften beim ZK der SED, Berlin

Einige Aspekte der Lage ausländischer Lohnarbeiter im EWG-Raum
(am Beispiel der BRD)*

Die zunehmende Beschäftigung ausländischer Arbeitskräfte in den EWG-Ländern ist ein spezifischer Aspekt der fortschreitenden Internationalisierung der Verwertung der Arbeitskräfte durch das Kapital. Im Referat des Arbeitskreises, das als eine Diskussionsgrundlage vorgelegt wurde, wurde diese Frage bereits berührt. Wir hörten auch in der Diskussion Ansichten über die Beschäftigung ausländischer Arbeitskräfte in der BRD. Ich möchte aber gerade deshalb die Gelegenheit benutzen, um Ihre Aufmerksamkeit auf einige solche Aspekte der Lage ausländischer Lohnarbeiter zu lenken, die mir für eine richtige Einschätzung wichtig erscheinen und dabei einige spezifische Gesichtspunkte dieser Lage in der BRD hervorheben. Die Beschäftigung ausländischer Arbeiter stellt natürlich keine neue Erscheinung dar. Auch der deutsche Imperialismus wies vom Beginn seiner Entwicklung an dieses Merkmal auf. Die Zahl ausländischer Arbeitskräfte stieg bis zum ersten Weltkrieg auf über 1,2 Millionen. Während in der Weimarer Republik dieser Anteil wesentlich abnahm, erreichte die Ausbeutung ausländischer Arbeitskräfte in der unverhüllten Form von Zwangs- und Sklavenarbeit im faschistischen Deutschland einen Höhepunkt.
Man darf nicht vergessen, daß es in der BRD noch dieselben Konzerne sind, die damals Millionen Zwangsarbeiter ausbeuteten und heute wieder die Arbeitskraft von Millionen ausländischer Arbeiter „verwerten". Diese Identität des Kapitals läßt den Schluß zu, daß der veränderte Status der ausländischen Arbeiter in der BRD lediglich ein Wechsel der Form, aber nicht des Inhalts ist. Der Formwechsel selbst entspringt nicht primär den inneren Tendenzen des Kapitals, sondern

* Daten wurden folgenden Untersuchungen entnommen: Klassen- und Sozialstruktur der BRD 1950—1970, Theorie-Diskussion-Sozialstatistische Analyse, Teil II, Sozialstatistische Analyse, Institut für Marxistische Studien und Forschungen (IMSF), Frankfurt/Main, November 1973; Proletariat in der BRD, Reproduktion-Organisation-Aktion, Institut für Gesellschaftswissenschaften beim ZK der SED, Berlin 1974.

entgegenwirkenden Faktoren, die sich hinsichtlich aus der Niederlage des Faschismus und aktuell aus dem Druck des Kampfes der Arbeiterklasse ergeben.
Im Unterschied zu früheren Phasen ist jedoch die Beschäftigung ausländischer Arbeitskräfte im heutigen EWG-Raum und dabei auch in der BRD aus einem zeitweiligen, punktuellen und variablen Element zu einem dauerhaften, strukturellen und konstanten Element der Reproduktion des Kapitals geworden. Der antagonistische Charakter des Kapitalverhältnisses ist die Grundlage für einen antagonistischen Charakter des Internationalisierungsprozesses der lebendigen Produktivkräfte aus den kapitalistischen Ländern, deren wichtigste die Arbeitskraft der Lohnarbeiter ist. Dabei muß man darauf aufmerksam machen, daß in der offiziellen Bezeichnung des Themas dieser Arbeitsgruppe der Sachverhalt nicht exakt formuliert ist, wenn von den Arbeitsmärkten die Rede ist.
Bekanntlich wurde schon vor über 100 Jahren in der ökonomischen Theorie nachgewiesen, daß es sich nicht um den Kauf und Verkauf der Arbeit, nicht um Wert, Marktwert und Preis der Arbeit, sondern um den Arbeitskräftemarkt als einer Folge des Warencharakters der Arbeitskraft handelt. Gerade deshalb kommt es zu einer Polarisierung der Resultate auch des Integrationsprozesses auf den Arbeitskräftemärkten, wobei das Kapital die meisten Vorteile usurpiert und das Proletariat im allgemeinen und die ausländischen Arbeiter im besonderen benachteiligt bleiben. In der BRD stieg die Zahl der ausländischen Arbeitskräfte mit Beginn der 60er Jahre steil an, und dies war keineswegs eine direkte Folge der Verträge von Rom zur ökonomischen Integration Westeuropas, sondern des Versiegens anderer Quellen der Arbeitskräfterekrutierung.
Vor allem erschöpften sich zu diesem Zeitpunkt jene für das Kapital in der BRD besonders günstigen Umstände, ausreichende Arbeitskräfte auf niedrigem Lohnausgangsniveau zur Verfügung zu haben und die bis dahin offene Grenze zur DDR dafür benutzen zu können, den „Input" zur Qualifizierung von Arbeitskräften dem Staatshaushalt der „nicht existenten" DDR zu überlassen und als Ergebnis ideologischer Diversion auch noch den „Output" der abgeworbenen Arbeitskräfte kostenlos zu kassieren. Der Druck veränderter Verhältnisse löste in der BRD sowohl den beschleunigten Import von Arbeitskräften aus anderen Ländern als auch die Debatte von der Bildungsmisere und Bildungsreform aus. Die offizielle Zahl dieser ausländischen Arbeitskräfte wuchs in der BRD seit 1960 von 279 000 auf 2,35 Mill. im Jahre 1973.
Damit beruhte die Zunahme der Gesamtzahl der Beschäftigten seit 1960 zu über 90 Prozent auf dem Import von Arbeitskräften. Die Disparität zwischen der Bevölkerungsentwicklung im Inland, dem Arbeitskräftepotential und den sachlichen Produktionsfonds wurde so stark, daß ohne

diesen Import die erweiterte Reproduktion des Kapitals nicht mehr möglich war, obwohl sich gleichzeitig ein verstärkter Übergang zum intensiven Typ der erweiterten Reproduktion vollzog. Das Kapital versucht auf diese Weise den Rückgang des Bevölkerungswachstums, den Erfolg des Kampfes um Arbeitszeitverkürzung und Ausbildungszeitverlängerung wie auch das durch vorzeitigen Verschleiß von Arbeitskraft sinkende Rentenalter zu kompensieren und das Verhältnis von Angebot und Nachfrage an Arbeitskräften zu seinen Gunsten – je nachdem durch Ansaugung und Abstoßung von Arbeitskräften – zu verändern. Innerhalb dieser Periode sank die Zahl der ausländischen Arbeitskräfte in der BRD nur einmal und zwar 1967, in der Zeit der zyklischen Überproduktionskrise, wodurch die faktische Zahl der Arbeitslosen in der BRD durch den Reexport von über 200 000 ausländischen Arbeitskräften verschleiert wurde, wie es auch gegenwärtig wieder geschieht.

Die ökonomischen Vorteile der Ausländerbeschäftigung für das Kapital sind vielfältig und werden durch spezielle Regulierungsmaßnahmen des Staates unterstützt. Sie bestehen vor allem in einer Verbilligung des variablen, für den Kauf der Arbeitskräfte ausgelegten Kapitals, da alle Konten bis zum Eintritt ins arbeitsfähige Alter nicht von den Importeuren getragen werden müssen und die reglementierte Altersstruktur der importierten Arbeitskräfte außerdem fast keine Kosten für die dritte Lebensphase, die Zeit nach der Arbeitsfähigkeit, erfordert. Ferner konzentriert sich die Anwerbung keineswegs auf die Arbeitsplatzsuchenden innerhalb der EWG-Länder, sondern auf „Drittländer“, in denen die Lohnsituation oft noch schlechter und die Forderungsmöglichkeiten der Arbeiter entsprechend gedrückter sind. Obwohl bekanntlich die Arbeitslosigkeit in keinem einzigen EWG-Land beseitigt ist, erfolgt der Import von Arbeitskräften in der BRD zu rund 75 Prozent aus Drittländern und nur etwa ein Viertel stammt aus dem EWG-Raum. Im Jahre 1972 zum Beispiel lag die Zahl der ausländischen Arbeitskräfte allein aus der Türkeit mit 497 000 wesentlich höher als die Zahl der Arbeitskräfte aus Italien mit 422 000. All dies zeugt davon, daß es dabei nicht um die Beseitigung von Arbeitslosigkeit geht, sondern um das genaue Gegenteil, die Sicherung einer solchen Reserve von Arbeitskräften, die den Druck auf die Beschäftigten aufrechterhält und es dem Kapital gestattet, die Ansprüche der Arbeiterarmee im Zaume zu halten. Darin zeigt sich der kapitalistische Charakter der staatlichen Regulierungsversuche dieses Imports über den EWG-Raum hinaus. Gerade zu diesem Zweck hat die Regierung der BRD spezielle „Anwerbungsverträge“ mit solchen Ländern wie Griechenland, Spanien, der Türkei, Marokko, Portugal, Tunesien usw. abgeschlossen, wobei spezielle Kommissionen das „Menschenmaterial“ oft in einer Weise prüfen, die an die Sklavenhaltermärkte erinnert. Buchstäblicher Menschenhandel findet

innerhalb dieses Systems gerade dadurch statt, daß im akuten Elend lebende Menschen sich, um die staatlichen Selektionssysteme zu umgehen, privaten Menschenhändlerfirmen ausliefern, wie zahlreiche Enthüllungen beweisen. In der BRD wird eingeschätzt, daß etwa 15 Prozent aller Ausländer solche illegalen Arbeitskräfte sind, für die Kopfgelder gezahlt, die verkauft und vermietet werden, und die es ohne gültige Aufenthaltserlaubnis nicht wagen, sich zur Wehr zu setzen.
Betrachten wir die Altersstruktur der ausländischen Arbeitskräfte in der BRD, so werden die Vorteile für das Kapital besonders offensichtlich. 1968 waren nur 14 Prozent der männlichen ausländischen Beschäftigten über 45 Jahre alt, während dieser Anteil an den männlichen Arbeitskräften insgesamt bei 31 Prozent lag. Bei Frauen betrug dieser Anteil sogar nur 9 Prozent gegenüber 30 Prozent bei allen weiblichen Lohnabhängigen. Dabei wurden aus einigen „Anwerbeländern", zum Beispiel aus der Türkei, überhaupt nur Arbeitskräfte bis zum Alter von 35 Jahren eingestellt. Eine solche Altersstruktur führt nicht nur zur Einsparung von „Sozialkosten", sondern wird sogar eine zusätzliche Einkommensquelle für die Importeure. So entrichteten ausländische Arbeiter und Angestellte von 1961–1971 in der BRD Beiträge zur Rentenversicherung in Höhe von 20,1 Mrd. DM, erhielten aber nur 700 Mill. als Rentenleistungen. Ähnliches gilt für die Diskrepanz zwischen dem Steueraufkommen und den staatlichen Leistungen für diese Arbeitskräfte. Die besondere Benachteiligung der ausländischen Arbeitskräfte kommt insbesondere in der Struktur ihrer Arbeitsplätze und damit der Lohnskala zum Ausdruck. Es verstärkt sich die Tendenz, die Polarisierung qualifizierter und unqualifizierter Arbeitskräfte innerhalb des Proletariats bei durchschnittlich wachsendem Anteil qualifizierter Arbeit als Differenz zwischen „einheimischen" und ausländischen Arbeitskräften zu fixieren.
So ergibt eine Analyse der Qualifikation in der Anwendung ausländischer Arbeitskräfte für 1968, daß über 90 Prozent der männlichen Arbeitskräfte als Arbeiter und 8 Prozent als Angestellte beschäftigt werden, während dieser Anteil an allen abhängig Beschäftigten 64,5 Prozent betrug. Bei weiblichen Arbeitskräften beträgt der Arbeiteranteil bei Ausländern über 86 Prozent, bei allen Beschäftigten 46,9 Prozent. Aber auch innerhalb des Arbeiteranteils ist die Diskrepanz zwischen den einzelnen Kategorien äußerst kraß. Nur 22 Prozent der männlichen ausländischen Arbeiter sind als Facharbeiter eingestuft, während dieser Anteil an allen Arbeitern 57 Prozent betrug. 38 Prozent aller männlichen ausländischen Arbeiter sind als ungelernte und Hilfsarbeiter tätig, während dieser Anteil bei Arbeitern insgesamt nur 11 Prozent beträgt. Bei ausländischen Arbeiterinnen sind sogar 62 Prozent als ungelernte und Hilfskräfte tätig, bei einem Gesamtanteil dieser Kategorie von 45 Prozent. Der überproportionale Anteil der Ausländer an den

Ungelernten, Angelernten und Hilfsarbeitern bedeutet, daß sie auch einen überproportionalen Anteil an den Schichten mit den niedrigsten Löhnen aufweisen und daher selbst die formelle „Gleichstellung“ in der Entlohnung nichts an dieser Unterplazierung ändert. Sie verrichten nicht nur die am schlechtesten bezahlten, sondern auch besonders schweren, gesundheitsschädlichen, monotonen Arbeiten und sind in überdurchschnittlichem Maße Unfällen ausgesetzt. So wurden nach dem Unfallbericht der Bundesregierung vom Jahre 1969 in der BRD von jeweils 1000 Beschäftigten von Arbeitsunfällen betroffen: Türken 285, Italiener 237, Griechen 203, Spanier 198 und Westdeutsche 88. Die Unfallquote liegt also bei ausländischen Arbeitskräften etwa dreimal so hoch wie bei „Einheimischen“, deren Unfallrate auch nicht gerade niedrig genannt werden kann.
Aber auch die Qualifikationsmöglichkeiten sind wesentlich geringer als die der einheimischen Arbeiter. Die Behauptung von beruflichen Aufstiegschancen wird durch die Tatsache widerlegt, daß zwar 30 v. H. Arbeitern bei längerem Aufenthalt „aufstiegen“, aber 24 davon vom ungelernten zum angelernten Arbeiter, und bei den 19 von 100 „aufsteigenden“ Arbeiterinnen der „Aufstieg“ bei 18 von ungelernter zur angelernten Arbeiterin erfolgte. Da aber nur 35 Prozent der ausländischen Männer und 19 Prozent der Frauen länger als 6 Jahre in der BRD beschäftigt sind, sichert diese „Rotation“ dem Kapital die laufende Zufuhr billiger Arbeitskräfte und die Möglichkeit des willkürlichen „Abschubs“ durch Nichtverlängerung und Kündigung der Arbeitsverträge, die mit dem Entzug der Aufenthaltserlaubnis verbunden werden kann.
Fluktuation in der Beschäftigung, zyklische oder strukturelle Arbeitslosigkeit geht auf diese Weise zu 40–60 Prozent auf Kosten ausländischer Arbeitskräfte, obwohl ihr Anteil an den Beschäftigten insgesamt bei etwa 10 Prozent liegt. Ihre spezifische Situation macht gerade die ausländischen Arbeitskräfte zu einem Feld besonderer Ausbeutung auch in der Sphäre der Konsumtion. Nach einer repräsentativen Umfrage bei 2830 Ausländerfamilien in Nordrhein-Westfalen durch das Institut für Arbeitssoziologie und Arbeitspolitik der Bochumer Ruhr-Universität leben diese Familien in Wohnungen, die um 36 Prozent unter der Durchschnittsgröße vergleichbarer Wohnungen liegen. Auf eine Person kommen 0,7 Betten, 40 Prozent der Familien haben keine eigene Küche und nur 17 Prozent können ein Bad benutzen, aber sie zahlen fast ein Drittel mehr Miete als einheimische Mieter. Viele vegetieren in Kellern, Dachböden, Baracken und Schuppen oder leben in Gemeinschaftsunterkünften der Betriebe mit 10 bis 20 Personen in einem Raum. Von der geschätzten Zahl von etwa einer Million Kinder ausländischer Arbeiter besuchen rd. 25 Prozent überhaupt keine Schule.
Die ökonomische Benachteiligung und zusätzliche Ausbeutung der aus-

ländischen Arbeitskräfte entspringt nicht nur den Gesetzen der Verwertung der Arbeitskraft durch das Kapital, sondern wird auch zu einem Instrument der ökonomischen Spaltung der Arbeiterklasse durch die Methode der „Apartheid“ in Form ökonomischer, politischer und juristischer Diskriminierung ausländischer Arbeitskräfte. Die politische und juristische Diskriminierung ausländischer Arbeitskräfte in der BRD betrifft vor allem die Verweigerung oder Einschränkung der bürgerlichen Rechte, die gezielte Differenzierung der Rechtslage der ausländischen gegenüber den einheimischen Beschäftigten. Die Propaganda vom angeblichen Ideal der Freizügigkeit und Freiheit ohne Unterschied der Rasse, Nation, Staatsangehörigkeit, des Alters oder Geschlechts im EWG-Raum ist schon angesichts der angeführten Tatsachen gegenüber der Realität unhaltbar. Gewisse Fortschritte für Arbeiter aus den EWG-Ländern sind vor allem das Produkt des Kampfes der Arbeiterklasse dieser Länder und betreffen gerade in der BRD kaum 25 Prozent der ausländischen Arbeitskräfte, da rd. 75 Prozent aus Drittländern stammen, die nach wie vor zusätzlichen Beschränkungen der Bürgerrechte unterliegen.
Zweitens bedeutet der erwähnte Fortschritt nicht die völlige Gleichberechtigung (z. B. haben nach wie vor auch Beschäftigte aus EWG-Ländern kein Wahlrecht, noch nicht einmal zu den Kommunalwahlen). Drittens entstand dadurch eine Dreiteilung der Rechtslage (Einheimische, EWG-Raum, Drittländer), also eine Ungleichheit je nach der Staatsangehörigkeit.
Diese dreifache Differenzierung ist ein Instrument der politischen Niederhaltung der Arbeiterklasse durch das Kapital und seine Regierungen. Das Kapital sucht nicht Analogisierung der Rechtslage der Arbeiterklasse, sondern Differenzierung mit der Absicht der Konfrontation innerhalb des Proletariats. Auf diese Weise will der Kapitalismus die für ihn unerwünschte Konsequenz der Internationalisierung des Kapitals, die Internationalisierung des Kampfes der Arbeiterklasse, die Solidarität der Arbeiter verhindern und Nationalismus, Rassismus, Chauvinismus in die Reihen der Ausgebeuteten tragen.
Schon die Kontraktbedingungen sind so gestaltet, daß eine wesentliche Existenzbedingung des Lohnarbeiters, die freie Verfügung über den Verkauf seiner Arbeitskraft, eingeschränkt wird. Die einschlägigen Gesetze der BRD sehen elf extensiv auslegbare Gründe für die Ausweisung ausländischer Arbeitskräfte vor, darunter die Unfähigkeit, den Lebensunterhalt für sich oder seine Angehörigen ohne Inanspruchnahme der Sozialhilfe zu bestreiten, oder nicht richtige Angaben über die Person, Gesundheit, Beruf oder die wirtschaftlichen Verhältnisse. Eine Einbürgerung wird absichtlich erschwert und setzt einen mindestens zehnjährigen Aufenthalt voraus. Außer dem Ausschluß vom aktiven und passiven Wahlrecht sind für die Ausländer zahlreiche Grundgesetz-

rechte nicht wirksam, so das Recht auf Versammlungsfreiheit, Vereinsfreiheit, Freizügigkeit, freie Berufswahl und das Auslieferungsverbot. Für betriebliche Vertretungsorgane wurde zwar ab 10. 11. 1971 eine juristische Gleichstellung erreicht, faktisch aber bleiben die Ausländer auch in diesen Gremien weit unterrepräsentiert. Die kulturelle Situation der ausländischen Arbeiter und der Familien ist katastrophal, die dafür zur Verfügung gestellten staatlichen Mittel sind minimal, ganz zu schweigen von den psychologischen Problemen, die sich aus millionenfacher Trennung der Familien ergeben.

Ungeachtet aller Besonderheiten in der konkreten Situation der ausländischen Arbeiter in der BRD handelt es sich objektiv um einen spezifischen Ausdruck der gesellschaftlichen Gesamtsituation des Proletariats im Kapitalismus der Gegenwart. Daher stimmen die grundlegenden Interessen dieser Arbeiter mit denen ihrer gesamten Klasse überein und können nur im gemeinsamen Kampf vertreten werden. Die Aktualität des Zusammenschlusses der Proletarier ungeachtet ihrer Nationalität fordert besonders im EWG-Raum eine höhere Stufe ihrer Organisiertheit. Wenn auch der überwiegende Teil der ausländischen Arbeiter in der Industrie und hier wiederum in Großbetrieben konzentriert ist, was an sich ihren Zusammenschluß mit den anderen Arbeitern erleichtert, so wirkt doch eine Reihe von Faktoren besonders hemmend. Die hohe Rotationsgeschwindigkeit (die Aufenthaltsdauer liegt bei 43 Prozent der Männer und bei 62 Prozent der Frauen unter vier Jahren), aber auch die politische Überwachung durch Informanten besonders terroristischer Regimes wie Spaniens, Griechenlands u. a. erschweren ihre gewerkschaftliche Organisation. Der gewerkschaftliche Organisationsgrad lag zum Beispiel bei griechischen, spanischen und portugiesischen Arbeitern in der BRD 1971 mit 22 bzw. 27 und 15 Prozent um die Hälfte niedriger als der aller Arbeiter. 1972 kamen auf 20 deutsche Arbeiter und Angestellte in der BRD ein gewerkschaftlicher Vertrauensmann, aber bei ausländischen Arbeitern betrug dieses Verhältnis 100 : 1. Auch die politischen Parteien verhalten sich ungleich zu den Ausländern. Die regierende sozialdemokratische Partei gestattet ihnen zwar die Mitgliedschaft, aber mit bedeutenden Einschränkungen der Rechte. Die einzige Partei, die für Ausländer die uneingeschränkten statutarischen Rechte einräumt, ist die Deutsche Kommunistische Partei.

Insgesamt wächst trotz der Hindernisse die aktive Beteiligung der ausländischen Arbeiter an den Klassenkämpfen, insbesondere in den Streikkämpfen, und es ist dem Kapital nicht gelungen, diese Teile der Arbeiterklasse als Streikbrecher zu benutzen. Ein wichtiges Instrument der Arbeiter in diesem Ringen um ihre Interessen ist die von Karl Marx begründete politische Ökonomie der Arbeiterklasse. Der Wert dieser ökonomischen Theorie besteht nicht nur in ihrer Fähigkeit zur adäquaten Interpretation der ökonomischen Situation, sondern vor allem in der Aufdeckung der Möglichkeiten zur positiven Veränderung der Lage der Arbeiterklasse. Sie hat den Nachweis erbracht, daß die Grundprobleme auch der ausländischen Arbeiter in der EWG nur gelöst werden können, wenn der Warencharakter der Arbeitskraft aufgehoben wird. Bekanntlich kann aber eine positive Aufhebung des Warencharakters der Arbeitskraft nur durch Überführung der entscheidenden Produktionsmittel in gesellschaftliches Eigentum erfolgen, wie es in den sozialistischen Ländern geschehen ist.

Arbeitsgruppe E

Internationale Kapitalbewegungen und Integration der Kapitalmärkte

Prof. Dr. Peter Heß
Institut für internationale Politik und Wirtschaft

Beziehungen zwischen internationaler Kapitalbewegung und Profitzentralisierung der internationalen Konzerne

Unter kapitalistischen Bedingungen erfolgt die Internationalisierung des Wirtschaftslebens zu einem wesentlichen Teil in Form der Expansion der internationalen Konzerne. Ob aber national oder international, das oberste Ziel der Konzerne ist die Sicherung einer Profitrate, die ausreicht, den wachsenden Anforderungen an das Kapital zu begegnen und in der Konkurrenz nicht zurückzubleiben. Die mittels Finanzoperationen der verschiedensten Art durchgeführte Umverteilung und Zentralisierung der Finanzquellen und der Profitrate ist hierzu eine unbedingte Voraussetzung. Diesem dient eine zentralisierte Finanzkontrolle und Finanzstrategie der Konzerne. Die internationalen Konzerne sind aus wissenschaftlicher Sicht als Zentren für die Durchführung großdimensionaler Finanzoperationen zu betrachten, die sie auf der Grundlage ihrer vielfältigen produktiven Tätigkeiten betreiben. Wenn daher aus leitungsorganisatorischen Gründen eine Dezentralisierung der Produktionsentscheidungen anzutreffen ist, so dient diese vor allem der Erhöhung der Profitmasse, mit der die Konzerne zentralisiert operieren können.

Die internationalen Konzerne finanzieren ihre ausländischen Gesellschaften zum überwiegenden Teil aus Quellen des Niederlassungslandes, aus einem Teil des dort durch ihre Gesellschaften erzielten Profits, aus Anleihen und Krediten sowie staatlichen Mitteln des Niederlassungslandes. Kapital, das im Niederlassungsland oder in dritten Ländern mobilisiert wird, kann gleichzeitig auch wieder in Form von Krediten (z. B. Exportkrediten) und Anleihen an Konzerngesellschaften in anderen Ländern und für Profitüberweisungen an die Muttergesellschaften weitergeleitet oder für Finanzoperationen außerhalb des Konzernbereichs verwendet werden. Es ist bekannt, daß ein großer Teil der Profite der internationalen Konzerne gerade aus solchen Finanzoperationen, die mit der unmittelbaren produktiven Tätigkeit in den Konzernen oftmals keinen sichtbaren Zusammenhang aufweisen, stammen. Die Vielzahl solcher Finanzoperationen der internationalen Konzerne, bei denen es sich um gewaltige Kapitalmassen handelt, hat einen wesentlichen

Anteil sowohl an den kurzfristigen als auch an den langfristigen internationalen Kapitalbewegungen.
Die internationalen Konzerne verfügen über einen riesigen Finanzüberbau, über finanzielle Reserven, die sie für ihre umfangreichen Finanzoperationen benutzen. Hierzu bauen sie spezielle internationale Finanzmanagements auf. Es ist allgemein bekannt, daß die Experten für internationales Geld- und Kreditwesen in den Konzernen eine Hauptrolle spielen, zu den Spitzenmanagern zählen. Es ist ihre Aufgabe, weitgehend unabhängig von der industriellen und kommerziellen Tätigkeit, für den Konzern die günstigsten Bedingungen für finanzielle Geschäfte ausfindig zu machen. Das allgemeine Ziel besteht dabei einerseits darin, „billiges", das heißt relativ geringen Profit beanspruchendes Kapital international zu mobilisieren; andererseits wird der Zweck verfolgt, Kapital im internationalen Maßstab zu höchsten Profiten anzulegen. So nehmen internationale Konzerne zur Finanzierung ausländischer Investitionen oftmals den Kapitalmarkt des Landes in Anspruch, in dem die Muttergesellschaft ihren Sitz hat. In anderen Fällen werden mehrere Kapitalmärkte, sei es in Ländern, in denen die Tochtergesellschaften ihren Sitz haben, sei es der internationale Kapitalmarkt, in Anspruch genommen. Welcher Weg beschritten wird, hängt in erster Linie von den relativen Zinslasten, von der unterschiedlichen Steuerbelastung und sonstigen „Kosten" der Kapitalaufnahme ab. Um diese Operationen erfolgreich und möglichst reibungslos abzuwickeln, gehen die internationalen Konzerne enge Verbindungen mit den Monopolbanken ein. Es handelt sich dabei selten um eine einzige Monopolbank, sondern meistens um mehrere, und dasselbe trifft auch auf die Tochtergesellschaften zu. Die Vorteile dieser Methode liegen auf verschiedenen Ebenen, nicht zuletzt auch in der Möglichkeit, vorhandene oder drohende Beschränkungen im Hinblick auf den Kapitalexport zu umgehen. Außerdem sind die örtlichen Kapitalmärkte oftmals nicht ergiebig genug, ganz im Gegensatz zu den internationalen Kapitalmärkten, an denen vorzugsweise Anleihen in aufwertungsverdächtigen Währungen angeboten werden.
Ein Teil des Anleiheerlöses erhöht die kurzfristige Liquidität der Konzerne. Diese stellt sich seinerseits als anlagesuchendes Kapital dar, und zwar auf einer Vielfalt von internationalen Kapitalmärkten, vorzugsweise auch auf dem Eurodollar-Markt. Eine in letzter Zeit besondere Bedeutung annehmende Form der Mobilisierung und Anlage von kurzfristigem Kapital ist das sogenannte Industrieclearing. Weiterhin wurden im Rahmen der internationalen Konzerne speziell zur Mobilisierung von Kapital am Euromarkt internationale Finanzierungsgesellschaften geschaffen, vor allem für die Aufnahme von lang- und mittelfristigen Anleihen und Krediten. In der Regel wählen die internationalen Finanzierungsgesellschaften als Sitz solche Länder, in denen Steuerprivilegien auf Anleihezinsen und Amortisationen gewährt werden.

Schon diese kleine Auswahl von profitsuchenden Finanzgeschäften der internationalen Konzerne deuten das Ausmaß der von den Konzernen ausgelösten Kapitalbewegungen an. Aber damit ist das wirkliche Ausmaß dieser Transaktionen noch lange nicht erfaßt. Bei den Finanzoperationen der Konzerne spielt die Ausnutzung der internationalen Steuer- und Währungsbedingungen durch ein System konzerninterner Verrechnungspreise u. a. Methoden eine große Rolle. Die zu diesem Zweck geschaffenen Basisgesellschaften der Konzerne haben ihren Sitz oft in Steueroasenländern, sie erhöhen die finanzielle Flexibilität der Konzerne, indem Kapital und Profit in die jeweils rentabelsten Bereiche gelenkt und international verlagert werden.
Das in sich sehr komplexe sogenannte Transferpreissystem spielt eine große Rolle. Es wird zum Beispiel dazu genutzt, Devisenbestimmungen zu umgehen, indem Tochtergesellschaften in Ländern, die aus Zahlungsbilanzgründen den Profittransfer beschränken, überhöhte Preise für Lieferungen von anderen Konzerngesellschaften in anderen Ländern zahlen müssen. Über dieses System können auch Tochtergesellschaften von internationalen Konzernen, besonders wenn sie gerade im Begriff sind, in einen fremden Markt einzudringen, mit zusätzlichen Finanzmitteln versehen werden, um ihnen einen Konkurrenzvorteil gegenüber inländischen Unternehmen zu geben. Mit diesem System werden auch Lohnerhöhungen umgangen, die die Belegschaften bei hohen Profiten einer Tochtergesellschaft natürlich von dieser mit besonderem Nachdruck fordern. Das Transferpreissystem ermöglicht also Profitverschleierung gegenüber den jeweiligen nationalen Behörden als auch gegenüber den nationalen Gewerkschaften. Im übrigen kann auch die Dividendenausschüttung an ausländische „Partner" auf diese Weise von der Konzernzentrale gesteuert werden.
Eine wichtige Rolle spielt auch die Beschleunigung oder Verzögerung von Zahlungen für konzerninterne Verkäufe, um Zinskosten niedrig zu halten, Wechselkursrisiken auszuschalten oder aus Wechselkursänderungen und aus dem unterschiedlichen Inflationstempo in einzelnen Ländern Profite zu realisieren. Ganz allgemein nutzen die internationalen Konzerne beim Ein- und Verkauf der von ihren Tochtergesellschaften produzierten Waren auch die im unterschiedlichen Maße der Inflation unterliegenden Währungen zu allerlei Spekulationen aus. Es ist ein bezeichnender Fakt, daß je länger die Passagen derselben Waren zwischen den verschiedenen Gesellschaften eines Konzerns in verschiedenen Ländern sind, um so mehr Profit durch Währungsspekulationen zu erzielen sind. Die Profitzentralisierung mit Hilfe des Transferpreissystems führt damit zu einer großangelegten internationalen Umverteilung von Profit und Einkommen, das sich in verschiedenen Formen als Kapitalbewegung darstellt, zum Verlust an Steuereinnahmen in einzelnen Ländern, zur Vergrößerung der Zahlungsbilanzungleichge-

wichte in sehr vielen Ländern und zur Reduzierung der Profitraten schwächerer Kapitale führt.

Diese in großen Dimensionen erfolgenden Finanzoperationen der Konzerne sind natürlich nicht nur ein heute normales Mittel des Konkurrenzkampfes, sondern tragen auch zur Verschärfung der chronischen Währungskrise bei, denn es sind ja schwer ins Gewicht fallende Kapitaltransaktionen, die die internationalen Riesen auf diese Weise durchführen. Ein Bericht des U.S.-Senats kam vor kurzem zu der Schlußfolgerung, daß, wenn nur 1 Prozent der 268 Mrd. $ kurzfristiger Guthaben der internationalen Konzerne und Banken (einschließlich Filialen und Tochtergesellschaften) verlagert würden – als Reaktion beispielsweise auf die Stärkung oder Schwächung einer Währung oder infolge antiinflationärer Maßnahmen wie Kreditrestriktionen und Diskontsatzerhöhungen –, dieses ausreichen würde, eine akute Währungskrise auszulösen.[1]

Konzerninterne Verkäufe, Profit- und Kostenverlagerungen, das System der konzerninternen Verrechnungspreise und Preisänderungen generell sowie die Devisen- und Finanzdispositionen der internationalen Konzerne berühren so auf vielfältige Weise die Zahlungsbilanz- und Währungssituation der Niederlassungsländer und verstärken die Labilität der internationalen Wirtschaftsbeziehungen. Kein noch so sorgfältig abgestimmtes internationales Währungssystem, dessen Zustandekommen ohnehin infolge der unterschiedlichen Interessenlagen mit außerordentlichen Schwierigkeiten verbunden wäre, kann die krisenverstärkende Rolle der internationalen Konzerne herabmindern. Andererseits ist es ausgeschlossen, den Konzernen ihre Finanzoperationen zu „verbieten" oder diese gar zu beschränken. Sie sind eine notwendige Folge der Tatsache, daß die gewaltigen Produktionsaufgaben der Gegenwart in einem Teil der Welt nur als profitbringende Geschäfte in Angriff zu nehmen sind.

Die internationalen Umverteilungsprozesse von Profit und Einkommen über das System der Auslandsbeteiligungen und der internationalen Finanzoperationen führen schließlich dazu, daß die Staaten, in denen mächtige internationale Konzerne ihren Sitz haben, auf Kosten der Länder, in denen sie operieren, akkumulieren können. Selbst wenn die von internationalen Konzernen im Ausland realisierten Profite auch wieder im Ausland angelegt werden, stellen sie einen Abzug von den nationalen Akkumulationsquellen dar. Denn die Konzerne verfügen über die Anlage dieser Mittel selbstverständlich im Sinne der günstigsten Verwertung der den Gesamtkonzern beherrschenden finanzkapi-

[1] U. S. Senate Committee on Finance, Implications of Multinational Firms for World Trade and Investment and for United States Trade and Labor (Washington D. C., 1973).

talistischen Gruppen und nicht im Sinne der Länder, nicht einmal im Sinne des Kapitals dieser Länder, in denen ihre verschiedenen Tochtergesellschaften und Filialen ihren Sitz haben. Damit müssen sich notwendig zusätzliche negative Folgen für die Entwicklung der Wirtschaftsstruktur, für die technische Abhängigkeit und relative Rückständigkeit, für das Zurückbleiben und die innere Disproportionalität der Infrastruktur, für die Durchführung von sozialen Reformen und andere Maßnahmen einstellen. Die Folgen für die betroffenen Länder sind um so härter, je weniger sie in der Lage sind, den Dispositionen der internationalen Konzerne Widerstand entgegenzubringen. Es ist klar, daß damit die Entwicklungsländer in einer besonders ungünstigen Lage sind.

Arbeitsgruppe F

Monetäre und Finanzintegration

Prof. Dr. Alfred Lemnitz
Institut für internationale Politik und Wirtschaft

Weltwirtschaftliche Beziehungen im Zeichen der Inflation und der Krise des kapitalistischen Währungssystems

Die weltwirtschaftlichen Beziehungen, insbesondere der Außenhandel und die Geld-, Kredit- und Finanzbeziehungen zwischen den kapitalistischen Ländern und zwischen ihnen und den Entwicklungsländern stehen trotz hoher quantitativer Entwicklung unter dem Druck der Inflation und der Krise des kapitalistischen Währungssystems. Es hat zwar auch schon in der Vergangenheit langfristige Perioden der Inflation gegeben, aber sie wurden durch Währungsreformen der einzelnen Staaten behoben, ohne daß es zu einer Krise des ganzen Währungssystems kam. Den heutigen Zustand dagegen muß man als chronischen Prozeß der Inflation bezeichnen.
Die Erschütterungen, von denen die Währungen aller kapitalistischen Länder und das internationale kapitalistische Währungssystem betroffen werden, haben ihren Ausgangspunkt in der wachsenden Labilität des kapitalistischen Wirtschaftssystems nach dem zweiten Weltkrieg. Der Versuch, durch das im Jahre 1944 in Bretton Woods abgeschlossene Währungsabkommen das internationale kapitalistische Währungssystem zu stabilisieren, muß heute als gescheitert betrachtet werden. Dadurch gerieten auch die bisherigen Unternehmen einer territorialen und globalen ökonomischen, monetären und Finanzintegration ins Wanken.
Was sind die Ursachen der inflationären Entwicklung der Währungen aller kapitalistischen Länder und deren Umschlag in eine Krise des internationalen kapitalistischen Währungssystems?
Die wesentlichen Ursachen liegen in der Ausschaltung oder Einschränkung der freien Konkurrenz durch den Umschlag in das kapitalistische Monopol. Dadurch wurde der auf dem Wertgesetz beruhende Regulierungsmechanismus der kapitalistischen Warenproduktion und der Ware-Geld-Beziehungen gehemmt und deformiert.
Unter den Bedingungen des Gold-Devisen-Standards, der freien Wechselkurse und der Einlösung von Papiergeld und Banknoten gegen Gold im inneren wie im äußeren Zahlungsverkehr, wurde der Umfang der für den Warenumsatz und die Zahlungsanforderungen notwendigen Geldmenge automatisch reguliert. Auf diese Weise wurde auch der Geldwert

stabil gehalten. Das für den Waren- und Zahlungsverkehr überflüssige Papiergeld bzw. die Banknoten gingen an die Geldemissionsbanken zurück, wurde gegen Gold eingelöst und dieses zeitweilig oder gänzlich demonetisiert.

Die Aufhebung der Einlösungspflicht von Papiergeld und Banknoten gegen Gold während des ersten Weltkrieges hob den Regulierungsmechanismus auf. Die kriegführenden Länder pumpten zur Begleichung der Rüstungs- und Kriegsausgaben Papiergeld in die Zirkulation. Diesem Geld standen weder Waren noch Gold gegenüber. Es mußte, nachdem die Konsolidierung mittels Staatsanleihen den wachsenden Geldstrom nicht mehr aufhalten konnte, sich entwerten, der Inflation verfallen.

Die ursprüngliche Ursache des inflationären Verfalls der Währungen war also die Finanzierung der Staats-, Rüstungs- und Kriegsausgaben mit nichteinlösungspflichtigem Geld. Diese Ursache ist auch heute noch wirksam. Die riesigen Rüstungsausgaben der kapitalistischen Länder belasten die Währungen außerordentlich und untergraben deren Stabilität.

Neben diese Ursache der Geldentwertung und Inflation ist eine weitere bedeutende Ursache getreten. Der erwähnte Umschlag der freien Konkurrenz in das kapitalistische Monopol. Unter den Bedingungen der freien Konkurrenz wurden mit der Regulierung des Geldumlaufs und der Stabilität des Geldwertes auch die Preise reguliert und stabil gehalten. In der Form von Angebot und Nachfrage regulierte das Zwangsgesetz der Konkurrenz die Preise entsprechend dem gesellschaftlich durchschnittlichen Aufwand an lebendiger und vergegenständlichter Arbeit. Das hatte zur Folge, daß die Warenpreise und die Lebenshaltungskosten entsprechend dem Konjunkturverlauf zwar Schwankungen unterlagen, aber in der Tendenz stabil waren und sogar sanken. Preissteigerungen größeren Ausmaßes traten kaum und dann meist nur im Zusammenhang mit einer Geldentwertung ein.

Durch das verbreitete Auftreten von monopolkapitalistischen Verbänden — Kartelle, Syndikate — und Unternehmen bzw. Gesellschaften — Konzerne, Trusts — wurde der preisregulierende Mechanismus der freien Konkurrenz eingeschränkt und ausgeschaltet. Durch die Festlegung von Monopolpreisen wurde *erstens* der wissenschaftlich-technische Fortschritt monopolisiert und die durch diesen möglichen Preissenkungen verhindert. Die Monopole gewannen auf diese Weise bedeutende Extraprofite. *Zweitens* wurde der Preis der Waren nicht entsprechend dem gesellschaftlich durchschnittlichen Arbeitsaufwand festgesetzt, sondern auf der Grundlage des Aufwands der dem Monopolverband oder -unternehmen angeschlossenen Betriebe mit dem höchsten Aufwand. Schließlich wurden *drittens* Steuern und soziale Abgaben, überhöhte Abschreibungen, Kosten für nicht ausgenutzte Produktionskapazitäten auf die Preise abgewälzt.

Durch die kapitalistischen Monopole wurden infolgedessen, bei Anwendung hochentwickelter Technik, hohem Stand der Arbeitsproduktivität und der Produktion, die Preise systematisch erhöht. Die Monopolpreisbildung rief eine relative Geldentwertung hervor. In diesem Falle ging die Geldentwertung nicht vom Geld, von dessen inflationärer Emission aus, sondern von den durch die kapitalistischen Monopole bewirkten Preissteigerungen. Heute treten beide Ursachen der Geldentwertung gleichzeitig auf. Es wirkt die durch die enormen Staats-, Rüstungs- und Kriegsausgaben bedingte Papiergeld- und Banknotenemission, die das durch den Umfang der Warenzirkulation und der Zahlungsanforderungen bestimmte Ausmaß weit überschreitet. Zugleich wirken die Monopolpreise in enormem Maße als Hebel der Ausweitung des Geldumlaufs. Durch die erstere wird eine absolute, durch die letztere eine relative Geldentwertung hervorgerufen.
Zu diesen beiden Ursachen der Geldentwertung und Inflation ist nach dem zweiten Weltkrieg eine weitere bedeutsame Ursache hinzugetreten. Diese steht im Zusammenhang mit dem Währungsabkommen von Bretton Woods. Auf Grund dieses Abkommens wurde für die internationalen Geldbeziehungen der kapitalistischen Länder der Gold-Devisen-Standard wieder eingeführt. Zugleich wurde aber *erstens* der Goldpreis auf 35 USA-Dollar per Unze fixiert und aufgrund dessen der Dollar zur Leitwährung erklärt. *Zweitens* wurden die Wechselkurse der dem Abkommen angeschlossenen Länder entsprechend ihrem historisch entstandenen Goldgehalt untereinander und in ihrem Verhältnis zum Dollar fixiert. Sie konnten nur innerhalb einer schmalen „Bandbreite" schwanken.
Durch die Fixierung des Goldpreises und der Wechselkurse wurde der Regulierungsmechanismus des internationalen Geldumlaufs ausgeschaltet. Das auf dem Abkommen von Bretton Woods beruhende Währungssystem enthielt daher von Beginn seiner Inkraftsetzung an ernste Störfaktoren für die weltwirtschaftlichen Beziehungen.
Die Unveränderlichkeit des Goldpreises und dessen Bindung an den Dollar setzte diesen mit dem Gold gleich. In seiner Funktion als Leitwährung konnten daher in scheinbar unbeschränktem Maße Dollardevisen emittiert werden. Das funktioniert so lange, wie diese Dollar gegen Gold eingelöst werden konnten. Es führte aber zu einem rapiden Schwund der Währungs-Goldreserven der USA. Die hohen Staatsausgaben für die Rüstung nicht nur im Inneren, sondern auch nach außen – Stützpunkte, Stationierung von Truppen, militärische „Hilfe" und vor allem für die Kriegsführung in Indochina und in anderen Gebieten – sowie der umfangreiche Kapitalexport brachten viele Milliarden Dollar ins Ausland. Dazu kamen die hohen Importe, die zu einem wachsenden Außenhandelsbilanzdefizit führten. Die Folgen waren ein permanentes Zahlungsbilanzdefizit, das durch Goldexporte abgedeckt werden mußte

und die Entwertung des Dollars in den USA verstärkt, die sich in der stetigen Steigerung der Preise und der Lebenshaltung äußerte.
Das Abkommen von Bretton Woods konnte also wohl den Goldpreis formell fixieren, ihn an den Dollar binden und diesen zur Leitwährung deklarieren, aber es konnte nicht die Entwicklung des Dollars selbst fixieren. Die objektiven Gesetze der kapitalistischen Wirtschaft sind stärker als die subjektiven Vorstellungen und Maßnahmen zur Stabilisierung des kapitalistischen Währungssystems. Die ungleichmäßige Entwicklung der Wirtschaft der einzelnen kapitalistischen Länder und vor allem der Geldentwertung der kapitalistischen Länder untergrub die Vormachtstellung der USA, die auch mit dem Abkommen von Bretton Woods fundiert werden sollte.
Die Verschiebung des ökonomischen und politischen Kräfteverhältnisses der kapitalistischen Länder und die Verstärkung ihres Konkurrenzkampfes untereinander stellten die USA zwangsläufig vor die Notwendigkeit, die Einlösung der Dollar-Devisen gegen Gold im Jahre 1971 einzustellen. Da aber die Dollar-Devisenflut weiter floß, trat eine rapide Entwertung des Dollars auch auf dem Weltmarkt ein. Der Goldpreis und der Dollar-Wechselkurs entwickelten sich in entgegengesetzter Richtung. Der USA-Dollar büßte seine Funktion als Leitwährung ein. Damit zerbrach das wichtigste Fundament des auf dem Abkommen von Bretton Woods beruhende Währungssystems. Der chronische Prozeß der Inflationierung der Währungen der kapitalistischen Länder entwickelte sich zur Krise des Währungssystems.
Gleichlaufend mit der Untergrabung der Leitwährungs-Funktion des Dollars wurde auch das System der fixen Wechselkurse zersetzt. Auch für seine Entwicklung gilt, daß die objektiven ökonomischen Gesetze des Kapitalismus sich nicht durch von subjektiven Vorstellungen inspirierten Maßnahmen außer Kraft setzen lassen. Das System der fixen Wechselkurse wurde außer durch den Verfall des Dollars durch die Ungleichmäßigkeit der ökonomischen Entwicklung der kapitalistischen Länder und insbesondere der ungleichmäßigen Entwicklung der Geldentwertung der verschiedenen kapitalistischen Länder zerstört. Dabei gingen aus dem System selbst spezielle Störfaktoren der volkswirtschaftlichen Beziehungen hervor.
Bei freien Wechselkursen führte eine Geldentwertung zu einer Preiserhöhung und Verteuerung der Lebenshaltung im Inneren des Landes. Zugleich aber entstand eine Begünstigung des Warenexports und eine Beschränkung des Warenimports. Das kam daher, daß der Wechselkurs der Währung des betreffenden Landes sank, wodurch die exportierten Waren billiger verkauft werden konnten und die importierten Waren teurer eingekauft werden mußten. Die Wirkung dieses Mechanismus wurde durch die fixen Wechselkurse bei sich ungleichmäßig entwickelnder Geldentwertung der verschiedenen Länder in sein Gegenteil ver-

kehrt. Wenn die Geldentwertung des exportierenden Landes rascher verläuft als in dem importierenden Land, die Wechselkurse aber unveränderlich bleiben, dann müssen die Waren teurer exportiert werden als sie bei einer Senkung des Wechselkurses sein würden. Umgekehrt sind die importierten Waren billiger als bei verändertem Wechselkurs.
Länder, deren Geldentwertung langsamer verläuft als in den Ländern, in die sie ihre Waren exportieren, haben einen Exportvorteil, während der Import automatisch gehemmt wird. Da die Waren zu Preisen exportiert werden, die durch den fixen Wechselkurs bestimmt werden, sind sie billiger und damit konkurrenzfähiger als bei verändertem Wechselkurs, der durch die geringere Abwertung in Wirklichkeit höher sein müßte als der in Bretton Woods festgelegte.
Umgekehrt ist es bei den Preisen für die importierten Waren, die teurer sind als sie bei sich frei entwickelndem Wechselkurs sein würden.
Den durch die fixen Wechselkurse hervorgerufenen Exportvorteil hat besonders die BRD genossen. Er wurde einer der Gründe der außergewöhnlich hohen Handelsbilanzüberschüsse und Gold- und Devisenzuflüsse. Die Nachteile erlitten nicht nur Entwicklungsländer, sondern auch hochentwickelte kapitalistische Länder wie die USA. Die fixen Wechselkurse verstärkten noch die ungleichmäßige Entwicklung der kapitalistischen Länder.
Die Vertiefung der Ungleichmäßigkeit der Entwicklung der Geldentwertung der einzelnen Länder führte periodisch zu Krisenerscheinungen in den Zahlungsbilanzen. Diese wurden dadurch vorübergehend behoben, daß offiziell die Wechselkurse und damit die Währungsparitäten einiger Länder verändert, die Währung abgewertet oder wie bei der BRD aufgewertet wurde. Dadurch wurde das System der fixen Wechselkurse allmählich unterhöhlt. Es brach zusammen, als die Fixierung des Goldpreises an den Dollar aufgehoben wurde und der Dollar seine Funktion als Leitwährung einbüßte.
Dieser Zusammenbruch erfolgte mit einem Eklat. Die Aufhebung der Einlösungspflicht der Dollar-Devisen gegen Gold beseitigte nicht die riesige Menge der in den internationalen Zirkulationskanälen bzw. bei den Banken befindlichen riesigen Mengen von Papierdollar. Sie wurden auf 50 Milliarden geschätzt. Diese verwandelten sich in ein Instrument der Währungsspekulation. Großbanken und Großkonzerne dirigierten sie insbesondere in die BRD, da dort eine Aufwertung zu erwarten war. Dadurch flossen mehrmals Dollars im Betrag bis zu 30 Milliarden in die Banken der BRD. Sie mußten zur Stützung der rasch verfallenden Dollar-Wechselkurse von der Bundesbank der BRD aufgekauft werden. Die BRD-Regierung sah sich schließlich aufgrund dieses Spekulationsdrucks gezwungen, in Form des sogenannten „Floaten“ den fixen Wechselkurs aufzugeben und den freien Wechselkurs einzuführen. Der BRD schlossen sich einige andere westeuropäische Länder an.

Mit der Durchführung dieser Maßnahmen wurde der Zusammenbruch des auf dem Abkommen von Bretton Woods beruhenden kapitalistischen Währungssystems perfekt. Die inflationistische Entwicklung der Währungen, die sich in allen kapitalistischen Ländern, wenn auch in unterschiedlichem Grade vollzog, wurde chronisch und schlug um in eine Krise des kapitalistischen Währungssystems.
Die Inflation und die Krise des kapitalistischen Währungssystems entwickelten sich zu einem permanenten Störfaktor der kapitalistischen Wirtschaft. Dieser drückte den weltwirtschaftlichen Beziehungen seinen Stempel auf und versetzte die regionalen Integrationsgebilde, wie die EWG, in eine Krise. Er verstärkte die wirtschaftlichen Widersprüche und sozialen Spannungen, verschärfte den Konkurrenzkampf zwischen den USA, den westeuropäischen kapitalistischen Ländern und Japan. Infolgedessen befindet sich die gesamte kapitalistische Welt in einem Zustand der Labilität und Unsicherheit.
Vor diesem Bild, das die Entwicklung des kapitalistischen Weltwirtschaftssystems bietet, hebt sich die zunehmende Stabilität der Planwirtschaft und der Währungsverhältnisse der Länder der sozialistischen Staatengemeinschaft ab. Ihre Entwicklung ist mit dem Übergang zur sozialistischen ökonomischen Integration in ein neues Stadium getreten. Die vom kapitalistischen System ausgehenden Störungen, insbesondere die Preissteigerungen, üben auch auf die Wirtschaft der sozialistischen Länder einen gewissen negativen Einfluß aus, der aber durch entsprechende Maßnahmen paralysiert werden kann. Die kontinuierliche und stabile Entwicklung der sozialistischen Wirtschaft, ihr durch die sozialistische ökonomische Integration beschleunigtes Wachstum ist die Grundlage für die Möglichkeit für eine beträchtliche Ausweitung der weltwirtschaftlichen Beziehungen zwischen den sozialistischen und kapitalistischen Ländern.

Prof. Dr. habil. Klaus Kolloch
Humboldt-Universität, Berlin

Zum Wesen der monetären und Finanzbeziehungen zwischen sozialistischen und Entwicklungsländern

1. Die monetären und Finanzbeziehungen zwischen den sozialistischen Ländern und den Entwicklungsländern sind in ihrem ökonomischen Inhalt aus den Wesensmerkmalen der sozialistischen Ökonomik abzuleiten.
   Die monetären und Finanzbeziehungen haben in einer sozialistischen Planwirtschaft einen grundsätzlich anderen Charakter und Stellenwert als in einer kapitalistischen Marktwirtschaft. Während in einer kapitalistischen Wirtschaftsordnung das Geld primär den Ablauf, die Richtung und das Ziel der Produktion sowohl in betrieblicher als auch in volkswirtschaftlicher Hinsicht bestimmt, sind Geld, Kredit und Finanzen in der sozialistischen Planwirtschaft in das gesamte System der Planung voll eingeordnet. Der Verlauf und die Richtung der Produktion werden durch die Planung bestimmt. Geld und Finanzen sind selbst ein Instrument der Planung. Sie werden dazu ausgenutzt, um die gesteckten Planziele mit dem geringstmöglichen Aufwand zu erreichen. Gleichzeitig dienen sie als ein Instrument der Rechnungslegung und Kontrolle auf betrieblicher und volkswirtschaftlicher Ebene. Das Ziel jedweder Produktion ist die bestmögliche Bedürfnisbefriedigung der Bevölkerung im Sinne des ökonomischen Grundgesetzes. Zwischen den Geldprozessen und den materiellen Prozessen bestehen enge Beziehungen. Der entscheidende Ausgangspunkt und Endpunkt ist die materielle Produktion bzw. das materielle Produktionsergebnis.
2. Die monetären und Finanzbeziehungen zwischen den sozialistischen Ländern und den Entwicklungsländern können nur eine spezifische Variante dieser charakterisierten Prozesse darstellen.
   Bei der Bereitstellung von finanziellen und materiell untersetzten Mitteln an die Entwicklungsländer lassen sich die sozialistischen Länder von den gleichen Grundprinzipien leiten, die sie auch in ihren gegenseitigen Beziehungen zur Anwendung bringen. Die Beziehungen zu den Entwicklungsländern vollziehen sich auf der Basis der Gleichberechtigung und des gegenseitigen Vorteils. Sie sollen dazu beitragen,

die Unabhängigkeit der Entwicklungsländer zu fördern. Die Achtung der gegenseitigen Souveränität ist eine wesentliche Bedingung der gegenseitigen Beziehungen. Die zur Verfügung gestellten Mittel führen zu keinen Formen der Ausbeutung oder Einmischung in die inneren Angelegenheiten eines Landes.

3. Wir gehen davon aus, daß sich hinter den Geldbeziehungen stets materielle Potenzen verbergen. Finanzielle Hilfe bedeutet deshalb immer letztendlich die Bereitstellung und Zurverfügungstellung von materiellen Produkten. Die bereitgestellten finanziellen Mittel müssen deshalb mit den materiellen Möglichkeiten des Kreditgebers quantitativ und strukturell abgestimmt sein. Ihrem eigentlichen Inhalt nach sind die Kredite der sozialistischen Länder im allgemeinen Warenkredite. Sie äußern sich in Sachwertform. Mit der Gewährung von Krediten übernehmen die sozialistischen Länder gleichzeitig die Verpflichtung, Maschinen und Ausrüstungen zu liefern und wissenschaftlich-technische Unterstützung zu leisten. Charakteristisch ist deshalb auch die schnelle Erhöhung des Anteils von Maschinen, Ausrüstungen und kompletten Anlagen an der Gesamtausfuhr der sozialistischen Länder in Entwicklungsländer.

4. Die Mittel, die den Entwicklungsländern auf diese Art zur Verfügung gestellt werden, müssen mit deren nationalen Interessen in Übereinstimmung gebracht werden. Sie sollen zu einer planmäßigen und stabilen Entwicklung der eigenen Volkswirtschaften beitragen. Die Planung des sozialistischen Außenhandels und der Abschluß langfristiger Handelsabkommen sichern den Entwicklungsländer einen stabilen Absatzmarkt für traditionelle Landesprodukte und Erzeugnisse der nationalen Industrie. Gleichzeitig soll die finanzielle Hilfe der sozialistischen Länder auch der weiteren Förderung der eigenen Ressourcen der Entwicklungsländer dienen. Die Wirksamkeit der Kreditgewährung der sozialistischen Länder an Entwicklungsländer kann erhöht werden, wenn diesen Beziehungen Regierungsabkommen über wirtschaftliche und wissenschaftlich-technische Zusammenarbeit zugrunde liegen.
   Entscheidend ist aber nicht so sehr die quantitative Seite der Kredit- und anderen Beziehungen, sondern vor allem die qualitative inhaltliche Bestimmung und Zielsetzung.

5. Die finanziellen Beziehungen zwischen den sozialistischen Ländern und den Entwicklungsländern werden im Prinzip so angelegt, daß sie die sich dahinter verbergenden Warenbeziehungen zu einem gegenseitigen Ausgleich führen. Eine wesentliche Bedeutung kommt dabei auch der inhaltlichen Gestaltung der Kreditbeziehungen der sozialistischen Länder gegenüber den Entwicklungsländern zu.
   Die Kreditgewährung erfolgt zu günstigen kommerziellen Bedingungen und ist frei von Vorbehaltsklauseln. Die Zinssätze liegen sehr

niedrig, im allgemeinen bei 2,5–3 Prozent. Zu den vereinbarten Laufzeiten von beispielsweise 12 Jahren kommt noch ein Vergünstigungszeitraum, in dem für den in Anspruch genommenen Kredit noch keine Tilgungszahlungen erfolgen. Das verlängert effektiv die Laufzeit des Kredits.

Die Tilgung kann sowohl mit traditionellen Exportprodukten als auch mit Erzeugnissen der nationalen Industrie, in vielen Fällen auch mit den Produkten der durch sozialistische Kredithilfe aufgebauten Betriebe erfolgen, ohne daß also frei konvertierbare Währung in Anspruch genommen werden muß. Da die Kreditgewährung der Produktionssteigerung und industriellen Investitionen dienen soll, ergeben sich daraus auch die wesentlichen Kreditbedingungen: Sicherung der höchstmöglichen Qualität und Effektivität der geplanten Betriebe bei rationeller Verwendung der äußeren Finanzmittel und maximalen Ausnutzung der inneren Ressourcen. Diese inhaltliche Ausgestaltung des sozialistischen Kredits führte auch zu verbesserten Kreditbedingungen seitens der kapitalistischen Länder gegenüber den Entwicklungsländern.

6. Bei der Finanzierung von Entwicklungsplänen einzelner Entwicklungsländer erreicht der Kredit sozialistischer Länder einen teilweise beachtlichen prozentualen Anteil. So betrug z. B. der Anteil des sozialistischen Kredits an den Gesamtinvestitionen der Syrischen Arabischen Republik im Zeitraum 1966–1970 15,7 Prozent, in Afghanistan von 1967–1972 24,6 Prozent, im Irak von 1965–1969 7 Prozent. Der Anteil an den industriellen Investitionen betrug in den jeweils angegebenen Zeiträumen in der Syrischen Arabischen Republik 77,4 Prozent, in Afghanistan 75,7 Prozent im Irak 26,9 Prozent.

   Bei einigen arabischen Ländern beträgt bisher der Finanzierungsanteil der sozialistischen Staaten am gesamten Akkumulationsfonds etwa 17 Prozent und wird zu einer entscheidenden Bedingung des wirtschaftlichen Fortschritts. Den höchsten Kreditanteil von allen Ländern des Nahen und Mittleren Ostens erhielt die Arabische Republik Ägypten.

   Die Aussagekraft über die inhaltliche Bedeutung sozialistischer Kredithilfe gegenüber Entwicklungsländern wird auch dadurch verstärkt, daß diese Kredite überwiegend für die industrielle Entwicklung und den Ausbau der Landwirtschaft bestimmt sind. Zum Stand vom 1. 1. 1972 hatte beispielsweise die UdSSR den Entwicklungsländern den Bau von 786 Betrieben oder anderen Objekten vertraglich zugesagt und davon zum angegebenen Zeitraum 370 fertiggestellt.[1]

7. Die finanzielle Hilfe der sozialistischen Länder gegenüber den Entwicklungsländern konzentriert sich dabei auf die Förderung und

[1] Narodnoe chozjajstvo SSSR 1922–1972, Moskva 1972, S. 496.

Unterstützung des *staatlichen Sektors* der Wirtschaft. Es handelt sich also um staatliche Hilfe für die staatliche Sphäre. Das Ziel besteht darin, ohne Förderung des Privateigentums an Produktionsmitteln die Produktionskapazitäten zu erhöhen, zu einer harmonischen (proportionalen) Gesamtentwicklung der jeweiligen Volkswirtschaft beizutragen und den Entwicklungsländern zu höheren Exporterlösen zu verhelfen.

Die Schaffung, Erweiterung und Festigung des staatlichen Sektors in der Wirtschaft hat auch erstrangige Bedeutung für die Lösung der Valuta- und Finanzprobleme der Entwicklungsländer. Ohne eine Verstaatlichung der Sphäre des Kredit- und Geldumlaufs ist es unter den gegenwärtigen Bedingungen praktisch unmöglich, eine volle wirtschaftliche Unabhängigkeit zu erringen.

Die Konzentration der sozialistischen Finanzhilfe auf dem staatlichen Sektor führte dazu, daß in der letzten Zeit auch seitens der kapitalistischen Länder eine Zuwendung zu diesem Sektor erfolgt. Das ist insofern bemerkenswert, weil in der Vergangenheit von diesen Ländern (oder auch der Weltbank) der staatliche Sektor von „Hilfeleistungen" stark ausgeschlossen war und kaum oder wenig Kredite für den Bau *staatlicher* Industriebetriebe zur Verfügung gestellt wurden. Hier spielen offensichtlich Überlegungen eine Rolle, nicht an Einfluß zu verlieren.

8. Neue Möglichkeiten der Kredithilfe seitens der Mitgliedsländer des RGW gegenüber den Entwicklungsländern ergeben sich durch die Tätigkeit der Internationalen Investitionsbank (IIB). Sie bildete am Jahresbeginn 1974 einen Sonderfonds für Entwicklungsländer. Die Höhe dieses Fonds wurde mit 1 Mrd. transferable Rubel festgelegt. 95 Prozent des Sonderfonds werden in transferablen Rubeln eingebracht und 5 Prozent in konvertierbaren Devisen. Die aus diesem Sonderfonds gewährten Kredite werden eine Laufzeit bis zu 15 Jahren haben. Die gewährten Kredite sollen in Übereinstimmung mit der bereits dargelegten allgemeinen Zielstellung für die Finanzierung des Aufbaus neuer sowie der Rekonstruktion und Modernisierung bestehender Betriebe der Industrie, Landwirtschaft und anderer Wirtschaftszweige in den Entwicklungsländern verwendet werden.
9. Hinsichtlich der währungsmäßigen Kooperation zwischen den sozialistischen Ländern und den Entwicklungsländern bieten sich künftig ebenfalls bessere Möglichkeiten. Auf der 34. Bankratstagung der Internationalen Bank für Wirtschaftliche Zusammenarbeit wurde der Beschluß gefaßt, auch sog. Drittländern die Möglichkeit einzuräumen, an der Währungskooperation der RGW-Mitgliedsländer teilzunehmen. Sie erfolgt bekanntlich auf der Basis des transferablen Rubels, der kollektiven sozialistischen Währung, in Form des multilateralen Clearings.

Es mag zwar als nachteilig angesehen werden, daß der transferable Rubel bisher nicht konvertierbar ist. Aber in dieser Tatsache liegt auch wiederum einer seiner Vorzüge. Er unterliegt damit nämlich nicht den Gesetzmäßigkeiten und den Auswirkungen der kapitalistischen Währungskrise. Er besitzt eine stabile und im Rahmen der Handelsabkommen auch gesicherte materielle Grundlage. Er wird für die Entwicklungsländer zunehmend eine reale Alternative zum kapitalistischen Weltwährungssystem darstellen.

Prof. Dr. habil. Hannelore Riedel
Martin-Luther-Universität, Halle–Wittenberg

Prinzipielle Probleme bei der Einbeziehung der staatlichen Einnahmen und Ausgaben in den Integrationsprozeß – am Beispiel der Entwicklung der EG

Die Rolle der Integration des staatsmonopolistischen Finanzsystems im Rahmen regionaler Integrationsprojekte leitet sich im wesentlichen daraus ab, daß

1. in der Warenwirtschaft die Integrationsbeziehungen über Ware-Geld-Beziehungen vermittelt werden oder sich als solche darstellen und
2. die fortschreitende Vergesellschaftung der Produktion eine gesellschaftliche Organisation der Produktion verlangt, für die der Staat entsprechend dem Charakter bestimmter Produktionsverhältnisse die staatlichen Ausgaben und Einnahmen gezielt einsetzt.

Erfolgt die Entwicklung und Nutzung der Produktivkräfte zunehmend über die Ländergrenzen hinweg und setzt sich die Internationalisierung des Wirtschaftslebens wirkungsvoll in der Produktionssphäre durch, so ergeben sich daraus neue Aspekte für die staatliche Steuerung des gesellschaftlichen Reproduktionsprozesses durch Einsatz seiner finanziellen Instrumente und Mittel. Es entstehen Erfordernisse der Finanzintegration, die nicht nur in Interdependenz dazu zu werten sind, in welchem Umfang andere Sektoren vom Integrationsprozeß erfaßt werden. Wie den Erfordernissen der Finanzintegration entsprochen wird, welche neuen Qualitäten dabei zur Wirkung kommen, welche Probleme auftreten, hängt entscheidend vom Charakter der Produktionsverhältnisse ab, unter denen sich die Integration vollzieht. Ausschlaggebend hierfür sind die Qualität der Eigentumsverhältnisse an den Produktionsmitteln und die daraus resultierenden Möglichkeiten zur Verfolgung einer spezifischen Zielstellung der ökonomischen Integration einerseits zwischen Staaten des kapitalistischen und andererseits des sozialistischen Weltsystems.

Das gesellschaftliche Eigentum an den Produktionsmitteln und die planmäßige proportionale Entwicklung unter Ausnutzung der Ware-Geld-Beziehungen sind für die Mitgliedstaaten des RGW die gemeinsame Basis zur Entwicklung und Nutzung der in ihrem Wirtschaftsraum wirkenden Produktivkräfte. Die dem gesellschaftlichen Charakter der Produktivkräfte entsprechenden, ihrem Wesen nach einheitlichen Eigen-

tumsverhältnisse sozialistischer Staaten sind die Voraussetzung dafür, um den Integrationsprozeß primär auf die immer bessere Befriedigung der materiellen und kulturellen Bedürfnisse der Bevölkerung auszurichten.
Im Gegensatz dazu folgt aus dem privatkapitalistischen Eigentum an den Produktionsmitteln das Profitstreben, das auf der Ausbeutung derjenigen beruht, die nur durch den Verkauf ihrer Arbeitskraft leben können. Sie haben in der Klassenauseinandersetzung, gestützt auf den real existierenden Sozialismus, erreicht, daß ihre Interessen nicht mehr im Vorgehen der herrschenden Gruppen des Finanzkapitals und ihres Staates ignoriert werden können. Das spiegelt sich auch in der deklarierten Zielstellung staatsmonopolistischer Integrationsabkommen, zum Beispiel im EWG-Vertrag wider. Sie findet jedoch in der Realität nur insoweit Berücksichtigung, wie das für die herrschenden monopolkapitalistischen Kräfte im Prozeß der kapitalistischen Integration aus politischen Gründen zwingend und unter den Bedingungen des sich verschärfenden Konkurrenzkampfes möglich ist.
Zur Sicherung der privatkapitalistischen Aneignung der durch die Internationalisierung des Wirtschaftslebens zu erreichenden Ergebnisse stützen sich die starken Gruppen des Großkapitals vorrangig auf die Machtorgane ihres Staates. Dadurch wird die im Prozeß der kapitalistischen Integration über die Ländergrenzen hinweg zu erreichende Entwicklung gesellschaftlicher Produktivkräfte in Verfolgung des Profitprinzips immer wieder blockiert. Obwohl alle „nationalen“ und „supranationalen“ staatlichen Machtorgane den Interessen der herrschenden Klasse bzw. Schicht dienen, ist es historisch und logisch verständlich, daß starke Monopolgruppen trotz der internationalen Kapitalverflechtung ihren Staat nutzen, um ihre Positionen im Konkurrenzkampf zu verbessern. Das schließt nicht aus, daß sie bis zu einem gewissen Grade ihre Staaten beim Abschluß von Integrationsabkommen und ihrer Durchführung dazu bestimmen, der Entwicklung des gesellschaftlichen Charakters der Produktivkräfte durch multinationale Beziehungen solchen Raum zu geben, wie das die sich verändernden Bedingungen zur Profitrealisierung verlangen. Aber die ungleichmäßige ökonomische und politische Entwicklung der Länder wirkt gesetzmäßig unter monopolkapitalistischen Produktionsverhältnissen weiter.
Sie fördert den differenzierten Einsatz der ökonomischen Potenzen des Staates in den einzelnen Ländern im Reagieren auf den asynchronen zyklischen Verlauf des Reproduktionsprozesses, die Vermehrung und Vertiefung der strukturellen Disproportionen in der wissenschaftlich-technischen Revolution, die unterschiedlich wirkenden Faktoren zur inflationären Geldentwertung usw. Aus dieser Kette von Zusammenhängen, die im grundlegenden Widerspruch zwischen der gesellschaftlichen Produktion und der privatkapitalistischen Aneignung verankert

ist, erklärt sich, daß die Staaten, die aktiv am Zustandekommen regionaler und auch globaler Integrationsabkommen mitwirken, deren Durchführung immer wieder hemmen bzw. verhindern. Die staatsmonopolistische Dominanz auf Länderebene gegenüber supranationalen Machtorganen ist infolge der aufgezeigten grundlegenden Zusammenhänge auch nicht nur als Entwicklungsproblem aufzufassen; die Dialektik von kapitalistischer Integration und Desintegration wird vielmehr weiter wirken. Auf die Wechselbeziehung dieser beiden Tendenzen und ihre relative Stärke nimmt die Klassenauseinandersetzung zunehmend einen wesentlichen Einfluß.

Die Tendenz zur kapitalistischen Integration im Verhältnis zur Desintegration erfaßt das staatsmonopolistische Finanzsystem – im engeren Sinne das System der Einnahmen und Ausgaben – der Staaten und der supranationalen Machtorgane in vielfältiger Weise. Durch die ökonomische Integration sollen generell Schranken für die Arbeitsteilung, Spezialisierung und Kooperation über die Ländergrenzen hinweg, d. h. im Falle der EG für diesen Wirtschaftsblock, abgebaut werden. Die Arbeitsteilung und Kooperation vollzieht sich jedoch über Ware-Geld-Beziehungen, die in Westeuropa ihrem Wesen nach Kapitalbeziehungen sind. Je weniger die einzelnen Produzenten und auch die großen Unternehmensgruppen in der Lage sind, den Anforderungen an das wachsende Kapitalminimum und dem verschärften Konkurrenzkampf Rechnung zu tragen, um so mehr muß sich der monopolkapitalistische Staat in die Ware-Geld-Beziehungen, gestützt auf sein Eigentum an Kapital und durch die Umverteilung von Nationaleinkommen, einschalten. Inwieweit dabei die Prinzipien der staatsmonopolistischen Liberalisierung oder des Protektionismus Berücksichtigung finden, hängt von der jeweiligen Position des Konkurrenten im kapitalistischen Kräfteverhältnis ab.

Zur Nutzung des Effektes der Arbeitsteilung im Integrationsblock müßten Kompetenzen zur staatsmonopolistischen Beeinflussung der Ware-Geld-Beziehungen durch die sie belastenden Abgaben oder begünstigenden Subventionen an die supranationalen Machtorgane übertragen werden. Das ist auch im EWG-Vertrag auf dem Wege der sogenannten Harmonisierung in verschiedenen Formen vorgesehen und sollte im Prozeß der Bildung einer Wirtschafts- und Währungsunion zu einer „supranationalen" Qualität der staatsmonopolistischen Regulierung durch ein gemeinschaftliches wirtschaftspolitisches Entscheidungsgremium und Zentralbanksystem führen. Schon die ersten Schritte auf diesem Wege ließen offenbar werden, wie sich die aus dem Wirken des monopolkapitalistischen Eigentums an den Produktionsmitteln herleitenden Hemmnisse für die Integration aus den verschiedenen Sektoren im Finanzsystem zu solchen Konflikten konzentrieren, daß sie akute Krisen im Integrationsprozeß auslösen.

Besonders deutlich wurde das, als der Einsatz finanzieller Mittel zur staatsmonopolistischen Beeinflussung von Strukturveränderungen innerhalb des Wirtschaftsblockes und zu seiner außenwirtschaftlichen Stärkung teilweise aus der Kompetenz der Mitgliedstaaten in die der supranationalen Machtorgane überging. Gegen die objektiv wirkenden Faktoren, die einen zentralen Einsatz gemeinsamer Fonds der Integrationsgemeinschaften zur Erreichung einer neuen Qualität ihrer Effektivität verlangen, wenden sich immer wieder mit Macht starke Interessengruppen, die aus solch einem Einsatz gemeinsamer Fonds keinen unmittelbaren Vorteil erkennen und deshalb die hierfür aufzubringenden finanziellen Mittel andersartig verwenden wollen. Das kann von dem gemeinsamen Fonds der Montanunion zur Stimulierung des Strukturveränderungsprozesses durch differenzierte Investitionsförderung in der Montanindustrie als wichtiger Sektor der Roh- und Brennstoffgewinnung, über den Agrarfonds, den Sozialfonds bis hin zur Bildung eines Regionalfonds oder auch am sogenannten Entwicklungsfonds zur Herstellung besonderer Beziehungen zu den assoziierten Entwicklungsländern verfolgt werden.

Die Bildung und Verwendung gemeinsamer Fonds läßt nicht nur deshalb Konflikte im kapitalistischen Integrationsprozeß aufbrechen, weil die den Strukturveränderungen zugrunde liegenden Disproportionen in den einzelnen Ländern, zum Beispiel bei der Industrialisierung der Landwirtschaft, unterschiedlich ausgeprägt, sondern weil die monopolkapitalistischen Machtverhältnisse auch in der Form eines kapitalistischen Integrationsbündnisses darauf gerichtet sind, eine Stärkung der Konkurrenten auszuschließen. Daher wird an die Zuführung finanzieller Mittel an gemeinsame Fonds der Gemeinschaften aus den Staatshaushalten der Mitgliedsländer in der Regel die Erwartung oder auch Bedingung gestellt, daß die Summe der im Interesse des eigenen Landes zu verwendenden Mittel der Größe des Beitrages dieses Landes entspricht. Verknüpft mit diesem gegeneinander „Aufrechnen“ sind die Auseinandersetzungen darüber, welche Varianten der wirtschaftspolitischen oder sogar gesellschaftspolitischen Konzeption durch den differenzierten Einsatz der Mittel in den einzelnen Mitgliedsländern gefördert werden.

Die auslösenden Ursachen für solche Konflikte lassen sich nicht durch die angestrebten „eigenen Einnahmen“ der EG außer Kraft setzen, wenn diese einmal unmittelbar erhoben würden. Dann würde nicht wie bisher jede Veränderung an der Struktur eines Fonds oder einer anderen Ausgabenart in Beziehung zu den Finanzzuweisungen und den vereinnahmten Abschöpfungsbeträgen zu einer stets erneuten Konfrontation der Machtorgane von Mitgliedsstaaten und ihrer finanziellen Institutionen mit denen der supranationalen staatsmonopolistischen Vereinigung führen. Es bliebe, daß sich die Disproportionen und Widersprüche aus allen Bereichen des gesellschaftlichen Reproduktionsprozesses im Finanz-

system auf „nationaler" und „supranationaler" Ebene konzentriert niederschlagen, weil es die wichtigste ökonomische Potenz aller Machtorgane ist, um den gesellschaftlichen Reproduktionsprozeß so weit zu regulieren, wie das zur Sicherung der Profiterzielung notwendig und möglich ist.
Hinzu kommt jedoch, daß die Überlagerung des Finanzsystems einzelner kapitalistischer Staaten durch ein System von Ausgaben und Einnahmen supranationaler Machtorgane des Integrationsblockes zu einer Eskalation der Ausgaben auf beiden Ebenen im Konkurrenzkampf und in der Klassenauseinandersetzung beitragen und somit auch die chronische inflationäre Geldentwertung fördern wird.
Bereits vor der Erhebung eigener Einnahmen der supranationalen Vereinigung, die als zusätzliche Abgabenbelastung auf die Bürger der Mitgliedsstaaten wirken würde, trugen die ersten Ansätze zur „Harmonisierung" der Hauptart der Staatseinnahmen im Bereich der EG wesentlich dazu bei, daß die von den Massen der Bevölkerung aufzubringenden Steuern besonders schnell anstiegen. Nicht zufällig begann die sogenannte Harmonisierung des Steuersystems mit der Mehrwertsteuer, indem nur der auf jeder Umsatzstufe hinzugefügte Neuwert mit einem weiterhin unterschiedlichen Steuersatz erfaßt wird. Diese Art der Erhebung von Umsatzsteuern ist im Zusammenhang erstens mit dem zunehmend grenzüberschreitenden Warenaustausch und den dabei gewährten Steuervergünstigungen, zweitens ihrer möglichen Wechselbeziehung zur Nutzung der Zollbelastung im Konkurrenzkampf und drittens der generellen Abwälzung dieser Steuern auf die Masse der Verbraucher zu werten.
In dem über viele Jahre sich erstreckenden „Harmonisierungsprozeß" für die Erhebung der Umsatzsteuern wurden in den Mitgliedsstaaten zugleich staatsmonopolistische Reformen ihres Steuersystems eingeleitet, die das Gegenteil von einer Abstimmung im Block bewirken. Da sie auf die jeweils geringere steuerliche Belastung der Profite und des Kapitals der Unternehmen im eigenen Lande im Vergleich zur ausländischen Konkurrenz gerichtet sind und auf Grund der Forderungen der abhängigen Beschäftigten nach Entlastung ihrer Einkommen von direkten und indirekten Steuern die Abwälzung der Profitsteuern auf die Masse der Verbraucher nur durch eine noch kompliziertere Struktur des Steuersystems zu erreichen und durch vielfältige Steuervergünstigungen zu ergänzen ist, wurde das Steuersystem innerhalb der EG heterogener.
Dieser Tatbestand ist im Zusammenhang damit einzuschätzen, daß der Anteil der Steuern am Sozialprodukt – die Steuerlastquote – in den einzelnen Mitgliedsländern auf Grund der wachsenden Anforderungen an die ökonomische Potenz dieser Staaten im Ansteigen begriffen ist. Das bedeutet, daß der absolut und relativ zunehmende Teil der von

staatlichen Machtorganen umverteilten finanziellen Mittel durch ein sehr unterschiedlich strukturiertes System in den EG-Staaten fließt. Wenn sich einerseits im Integrationsprozeß die Ware-Geld-Beziehungen zwischen den Integrationspartnern entfalten und verstärkt sektorale und regionale Disproportionen in der wissenschaftlich-technischen Revolution auftreten, denen durch einen abgestimmten Einsatz finanzieller Mittel staatlicher und vor allem supranationaler Machtorgane begegnet werden sollte, so sind die Bedingungen hierfür aus den nachgewiesenen objektiven Gründen nicht vorhanden. Die Folge davon ist, daß die durch die systemeigenen Widersprüche ausgelösten Krisen der kapitalistischen Integration stets das Finanzsystem tangieren. Sie spitzen sich dort meist zu solcher Schärfe zu, daß sie die sektorale Integration – als Beispiel diene die Rolle des Agrarfonds für den gemeinsamen Agrarmarkt – und die regionale Integration – als Beispiel sei hier nochmals auf die Auseinandersetzung um die „gemeinsamen Einnahmen“ der EG und die Schaffung eines gemeinsamen Währungsfonds verwiesen – wesentlich hemmen.

Arbeitsgruppe G

Gesellschaftspolitische und institutionelle Aspekte der Integration

Prof. Dr. Otto Raus
Parteihochschule „Karl Marx“ beim ZK der SED, Berlin

Sozialistische ökonomische Integration und Arbeiterklasse

Ökonomische Integration als Ausdruck der Internationalisierung des Wirtschaftslebens ist stets aufs engste mit den politischen und ökonomischen Kräften verbunden, die sie realisieren. Integration ist also ein von konkreten Klasseninteressen geprägter Prozeß, drücken doch die Ziele und die konkreten Wege der Integration stets die gesellschaftlichen Ziele der Gesellschaftsordnung aus, in der sie sich vollziehen.
Die sozialistische ökonomische Integration ist ein objektiver Prozeß zunehmender Vergesellschaftung der Produktion, ihrer Internationalisierung unter den Bedingungen sozialistischer gesellschaftlicher Verhältnisse. Ihr Wesen wird von den objektiven Interessen der Arbeiterklasse als der im Sozialismus herrschenden Klasse, von den Interessen der mit ihr verbündeten Klassen und sozialen Gruppen bestimmt.
Dies wird vor allem daran sichtbar, daß das Ziel der ökonomischen Integration im Sozialismus vollinhaltlich von der durch die Arbeiterklasse verwirklichten sozialistischen Produktionsweise, ihrem ökonomischen Grundgesetz bestimmt wird. Das heißt, das wichtigste Ziel der sozialistischen ökonomischen Integration ist die stete Steigerung des materiellen und kulturellen Lebensniveaus des werktätigen Volkes. Zur Erreichung eben dieses Zieles werden die Potenzen, Möglichkeiten und Vorzüge internationaler Spezialisierung und Kooperation, Arbeitsteilung, wissenschaftlich-technischer Zusammenarbeit, kurz, alle konkreten Wege der Internationalisierung des Wirtschaftslebens in unserer Zeit planmäßig und bewußt genutzt.
Im 25. Jahr des Bestehens des RGW konnte eine sehr eindrucksvolle Bilanz des Zusammenwirkens der sozialistischen Staaten, der zunehmenden Vertiefung des Integrationsprozesses gezogen werden. Wesentliche Ergebnisse sind dabei das sichere, hohe und stabile Entwicklungstempo der RGW-Länder sowohl bei der industriellen und landwirtschaftlichen Produktion als auch im Zuwachs des Nationaleinkommens.
Allein 1971–1973 betrug der Zuwachs des Nationaleinkommens durchschnittlich 11 Prozent. Das rasche wirtschaftliche Wachstum ist stets verbunden mit der Verbesserung des Lebensniveaus. Zum Beispiel

stiegen die durchschnittlichen Monatslöhne der Arbeiter und Angestellten gegenüber 1960 in Bulgarien um 67,3 Prozent (1972), in Ungarn um 49,8, in Polen um 64,6, in der UdSSR um 61,7, in der ČSSR um 53,2 Prozent. Dies bei im wesentlichen stabilen Konsumgüterpreisen.[1]

Dies sind Ergebnisse, die angesichts der krisengeschüttelten labilen Wirtschaft der imperialistischen Länder, in denen Rückgang und Stagnation der Produktion, Inflation, Preistreibereien, soziale Unsicherheit und Arbeitslosigkeit kennzeichnend sind, die Vorzüge sozialistischer Integration besonders verdeutlichen.

Kapitalistische Integration ist ein Prozeß der Internationalisierung der Ausbeutung zur Erzielung von Höchstprofiten, vor allem der durch zunehmende Konzentration und Zentralisation des Kapitals entstandenen internationalen Monopole. Alle Lasten und Folgen ihrer Politik wälzen sie auf die Werktätigen ab. Arbeitslosigkeit, sinkendes Realeinkommen, Verschärfung der sozialen Gegensätze u. a. sind die heute in der kapitalistischen Welt sichtbaren Folgen imperialistischer Integration.

Wir haben es also mit gegensätzlichen Klassenlinien der Integration zu tun. Es gibt keine Integration außerhalb der Klassen.

Die Arbeiterklasse ist als Träger des Integrationsprozesses auch Schöpfer völlig neuartiger Beziehungen zwischen den Völkern und Nationen. Es sind dies Beziehungen wirklicher Gleichberechtigung, der gegenseitigen Hilfe, der Solidarität. Es ist ihr eigenes wirklich internationalistisches Wesen, welches sich in neuartigen, auf Harmonie zwischen den Völkern beruhenden Beziehungen äußert. Die Arbeiterklasse reißt die trennenden Schranken, die mit der Ausbeutung zwischen den Völkern entstanden, nieder und setzt an die Stelle der Trennung die Annäherung der Völker. Nationales und Internationales wird von ihr als Einheit verstanden und verwirklicht, mehr noch, diese Einheit ist zur Triebkraft für das allseitige Wachstum der Arbeiterklasse selbst geworden. Das ist keineswegs ein einfacher Vorgang, der gänzlich widerspruchslos verläuft. Doch bestätigt die Praxis des Integrationsprozesses im Sozialismus, daß auftretende Widersprüche nicht antagonistischer Natur sind, sondern im freiwilligen Zusammenwirken lösbar sind, da sie die sozialen, ökonomischen wie auch politischen Grundlagen nicht gefährden.

Die Arbeiterklasse befähigt sich durch ihre Partei – die marxistisch-leninistische Partei –, die sozialistische ökonomische Integration als einen objektiv bestimmenden Prozeß zu verstehen und die daraus erwachsenden Ansprüche an das bewußte, einheitliche Denken und Handeln, an ihre Organisiertheit zu verwirklichen. Mit dem wachsenden

[1] Statističeskij eżegodnik stran-členov Soreta Ėkonomičeskoj Vzaimopomošči, Moskva 1973, S. 440–443.

Reifegrad der sozialistischen Produktionsverhältnisse und ihrer zunehmenden Internationalisierung, der sich kontinuierlich und rasch entwickelnden ökonomischen Basis des Sozialismus, in der die objektiven Gesetze, Faktoren und Bedingungen international wirken, erhöht sich in bedeutendem Maße die Rolle der schöpferischen Aktivität der Arbeiterklasse und ihrer Verbündeten.

Die planmäßige Verwirklichung der sozialistischen ökonomischen Integration erhöht die Anforderungen an die Planmäßigkeit der ökonomischen und wissenschaftlich-technischen Entwicklung, besonders der internationalen Spezialisierung und Kooperation, die Anforderungen an die *gemeinsame Planungstätigkeit.*

Sozialistische ökonomische Integration ist eine konkrete, die Ökonomik des Sozialismus wesentlich bestimmende Entwicklungsform der Organisation der Arbeit und der Produktion im Sozialismus, d. h. ein Prozeß der internationalen Vergesellschaftung der Arbeit und der Produktion.

Die Arbeiterklasse aber ist die Kraft, die diesem Vergesellschaftungsprozeß im Sozialismus ihren Charakter verleiht. Sie tut es vor allem dadurch, daß sie Beziehungen kameradschaftlicher Zusammenarbeit, gegenseitiger Hilfe in der Produktion hervorbringt. Diese Produktionsverhältnisse entstehen und wirken aber nicht nur im Rahmen eines Landes, sondern entwickeln sich als internationale Produktionsverhältnisse; kameradschaftliche Zusammenarbeit, gegenseitige Hilfe, Freiwilligkeit, solidarische Unterstützung, Kollektivität sind Grundprinzipien des Zusammenwirkens der Arbeiterklasse in den sozialistischen Ländern bei der Verwirklichung der sozialistischen ökonomischen Integration.

Ein wesentlicher Grundzug dieser Beziehungen ist die *Kollektivität,* die zu Recht als ein grundlegendes Produktionsverhältnis im Sozialismus bezeichnet wird. Es entsteht auf der Basis des sozialistischen Eigentums und verkörpert einen neuen sozialen Typ menschlicher Beziehungen. Auf dem Boden des internationalen Vergesellschaftungsprozesses entwickelt es sich zugleich als internationales Produktionsverhältnis zwischen der Arbeiterklasse der sozialistischen Länder und bestimmt in zunehmendem Maße die Beziehungen der Arbeiter dieser Länder zueinander.

Die neue Qualität der Beziehungen der Arbeiterklasse der sozialistischen Länder zueinander drückt sich besonders in folgenden Erscheinungen des gesellschaftlichen Leben aus:

Erstens: Im Ergebnis der sozialistischen Entwicklung und des damit verbundenen Integrationsprozesses ist ein rasches, absolutes und auch qualitatives Wachstum der Arbeiterklasse in den Mitgliedstaaten des RGW zu verzeichnen. Seit Bestehen des Rates für gegenseitige Wirtschaftshilfe wuchs die Arbeiterklasse von rund 59,1 Millionen auf 137 Millionen in den Ländern des RGW an. Dieses absolute Wachstum der

Arbeiterklasse ist verbunden mit einer qualitativen Strukturwandlung innerhalb der Arbeiterklasse, mit einer raschen Zunahme der Qualifikation und des Bildungsstandes der Arbeiterklasse. So ist zum Beispiel die Zahl der in der Volkswirtschaft Tätigen mit Hoch- bzw. Fachschulbildung von 1960–1972 in Bulgarien um 237,7, in der DDR um 276,3, in Polen um fast 300, in der UdSSR um 216,3 und in der ČSSR um 167,6 Prozent gestiegen. Dabei wuchs aus der Arbeiterklasse eine neue Intelligenz heran.[2]

Zweitens: Die Arbeiterklasse bringt in Verwirklichung der sozialistischen Produktionsverhältnisse auf internationaler Ebene neue Formen und Methoden des Zusammenwirkens der Arbeiter der verschiedenen Länder hervor; so zum Beispiel die zwei- und mehrseitige Zusammenarbeit zwischen Arbeitskollektiven verschiedener Länder zur Lösung wissenschaftlicher, technischer und auch bestimmter Produktionsaufgaben. Solche internationalen Arbeitskollektive entstanden aber nicht nur als Forschungs- und Entwicklungskollektive, sondern auch als Arbeiterkollektive unmittelbar, zum Beispiel bei der Erschließung neuer Rohstoffquellen, beim Bau von neuen Industrie- und Kraftwerken, bei der gemeinsamen Rekonstruktion von Betrieben, bei der Lösung wichtiger Rationalisierungsaufgaben in der Volkswirtschaft und bei der Entwicklung und dem Aufbau der Produktion von Konsumgütern. So zum Beispiel sind solche internationale Arbeitskollektive zwischen Arbeitern der Deutschen Demokratischen Republik und der Volksrepublik Polen beim Aufbau von drei Kraftwerken, beim Bau von Erdöl- und Erdgasleitungen und bei der Errichtung eines bedeutenden Industriekomplexes in der DDR entstanden. Das Zusammenwirken der Arbeiterklasse beginnt immer stärker mit der gemeinsamen Planung der gesellschaftlichen Prozesse. Die hier entstehenden gemeinsamen Pläne und Programme sind Ausdruck der Interessenübereinstimmung, des gemeinsamen Willens der Arbeiterklasse.

Diese qualitativ neue Seite des Zusammenwirkens der Arbeiterklasse wird besonders in den internationalen Wirtschaftsorganisationen wie Assofoto u. a. deutlich.

Von wesentlicher Bedeutung für die Entwicklung der Beziehungen zwischen der Arbeiterklasse der sozialistischen Länder und der Beschleunigung des Integrationsprozesses, besonders der weiteren Annäherung der Völker der RGW-Länder ist der Austausch von Arbeitern gleichartiger Betriebe zum gegenseitigen Studium fortgeschrittener Methoden, Erfahrungen und Neuerungen bei der Produktion, der Sicherung hoher Qualität, der Erhöhung der Produktivität und Effektivität der Arbeit. Der Austausch von Arbeitern zur Einführung neuer Technolo-

[2] Statističeskij ežegodnik stran-členov Soreta Ėkonomičeskoj Vzaimopomošči, Moskva 1973, S. 439.

gien, Maschinen und Aggregate, zur Ausbildung von Arbeitskräften auf speziellen technologischen Gebieten zählt zu den außerordentlich fruchtbaren Beziehungen zwischen der Arbeiterklasse der sozialistischen Länder. Keineswegs reduzieren sich diese Beziehungen nur auf die wirtschaftliche Tätigkeit, sondern entwickeln sich ebenso auf geistig-kulturellem Gebiet. Durch breiten Austausch geistiger Werte entstehen tiefe menschliche Beziehungen zwischen Arbeitern, entstehen dauerhafte Beziehungen, die unabhängig von Nationalität und Sprache von tiefer Gemeinschaft geprägt sind.

Drittens: Die höchste Form des Zusammenwirkens der Arbeiterklasse im Rahmen der sozialistischen ökonomischen Integration und zugleich größter Ausdruck für die Aktivität und entscheidende Rolle der Arbeiterklasse ist die sich entwickelnde gemeinsame Wettbewerbsführung zwischen Brigaden und ganzen Betriebskollektiven gleichartiger Produktion auf der Grundlage von Verträgen zwischen Betrieben einzelner sozialistischer Länder, wie dies zum Beispiel zwischen dem Kombinat KWO in der DDR und dem Kombinat „Moskabel" in der UdSSR geschieht.

Dieser international geführte sozialistische Wettbewerb erweist sich als neue internationale Form der Zusammenarbeit, die vor allen Dingen im Hinblick auf die Entwicklung und Herausbildung internationaler Produktionskomplexe die aktive Rolle der Arbeiterklasse verdeutlicht.

Alle diese Formen und Methoden des Zusammenwirkens der Arbeiterklasse drücken aus, wie tief bereits in der Arbeiterklasse der von W. I. Lenin geäußerte Gedanke verwurzelt ist, daß der Sozialismus „neue, höhere Formen des menschlichen Zusammenlebens hervor(bringt), worin die berechtigten Bedürfnisse und fortschrittlichen Bestrebungen der werktätigen Massen jeder Nationalität zum erstenmal in internationaler Einheit, unter Wegfall der jetzigen nationalen Schranken befriedigt werden.[3]

Der Kern dieser neuen Beziehungen, die die Arbeiterklasse zwischen den Völkern realisiert und die zur gemeinsamen Realisierung ihrer objektiven Interessen, zu ihrer Annäherung führt, sind die Beziehungen zwischen der Arbeiterklasse der Länder selbst. Es sind nicht einfach nur schlechthin Beziehungen von Produzenten, und es geht nicht einfach nur darum, daß Arbeiter verschiedener Nationalität an gemeinsamen Projekten wirken, sondern darum, daß sich in diesen Produktionskollektiven die Interessensübereinstimmung zwischen den Arbeitern der verschiedenen Nationen ausprägt, wie dies im sozialistischen Wettbewerb besonders zum Ausdruck kommt.

[3] W. I. Lenin, Lage und Aufgaben der sozialistischen Internationale, in: Werke. Bd. 21, Berlin 1960, S. 26.

Prof. Dr. Wolfgang Heinrichs / Dr. Peter Sydow
Zentralinstitut für Wirtschaftswissenschaften der AdW der DDR

Sozialistische ökonomische Integration der RGW-Länder und Erhöhung des Lebensniveaus der Arbeiterklasse

Die erfolgreiche sozialökonomische und wissenschaftlich-technische Entwicklung in den Ländern der sozialistischen Staatengemeinschaft hat zu einem hohen Reifegrad der sozialistischen Produktionsweise geführt. Das Ziel dieser Entwicklung war und ist die „... Sicherung der höchsten Wohlfahrt und der freien allseitigen Entwicklung ...“[1] der Arbeiterklasse und aller Werktätigen. Das resultiert aus dem ökonomischen Grundgesetz des Sozialismus, das das Ziel und die Mittel der sozialistischen Produktion bestimmt. Es erfordert, die wachsenden materiellen und geistig-kulturellen Bedürfnisse der Arbeiterklasse und aller Werktätigen durch ununterbrochene Entwicklung und Vervollkommnung der gesellschaftlichen Produktion immer vollständiger zu befriedigen.
Für die bewußte Ausnutzung des ökonomischen Grundgesetzes des Sozialismus sind mit dem Eintritt in die 70er Jahre in der Sowjetunion und in den anderen Ländern der sozialistischen Staatengemeinschaft neue, günstigere Bedingungen entstanden. Sie resultieren aus dem stabilen kontinuierlichen Wachstum des Umfangs und der Effektivität der gesellschaftlichen Produktion dank der stärkeren Nutzung des wissenschaftlich-technischen Fortschritts. Sie sind eng verbunden mit der Möglichkeit, die Beziehungen zwischen Produktion und Konsumtion in unseren Ländern enger zu gestalten, und zwar unter Beachtung der künftigen und gegenwärtigen gesellschaftlichen Interessen und Bedürfnisse.
Auf dieser Grundlage haben die Parteitage der kommunistischen und Arbeiterparteien der sozialistischen Bruderländer ihrem Wesen nach übereinstimmende Hauptaufgaben beschlossen und orientieren auf die Erhöhung der Effektivität der gesellschaftlichen Produktion durch vorwiegend intensive Reproduktion.
Zu den qualitativ neuen Bedingungen für die Erhöhung des materiellen und geistig-kulturellen Lebensniveaus der Arbeiterklasse gehört der

[1] W. I. Lenin, Entwurf des Programms der sozialdemokratischen Arbeiterpartei Rußlands, in: Werke, Bd. 6, Berlin 1956, S. 13.

Übergang der RGW-Länder zur sozialistischen ökonomischen Integration. Sie eröffnet einen neuen Abschnitt der internationalistischen Entfaltung der sozialistischen Produktionsweise und schafft damit neue Bedingungen für die Vergrößerung des ökonomischen Potentials unserer Länder im Interesse der Hebung des Wohlstandes unserer Völker. Diese neuen, höheren Formen des gesellschaftlichen Zusammenlebens unserer Völker ermöglichen es, die berechtigten Bedürfnisse der werktätigen Massen in internationaler Einheit zu befriedigen.[2]

Auf dieser Grundlage erweitern sich die Wirkungsbedingungen des ökonomischen Grundgesetzes des Sozialismus im internationalen Maßstab, die einerseits vom Entwicklungsstand der Produktivkräfte beeinflußt werden und diese andererseits in ihrer Entwicklung fördern. Die Erhöhung des materiellen und geistig-kulturellen Lebensniveaus der Werktätigen – der Hauptproduktivkraft der sozialistischen Gesellschaft – wird selbst zu einer unerläßlichen Voraussetzung für das dynamische Wirtschaftswachstum der sozialistischen Staatengemeinschaft wie jedes Bruderlandes. Mit der Entwicklung der Produktivkräfte unter den Bedingungen der wissenschaftlich-technischen Revolution entstehen dank der weiteren internationalen Entfaltung sozialistischer Produktionsverhältnisse neue Bedingungen für die planmäßige Verflechtung aller Volkswirtschaften. Das ermöglicht, besser und umfassender die materiellen und kulturellen Bedürfnisse der Menschen zu befriedigen und die Lösung der Aufgaben im Bereich der Wissenschaft, der Technik und der Produktion gemeinsam unter Beachtung der Wechselbeziehungen zwischen Produktion und Konsumtion in Angriff zu nehmen. Diese Einheit von Ziel und Mitteln der sozialistischen Produktion ist im Komplexprogramm der sozialistischen ökonomischen Integration fest verankert.[3]

Das ökonomische Grundgesetz des Sozialismus wirkt im Rahmen der sozialistischen Staatengemeinschaft seinem Wesen nach einheitlich. Seine Erscheinungsformen sind in den einzelnen RGW-Ländern mannigfaltiger Natur, je nach den konkreten ökonomischen, historischen, geographischen, demographischen u. a. Bedingungen. Die Haupttendenz ist aber – über die Annäherung und Angleichung des ökonomischen und wissenschaftlich-technischen Entwicklungsniveaus – die Herausbildung der sozialistischen Lebensweise als ein dem Sozialismus adäquater und daher internationalistischer Prozeß.

Während die RGW-Länder ihre Integrationsmaßnahmen langfristig und zielstrebig auf die Verbesserung und Annäherung des Lebensniveaus

[2] Vgl. W. I. Lenin, Lage und Aufgaben der sozialistischen Internationale, in: Werke, Bd. 21, S. 26.

[3] Komplexprogramm für die weitere Vertiefung und Vervollkommnung der Zusammenarbeit und Entwicklung der sozialistischen ökonomischen Integration ... in: Dokumente RGW, Berlin 1971, S. 17.

der Werktätigen ausrichten, ist die kapitalistische ökonomische Integration dem Gesetz der Profitmaximierung untergeordnet. Ausdruck dieser Tatsache ist die ungleichmäßige politische und ökonomische Entwicklung der kapitalistischen Länder, die eine zunehmende Differenzierung des Lebensniveaus der Werktätigen einschließt. Das kommt u. a. in unterschiedlichen Tendenzen der Preissteigerung, der Entwicklung des Nominallohnes, der Minderung des Reallohnes durch die Inflation der Währungen sowie nicht zuletzt im Anwachsen des parasitären Konsums zum Ausdruck. Alles dies sind Formen der konkreten Entfaltung grundlegender Widersprüche der kapitalistischen Produktionsweise, die einerseits die Universalität der Bedürfnisentwicklung als Folge der Internationalisierung der Produktivkräfte einschließt und andererseits die Beschränkung der Konsumtionskraft für die Masse der Bevölkerung hervorbringt. Folglich nimmt es nicht wunder, daß zu den Vorschlägen für die Vertiefung der kapitalistischen Integration auch solche gehören, die auf einen klaren Rückgang des materiellen Wohlstandes pro Kopf der Bevölkerung und eine Einschränkung der freien Verwendung der Güter orientieren.[4]

Die Weiterentwicklung der sozialistischen Arbeitsteilung im Integrationsprozeß der RGW-Länder ist auch mit einer weiteren Entfaltung der Universalität der grundlegenden Lebensbedürfnisse der Werktätigen eng verbunden. Es treten dabei neue Bedürfnisse hervor, „welche die Produkte der entferntesten Länder und Klimate zu ihrer Befriedigung erheischen".[5] Diese Entwicklungstendenzen der Produktivkräfte erlangen im Prozeß der sozialistischen ökonomischen Integration eine neue Qualität. Die Entfaltung der sozialistischen Produktionsverhältnisse im Integrationsprozeß der RGW-Länder schafft neue Bedingungen für die planmäßige Erhöhung des materiellen und geistig-kulturellen Lebensniveaus der Arbeiterklasse und aller Werktätigen. Sie fördert dem Sozialismus adäquate Bedürfnisstrukturen, die durch die umfassende Intensivierung der gesellschaftlichen Produktion vollständiger und effektiver befriedigt werden können.

Die sozialistische ökonomische Integration ist nicht nur langfristig auf die Erhöhung des Lebensniveaus der Arbeiterklasse ausgerichtet. Sie ermöglicht auch kurzfristig, die Lebensbedürfnisse der Arbeiterklasse effektiver zu befriedigen.

Im Interesse einer direkteren Verbindung von Produktion und Konsumtion ergreifen die RGW-Länder im Komplexprogramm ein weites Spektrum von Maßnahmen, das immer stärker zur Verwirklichung zahl-

[4] Vgl. S. Mansholt, Die Rolle Europas in einer gefährdeten Welt, zitiert nach: l'Humanité vom 6. April 1972.

[5] K. Marx / F. Engels, Manifest der Kommunistischen Partei, in: Marx/Engels Werke (im folgenden MEW), Bd. 4, Berlin 1972, S. 466.

reicher sozialpolitischer Programme der kommunistischen und Arbeiterparteien der RGW-Länder beiträgt. Die langfristigen Maßnahmen der RGW-Länder sind darauf ausgerichtet, stabile effektive Bedingungen für die ausreichende Versorgung der RGW-Länder mit Rohstoffen, Brennstoffen, Materialien und Elektroenergie zu schaffen. Mit Hilfe von Investitionsbeteiligungen fördern die RGW-Länder im Rahmen gemeinsamer Vorhaben u. a. die Erweiterung der Produktion von Erdöl und Erdgas, von Holz und Zellulose in der Sowjetunion. Durch den koordinierten Ausbau von Rohrleitungssystemen gestalten sie den Transport von Erdöl und Erdgas effektiver. Schrittweise bauen sie das Energieverbundsystem im Interesse einer rationelleren Energieübertragung aus. In vielfältigen Vorhaben der wissenschaftlich-technischen Zusammenarbeit schaffen die RGW-Länder zugleich Bedingungen für eine effektivere Verarbeitung von Rohstoffen und Materialien und eine rationellere Ausnutzung ihrer Energiequellen. Alle derartigen Maßnahmen zielen darauf ab, langfristige stabile Grundlagen für eine effektivere Produktion im Interesse eines höheren Lebensniveaus zu schaffen.
Zugleich arbeiten die RGW-Länder daran, durch die Vertiefung der sozialistischen internationalen Spezialisierung und Kooperation in der verarbeitenden Industrie die wissenschaftlich-technischen und materiellen Bedingungen für die Erhöhung der Effektivität und des Volumens der Produktion in den einzelnen Industriezweigen, im Bauwesen und in der Landwirtschaft zu verbessern. Auf der Grundlage des Komplexprogramms gehen sie immer mehr dazu über, neue effektivere Maschinen und Ausrüstungen zu entwickeln, die eine Erhöhung des Volumens und der Effektivität der Produktion der Leichtindustrie, des Bauwesens und der Landwirtschaft ermöglichen. Dank der koordinierten Entwicklung zahlreicher Zweige der modernen hochpolymeren Chemie werden neue Rohstoffe für die Textilindustrie geschaffen.
Nicht zuletzt verbessern sich die Bedingungen für die Erhöhung des Lebensniveaus der Werktätigen durch die schrittweise Entfaltung der sozialistischen internationalen Spezialisierung und Kooperation in der Konsumgüterindustrie selbst. Durch die Spezialisierung und Standardisierung der Produktion von Schuhen, Textilien, Haushaltgeräten und keramischen Erzeugnissen wird das Angebot dieser Artikel erhöht bei gleichzeitiger Verminderung des gesellschaftlichen Aufwands. Diese Wirkung geht auch von zahlreichen gemeinsamen Vorhaben zur Rationalisierung und Rekonstruktion ausgewählter Produktionsabschnitte in der Leichtindustrie der RGW-Länder aus. Derartige Vorhaben betreffen zum Beispiel Betriebe der Möbelindustrie und der Textilindustrie der UdSSR, der ČSSR, der DDR und der Volksrepublik Polen.
Schließlich verstärken die RGW-Länder auf dieser Grundlage auch den Austausch industrieller Konsumgüter untereinander. So stieg allein in den Jahren 1971 und 1972 die gegenseitige Lieferung industrieller Kon-

sumgüter zwischen den RGW-Ländern um 26,5 Prozent, d. h. rund doppelt so schnell wie der gesamte Warenaustausch zwischen den RGW-Ländern. Diese Erzeugnisse haben einen festen, zum Teil beträchtlich wachsenden Anteil am Außenhandel der RGW-Länder (vgl. Tabelle 1).

Tabelle 1

Anteil industrieller Konsumgüter am Außenhandel europäischer RGW-Länder

in Prozent

	1960		1965		1970		1972	
	Exp.	Imp.	Exp.	Imp.	Exp.	Imp.	Exp.	Imp.
VR Bulgarien	17,9	7,6	13,6	5,1	14,7	5,7	12,4	6,0
VR Ungarn	17,8	5,1	21,3	5,3	21,3	7,7	22,8	6,7
DDR	15,1	5,3	19,1	4,0	20,2	4,5	18,8	5,6
VR Polen	10,1	5,5	12,4	6,8	16,1	6,4	16,0	7,9
SR Rumänien	5,8	5,2	11,0	6,7	18,1	5,5	18,9	5,1
UdSSR	2,9	16,9	2,4	14,1	2,7	18,3	3,1	18,6
ČSSR	20,4	3,4	16,6	5,3	16,6	8,5	18,7	7,8

Quelle: Statističeskij eżegodnik stran-členov Soveta Ėkonomičeskij Vzaimopomošči 1973, Moskva 1973, S. 355 ff.

Alle diese und viele andere Maßnahmen der RGW-Länder sind darauf ausgerichtet, die Bedingungen für die unmittelbare und die langfristige Erhöhung und Annäherung des materiellen Lebensniveaus der Arbeiterklasse kontinuierlich effektiver zu gestalten.
Die mehr als 25jährige Entwicklung der Zusammenarbeit im Rat für gegenseitige Wirtschaftshilfe wie auch die eigenen Anstrengungen der RGW-Länder haben zu beachtlichen Fortschritten bei der Annäherung des ökonomischen Entwicklungsniveaus als der entscheidenden Voraussetzung für die Annäherung des Lebensniveaus geführt. Das zeigt sich insbesondere an der Entwicklung des Nationaleinkommens, der industriellen und landwirtschaftlichen Bruttoproduktion pro Kopf der Bevölkerung (vgl. Tabelle 2).
Auf der Grundlage dieser beachtlichen Verringerung der Unterschiede in der wirtschaftlichen Leistungskraft der RGW-Länder ist der Reallohn der Werktätigen kontinuierlich gestiegen. Als eine dem Sozialismus eigene Gesetzmäßigkeit der Konsumtion wuchsen im betrachteten Zeitraum die Fonds der gesellschaftlichen Konsumtion schneller als jene für die individuelle Konsumtion. Im Rahmen der individuellen Konsumtion ist der Einzelhandelsumsatz pro Kopf der Bevölkerung kontinuierlich gestiegen. Auf der Basis 1970 = 100 betrug er in vergleichbaren Preisen 1972 in der VR Bulgarien 112 Prozent, in der VR Ungarn und in der DDR 110 Prozent, in der VR Polen 122 Prozent, in der SR Rumänien

Tabelle 2

Entwicklung des Nationaleinkommens, der Industrieproduktion und der Agrarproduktion der europäischen RGW-Länder

	Jahr	VRB	UVR	DDR	VRP	SRR	UdSSR	ČSSR
National-	1950	0,6	1,2	1,3	1,1	0,5	1,0	1,6
einkommen	1970	0,8	0,9	1,3	0,8	0,8	1,0	1,2
Industrie-	1950	0,4	0,8	1,5	0,7	0,3	1,0	1,5
produktion	1970	0,8	0,8	1,5	0,8	0,6	1,0	1,3
Landwirtsch.	1950	0,8	1,6	0,8	1,7	0,8	1,0	1,2
Produktion	1970	1,1	1,3	1,1	1,2	0,8	1,0	1,0

Quelle: A. Alexejew. „Die sozialistische Wirtschaftsintegration in Aktion", APN-Verlag, Moskau 1973, S. 49.

114 Prozent sowie in der UdSSR und in der ČSSR jeweils 112 Prozent. Vergleicht man diese Angaben mit jenen von 1960 und 1965, so ist der Pro-Kopf-Einzelhandelsumsatz zu vergleichbaren Preisen im Durchschnitt seither um ca. 50 bzw. 30 Prozent gestiegen.[6]

In diesem Zusammenhang ist es charakteristisch, daß insbesondere seit Ende der 60er Jahre der Einzelhandelsumsatz von Nahrungsmitteln langsamer gestiegen ist als der aller übrigen Erzeugnisse. Zugleich aber hat sich der Verbrauch von Grundnahrungsmitteln pro Kopf der Bevölkerung in den RGW-Ländern nicht nur erhöht, sondern auch weiter angenähert.

Die Verbesserung des Lebensniveaus der Werktätigen zeigt sich auch daran, daß der Bestand an industriellen Konsumgütern je 100 Haushalte wie auch der Bau von Wohnungen in den letzten Jahren bedeutend gestiegen sind. In Bulgarien, Ungarn, Polen und der UdSSR verfügen heute rd. die Hälfte, in der DDR und der ČSSR etwa drei Viertel und in Rumänien ein Viertel aller Familien über Fernsehgeräte. Kühlschränke stehen heute in Bulgarien, Ungarn, Polen und der Sowjetunion in einem Drittel, in der DDR und ČSSR in zwei Dritteln und in Rumänien in mehr als einem Fünftel aller Haushalte.[7]

Insgesamt bauten die RGW-Länder in den Jahren 1971 und 1972 6 Millionen neue Wohnungen für ca. 20 Millionen Werktätiger – das entspricht etwa der Bevölkerung Bulgariens und Ungarns zusammengenommen.

Beachtliche Fortschritte erreichten die RGW-Länder bei der Verbesserung der gesundheitlichen Betreuung. Auch hier vollzieht sich eine

[6] Statističeskij ežegodnik stran-členov Soveta Ėkonomičeskij Vzaimopomošči, 1970, Moskva 1973, S. 321 ff.

[7] Vgl. Sozialistische Integration zum Wohle unserer Völker, Berlin 1974, S. 54 ff.

Annäherung zwischen den RGW-Ländern, weist doch die Zahl der Ärzte je 10 000 Einwohner im Jahre 1972 nur geringe Unterschiede auf.

	VRB	UVR	DDR	VRP	UdSSR	ČSSR
1950	9,2	10,3	11,3	4,6	14,6	10,1
1972	23,6	23,3	21,1	20,4	29,4	24,7

Quelle: Vgl. Statističeskij ežegodnik stran-členov Soveta Ėkonomičeskij Vzaimopomošči 1973, Moskau 1973, S. 466 ff.

Die Verwirklichung vielfältiger Vorhaben der sozialistischen ökonomischen Integration fördert nicht nur das materielle Lebensniveau der Arbeiterklasse, sondern bringt viele Millionen Werktätiger der RGW-Länder einander näher. 1973 reisten rd. 8 Mio Bürger der VR Polen und der ČSSR in unsere Republik. 9,4 Mio DDR-Bürger besuchten sozialistische Bruderländer, darunter 1 Million Bürger die Sowjetunion.
Die Beschlüsse der 28. RGW-Tagung zeigen, daß die RGW-Länder ihre Anstrengungen zur Beschleunigung der ökonomischen Integration im Interesse der Verbesserung des Lebensniveaus der Arbeiterklasse fortsetzen und verstärken. Mit diesem Ziel sind die RGW-Länder übereingekommen, die Zusammenarbeit auf dem Gebiet der Planungstätigkeit weiter auszubauen. Die erste Etappe der Koordinierung der Volkswirtschaftspläne der Mitgliedsländer für 1976–1980 wurde abgeschlossen und erstmalig mit der Ausarbeitung eines abgestimmten Fünfjahrplanes mehrseitiger Integrationsmaßnahmen begonnen. Die RGW-Länder kamen überein, die notwendigen Mittel für gemeinsame Integrationsmaßnahmen zielgerichtet und objektbezogen bereitzustellen. Das geschieht zum Beispiel entsprechend dem Generalabkommen über die Zusammenarbeit bei der Erschließung der Orenburger Gaskondensatlagerstätte und beim Bau der Gasleitung von Orenburg bis zur Westgrenze der UdSSR, einem wichtigen Vorhaben zur gemeinsamen Lösung des Brennstoff- und Energieproblems der RGW-Länder. In dieser Richtung beginnen die RGW-Länder mit Vorbereitungsarbeiten für ein einheitliches Energiesystem und die gemeinsame Planung der Erzeugung und des Verbrauchs von Elektroenergie durch die interessierten RGW-Länder. Zugleich zogen die RGW-Länder eine erfolgreiche Bilanz über die Vertiefung der sozialistischen internationalen Arbeitsteilung. So wurden seit der 27. RGW-Tagung unter anderem 11 mehrseitige Abkommen über die Spezialisierung und Kooperation im Maschinenbau, in der Lebensmittelindustrie, in der Landwirtschaft unterzeichnet. Die internationalen Wirtschaftsvereinigungen „Interatomenergo“ und „Intertextilmasch“ haben ihre Arbeit begonnen, und das Abkommen über

die Bildung der neuen internationalen Wirtschaftsvereinigung „Interchemiefaser“ wurde unterzeichnet.
Alle diese Maßnahmen sind wichtige Schritte für die langfristige Erhöhung des Lebensniveaus der Arbeiterklasse in den RGW-Ländern. Dabei ergeben sich auch zahlreiche neue Aufgaben für die marxistischen Wirtschaftswissenschaften. Vorrang hat dabei die Vervollkommnung der wissenschaftlichen Grundlagen für die sozialökonomische Bewertung von Vorhaben der sozialistischen internationalen Spezialisierung und Kooperation sowohl hinsichtlich ihres Einflusses auf die Herausbildung effektiverer Volkswirtschaftsstrukturen, auf die Gestaltung der Wachstumsrelationen zwischen materiellen und nichtmateriellen Bereichen, zwischen den Abteilungen I und II der gesellschaftlichen Produktion wie auch ihrer Wirkung auf die Verwendung des Nationaleinkommens. Nicht weniger bedeutungsvoll ist die Zusammenarbeit marxistisch-leninistischer Gesellschaftswissenschaftler bei der Aufdeckung der Gesetzmäßigkeiten der sozialistischen Lebensweise und spezieller Formen der Bedürfnisbefriedigung. Schon heute erfordern die praktischen Integrationsmaßnahmen von den Wissenschaftlern einen Beitrag zur Vervollkommnung von Bedürfnisprognosen der sozialistischen Staatengemeinschaft, da sie wesentliche Ausgangspunkte für langfristige Entscheidungen der internationalen sozialistischen Spezialisierung und Kooperation setzen.
So erwachsen der marxistischen Wirtschaftswissenschaft vielfältige Aufgaben bei der perspektivischen Vertiefung der sozialistischen ökonomischen Integration im Interesse eines höheren Lebensniveaus der Arbeiterklasse und aller Werktätigen.

Prof. Dr. Lutz Maier
Institut für internationale Politik und Wirtschaft

Zum Verhältnis von privatmonopolistischen Unternehmen und staatlichen Institutionen im Mechanismus der westeuropäischen Integration

Ich möchte die Aufmerksamkeit auf einen speziellen Aspekt der institutionellen Entwicklung der regionalen Integration und ihrer sozialökonomischen Bedingtheit lenken. Es geht um die *Beziehungen zweier Grundelemente oder Ebenen des Integrationsmechanismus:* die Ebene der Firmen, Betriebe und privatmonopolistischen Unternehmen einerseits und die Ebene der Staaten, der zwischen- bzw. „überstaatlichen" Instrumente und Aktivitäten andererseits – oft als Mikro- und Makroebenen der Integration bezeichnet. Welchen Stellenwert muß man den Wechselwirkungen dieser beiden Ebenen im Integrationsprozeß einräumen? Wodurch wird ihr Charakter bestimmt? Welche Probleme und Tendenzen lassen sich für die gegenwärtige und künftige Entwicklung auf diesem Gebiet erkennen?
Im Zusammenhang mit diesen Fragen möchte ich meine kritische Position zu einigen wesentlichen Aspekten des im Plenum gehaltenen Vortrages von Herrn Marjolin zum Ausdruck bringen. Herr Marjolin beschäftigte sich mit dem gegenwärtigen Entwicklungsstadium der westeuropäischen Integration, vor allem mit den Hindernissen des Übergangs zu einer Wirtschafts- und Währungsunion. Wenn ich ihn richtig verstanden habe, nannte er drei Hauptfaktoren, die seiner Ansicht nach diesen Übergang behindern und erschweren: die Dollarkrise und die damit verbundenen Konflikte der Valutabeziehungen der westlichen Welt, das hohe Tempo der Inflation in den westlichen Industrieländern und schließlich die sogenannte Ölkrise mit ihren Rückwirkungen auf die Wirtschaftsbeziehungen und Preisverhältnisse auf dem kapitalistischen Weltmarkt. Offenkundig sieht er als negative Einflüsse auf die westeuropäische Integration nur *äußere*, also mehr oder weniger außerhalb der EWG liegende Faktoren. Natürlich existieren die von ihm genannten Faktoren, aber mir scheint, daß es notwendig ist, ihren Charakter und vor allem ihren Zusammenhang mit einigen dem kapitalistischen Wesen der westeuropäischen Integration und ihres Mechanismus entspringenden Konflikten näher zu untersuchen. Hier in der Widersprüchlichkeit des *inneren* Mechanismus der westeuropäischen

Integration, unter anderem zwischen ihren wesentlichen Strukturelementen – privatmonopolistischen Unternehmen einerseits und staatliche Institutionen andererseits – sehe ich die Hauptquellen der Hindernisse ihrer Weiterentwicklung und der wachsenden Kluft zwischen den erklärten Zielvorstellungen ihrer Initiativen und der Realität in Westeuropa. Ausgehend von den inneren Konflikten der westeuropäischen Integration erscheinen ihre weiteren Perspektiven keineswegs so optimistisch, wie sie Herr Marjolin in seinem Vortrag dargelegt hat.
Die Bedeutung, die man den Wechselbeziehungen der genannten Elemente des Mechanismus der Integration einräumt, hängt wesentlich davon ab, welche Auffassung man vom Wesen der Integration, vom Inhalt des Begriffs hat. Ginge es lediglich um eine einfache Weiterentwicklung der ökonomischen Beziehungen zwischen verschiedenen Staaten, um die Ausdehnung der internationalen Kapitalverflechtung, also um größere Räume für die Waren- und Kapitalströme bzw. die außenwirtschaftlichen Aktivitäten überhaupt, so brauchte man der obengenannten Fragestellung keinen besonderen Platz einzuräumen. Der Mechanismus und die institutionellen Grundlagen blieben dann im Prinzip die gleichen, wie sie bisher auf der Grundlage nationaler Volkswirtschaften sowie Nationalstaaten und deren Außenbeziehungen existierten. Es ginge mehr um ihre quantitative Ausdehnung.
Bei der Integration handelt es sich aber um mehr – um ein qualitativ neues Problem: um eine neue Stufe der Internationalisierung des Wirtschaftslebens – aller ihrer Seiten, einschließlich oder sogar vor allem der Produktion – mit der Tendenz der Annäherung, Verflechtung und schließlichen Verschmelzung der Volkswirtschaften zweier oder mehrerer Länder mit gleicher sozialökonomischer Ordnung und der Herausbildung internationaler Wirtschaftskomplexe. Eine solche neue Qualität der ökonomischen Entwicklung, die sowohl objektive Prozesse wie auch zielgerichtete Aktivitäten der Wirtschaftssubjekte umfaßt, verlangt einen neuartigen Mechanismus, dessen Kern die Wechselbeziehungen und gegenseitigen Abhängigkeiten von Wirtschaftsunternehmen und staatlichen bzw. suprastaatlichen Institutionen darstellen.
Man muß unterstreichen, daß diese beiden Grundelemente dem Integrationsprozeß generell, also sowohl unter kapitalistischen als auch unter sozialistischen Bedingungen eigen sind. Hier wie da verlangt die Integration als qualitativ neue Stufe internationaler Arbeitsteilung und der Internationalisierung des Wirtschaftslebens ihre ständige Wechselwirkung und gegenseitige Anpassung, ihre ständige sich ergänzende und stützende Entwicklung, besser gesagt ihr Funktionieren als Teile eines Ganzen, des Mechanismus der ökonomischen Integration. Das ist sozusagen das allgemeine, den Entwicklungsbedingungen der Produktivkräfte in einem Integrationsorganismus entlehnte Erfordernis. Im Konkreten, in der Wirklichkeit gibt es aber keine Integration „im all-

gemeinen". Sie vollzieht sich stets unter bestimmten sozialökonomischen Bedingungen, in Europa als kapitalistische bzw. sozialistische Integration. Ihre Träger sind nicht Betriebe bzw. staatliche und supranationale Organisationen „im allgemeinen", sondern staats- bzw. volkseigene Betriebe, Kombinate, Industriezweigorganisationen und Wirtschaftsvereinigungen einerseits und private Konzerne, Banken und andere monopolistische Unternehmensvereinigungen andererseits; sind sozialistische Staaten mit ihren Koordinierungsgremien einerseits und kapitalistische Staaten mit ihren verschiedenen Wirtschaftsorganen, vor allem natürlich die supranationalen Organe staatsmonopolistischen Charakters andererseits.

Man kann sicher über die Begriffe und Bezeichnungen streiten. Fest steht jedoch, daß die Institutionen der westeuropäischen Integration — wie im Artikel 222 der Römer Verträge besonders vermerkt — von der in den Teilnehmerländern herrschenden Eigentums- und Wirtschaftsordnung geprägt werden. Das bestimmt auch den Charakter der Beziehungen zwischen den beiden Ebenen der westeuropäischen regionalen Integration, verleiht ihnen jene immer deutlicher hervortretende Widersprüchlichkeit, da jede der Ebenen sich weiterentwickelt, aber in unterschiedlichem Tempo und mit zunehmender Disparität, so daß Komplikationen und Konflikte, Reibungen und Disharmonien das Gesamtbild ihrer Wechselbeziehungen immer stärker prägen. Ohne Übertreibung kann man sagen, daß die heute in der Öffentlichkeit breit diskutierten Krisen und Hemmnisse der westeuropäischen regionalen Integration u. a. hier, in der sozialökonomischen Bedingtheit — also im kapitalistischen Charakter der beiden Integrationsebenen und ihrer Beziehungen zueinander — ihre tiefsten und wesentlichsten Quellen haben.

Natürlich existiert zwischen den kapitalistischen Unternehmen und staatlichen bzw. supranationalen Organen eine gemeinsame kapitalistische Klassengrundlage. Sie bildet die Basis ihrer Verflechtung und ihrer Rolle als Grundelemente der regionalen Integrationsprozesse. Insofern entwickelt sich ihr Zusammenwirken mit dem Fortgang der Integration, stimulieren die beiden Ebenen sich gegenseitig, wie die reale Entwicklung deutlich erkennen läßt. Zugleich bewirkt aber der kapitalistische sozialökonomische Charakter, daß die Eigentumsschranken und daraus entspringenden privaten Profitinteressen und Ziele bestehen bleiben, daß sich die neben- und gegeneinander wirkenden Konkurrenzinteressen der monopolistischen Gruppierungen und auch der einzelnen Staaten verstärken, daß es auch keine Identität zwischen dem vom Staat bzw. staatsmonopolistischen Integrationsorganen repräsentierten monopolistischen Gesamtinteresse und dem Privatinteresse der Einzelkapitale bzw. der monopolistischen Gruppierungen gibt. Daraus ergeben sich Konflikte in sehr vielfältigen Erscheinungsformen.

So ist die wachsende Nichtübereinstimmung zwischen den territorialen Expansionsinteressen der privaten Monopole und der staatsmonopolistischen Integrationsregion in Westeuropa immer mehr zu einem ernsten Entwicklungsproblem der EWG geworden. Nach einer Untersuchung der EWG-Kommission über die Wettbewerbspolitik hat zwar von 1966–1971 die Zahl der grenzüberschreitenden Kapitaloperationen in der EWG bedeutend zugenommen, doch ist der Anteil von Drittländern an diesen Operationen nur unbeträchtlich zurückgegangen. Er betrug im Jahre 1971 59 Prozent gegenüber 65 Prozent 1966. Von den ausländischen Direktinvestitionen der BRD gingen nach den sechs EWG-Staaten und nach Großbritannien 1952–1960 13,7 Prozent, 1965 29,9 Prozent und 1971 33,1 Prozent. Die Tendenz ist also die gleiche: Gefördert durch den staatsmonopolistischen Regionalismus wachsen Umfang, Zahl und Gewicht der Kapitalaktivitäten im EWG-Raum. Aber zwei Drittel der Kapitalexportinteressen der BRD, denen man bekanntlich mittel- und längerfristige Bedeutung einräumen muß, liegen heute außerhalb der EWG. Und umgekehrt. Die ausländischen Kapitalinteressen in der BRD sind nur zu einem Viertel Interessen von Integrationspartnern im Rahmen der EWG.

„Der ökonomische Multinationalismus" – schreibt Charles Levinson in seinem Buch „Inflation" – „ist eine viel zu mächtige Kraft geworden, als daß er durch nationale und regionale Maßnahmen eingedämmt und kanalisiert werden könnte."[1] Und Levinson weist dabei auf die zunehmenden Aktivitäten westeuropäischer Firmen in anderen Erdteilen, vor allem in sogenannten Niedriglohnländern, hin, von denen aus sie – wie Levinson mit Hinweis auf „Erfahrungen" der USA schreibt – „Güter und Arbeitslosigkeit nach Europa exportieren..."[2]

Hier stoßen wir auf eine der für den kapitalistischen Integrationsprozeß typischen, von einem bestimmten Punkt an unkontrolliert und anarchisch verlaufenden Kettenreaktionen: Mit Hilfe staatsmonopolistischer Integrationsformen werden unter anderem die Profit- und Expansionsbestrebungen der privaten Monopole unterstützt, Zusammenschlüsse zu „neuen Größenordnungen" gefördert und damit das Interesse und auch die Möglichkeit zur schnellen Ausdehnung des privatmonopolistischen Expansionsfeldes geschaffen, das sich immer weniger mit dem regionalen staatsmonopolistischen Integrationsraum deckt. Spontane Wirkungen verschiedener Art entspringen hieraus, zum Beispiel die direkte und indirekte Förderung der Arbeitslosigkeit entgegen dem in den Gründungsdokumenten der EWG propagierten und häufig wiederholten Ziel der westeuropäischen Integration, Vollbeschäftigung in den Teilnehmerländern herbeizuführen. In allen EWG-Ländern beobachten wir

[1] Ch. Levinson, Inflation, Hamburg 1972, S. 124.
[2] Ebenda, S. 124.

seit der 2. Hälfte der sechziger Jahre ein teilweise beträchtliches Ansteigen der Arbeitslosigkeit, die von Zyklus zu Zyklus ein größeres Ausmaß erreicht. Oder nehmen wir solche in den EWG-Organen und Gremien der staatlichen Wirtschaftspolitik vieldiskutierten Probleme wie die Preisstabilität bzw. Inflationsbekämpfung, die Überwindung der Währungskrise, das sogenannte außenwirtschaftliche Gleichgewicht u. a. Hier zeigt sich noch krasser, wie privatmonopolistische und staatsmonopolistische Integration keine harmonische Verbindung und keine gesunde Vorwärtsentwicklung gewährleisten können.
Die entgegen allen anspruchsvollen Antiinflationsprogrammen der EWG-Organe und der einzelnen Staaten verlaufende Preisbewegung in allen EWG-Ländern ist allgemein bekannt. Über einen beträchtlichen Teil der Vorgänge in den internationalen kapitalistischen Kredit- und Währungsbeziehungen haben die Notenbanken und die internationalen staatsmonopolistischen Währungsorganisationen keine Kontrolle mehr. Das beruht nicht zuletzt auf der gewachsenen Macht der internationalen Konzerne und Banken mit ihren weitgesteckten Manipulationen. Levinson schreibt: „Da ist der Druck des ‚heißen Geldes' überall in der Welt; die Geldpolitik der großen Unternehmen, die sich gegen Währungsverluste zu sichern suchen und ihre riesigen Investitionsfonds vor einer Erosion durch Inflation oder Abwertung schützen wollen; die Plazierung von Milliardensummen — Dollar, Pfund Sterling oder Francs — auf den kurzfristigen und ‚sofortigen' Geldmärkten zu hohen Zinssätzen ... Einige Unternehmen, so zum Beispiel Ford, General Motors und die Erdölgiganten wie Shell und Standard Oil, haben diesen Bereich sogar Spitzenmanagern anvertraut. Es ist ihre Aufgabe, die aktuelle Entwicklung auf den internationalen Geld- und Kreditmärkten genau zu verfolgen und jeweils dort Geldkapital einzusetzen oder abzuziehen, Kredite aufzunehmen oder abzulösen, wo sich für das eigene Unternehmen die günstigsten Möglichkeiten bieten. So umspült ständig ein internationaler Golfstrom von ‚heißem Geld' in Form von Milliarden Dollar die nationalen Geldmärkte — weg von niedrigen und hin zu hohen Zinssätzen, die auf diese Weise ständig nach oben oder nach unten gedrückt werden, und zwar gewöhnlich in der Richtung, die der offiziellen Geldpolitik der jeweiligen Notenbank entgegengesetzt ist."[3]
Mit der schärfer werdenden Konkurrenz und zunehmender ökonomischer Ungleichmäßigkeit der Entwicklung der kapitalistischen Länder zeigen sich neuerdings auch im Bereich des Außenhandels und der Zahlungsbilanzen die sich gegenseitig durchkreuzenden oder gar einander aufhebenden Tendenzen. Im jüngsten Bericht der Bundesbank vom Juni 1974 zum Beispiel wird vor einer „besorgniserregenden Ent-

[3] Ebenda, S. 85.

wicklung der Exporte" gewarnt, die „auf längere Sicht" erhebliche Probleme aufwerfe. So stimuliere der starke Export bestimmter Länder, zum Beispiel der BRD, protektionistische Maßnahmen in anderen (zum Beispiel in Italien, Dänemark, USA). Hier wird gewissermaßen an der Grundsubstanz der EWG und ihrer erklärten „weltwirtschaftlichen Mission" der Förderung eines „freien" Welthandels gerührt. Die Ungleichgewichte im Handel auf dem kapitalistischen Weltmarkt und in den Zahlungsbilanzen drohen immer größer zu werden. Wer aber, welcher Konzern und welche Bank, welches kapitalistische Land ist bereit, auf Exportaktivitäten und Finanzoperationen, auf das Ausschöpfen aller Vorteile und Expansionsmöglichkeiten im Interesse einer – wie es heißt – „harmonischen Gesamtentwicklung" und „ausgewogenen internationalen Kooperation und Integration" zu verzichten?

Die Reaktion des Vorstandsmitgliedes des AEG-Telefunken-Konzerns Matthias Schmitt auf die Empfehlungen der Bundesbank waren symptomatisch. Er lehnte Exportbeschränkungen für seinen Konzern ab und forderte vom Staat eine Förderung neuer Formen des Auslandsgeschäfts mehr „auf lange Sicht", mit Maßnahmen, die den „Weg im Ausland interessant und sicherer machen".[4] Was hier ausgedrückt wird, ist die objektiv bedingte Logik der eigennützigen privatmonopolistischen Interessen, die ein ständiger Konfliktherd regionaler Integration im Kapitalismus ist.

Wir können einige Schlußfolgerungen ziehen.

1. Je weiter der Integrationsprozeß in Westeuropa voranschreitet, desto komplizierter gestaltet sich das Zusammenwirken der beiden dargestellten Ebenen. Besonders der beabsichtigte Übergang von der Zollunion zu einer Wirtschafts- und Währungsunion, also die Weiterentwicklung der Integration „in die Tiefe", von der Zirkulations- und Marktsphäre stärker in die Bereiche der Produktion, der Arbeitsteilung und Spezialisierung, zu einer gemeinsamen Wirtschaftspolitik und Vereinheitlichung ihrer Instrumente usw., stellt die Frage der Ausgewogenheit und einer im großen und ganzen adäquaten Entwicklung des Integrationsmechanismus und seiner Elemente. Von solchen objektiven Erfordernissen regionaler Wirtschaftsintegration ist jedoch die Realität der EWG weiter denn je entfernt. Das betrifft nicht nur ihre Entwicklung nach innen, sondern auch ihre Rolle in der weltwirtschaftlichen Entwicklung, wo von ihr starke Hemmnisse und Störungen für die internationale Wirtschaftszusammenarbeit ausgehen.
2. Das Wesen des Konflikts zwischen den beiden Ebenen der Integration besteht im Grunde darin, daß er eine spezielle Variante – in gewisser Hinsicht eine neue Stufe – des zwiespältigen Charakters des staats-

[4] Handelsblatt, Düsseldorf vom 26./27. 7. 74.

monopolistischen Wirtschaftsmechanismus überhaupt darstellt. Dieser Mechanismus vereint in sich zwei sich gegenseitig widersprechende Elemente: die mit dem Privateigentum an Produktionsmitteln verbundene Spontaneität und die vor allem auf der ökonomischen Tätigkeit des Staates und auch supranationaler Institutionen beruhende Regulierung.

Dieser dem heutigen staatsmonopolistischen Kapitalismus eigene unausweichlich innere Widerspruch resultiert aus seiner historischen Stellung als letztes Stadium der kapitalistischen Entwicklung als Vorstufe der kommenden sozialistischen Wirtschafts- und Gesellschaftsordnung. Unter dem Druck der Produktivkräfte, ihrer gesellschaftlichen Natur, wie sie sich u. a. auch in Internationalisierungsprozessen äußert, muß der Kapitalismus in der Auswahl seines Instrumentariums Anleihen bei der höheren sozialistischen Formation aufnehmen. Er sieht sich gezwungen, den vom Kapitalismus der freien Konkurrenz hervorgebrachten spontanen Marktmechanismus mit Elementen der Regulierung und Planung zu verbinden, die aber den klassischen Grundlagen des Kapitalismus wesensfremd sind, die sich ständig gegenseitig reiben und denen nicht zuletzt deshalb objektive Grenzen gesetzt sind. Die „Vereinigung" dieser sich widersprechenden Prinzipien bildet eine wesentliche Quelle für den sich verstärkenden Konfliktcharakter der kapitalistischen Ökonomik. Wie Lenin seinerzeit schrieb, zieht es den Kapitalismus gegen seinen Willen in eine Art neue Gesellschaftsordnung hinein, die den Übergang von der völlig freien Konkurrenz zur vollständigen Vergesellschaftung bildet.[5] Das Dilemma besteht eben darin, daß für den heutigen Kapitalismus eine Rückkehr zur freien Konkurrenz nicht mehr möglich, eine vollständige Vergesellschaftung aber auf kapitalistischer Grundlage nicht zu realisieren ist.

Die bereits im Rahmen der nationalen Volkswirtschaften widerstreitenden Tendenzen und Prinzipien multiplizieren sich auf internationaler Ebene im Prozeß der Integration, der sich erst im Anfangsstadium befindet und nunmehr – vor einer neuen Entwicklungsetappe stehend – die tiefen Widersprüche seines Mechanismus immer deutlicher hervortreten läßt. Man kann also für die Zukunft mit einer Verstärkung der Hemmnisse der staatsmonopolistischen regionalen Integration – vor allem in ihrer inneren Entwicklung in die Tiefe – rechnen.

3. Im Vergleich und im ökonomischen Wettbewerb zwischen der kapitalistischen und sozialistischen Integration wird die Schaffung eines funktionsfähigen, effektiven inneren Integrationsmechanismus, der

[5] W. I. Lenin, Der Imperialismus als höchstes Stadium des Kapitalismus, in: Werke Bd. 22, S. 209.

alle ökonomischen Prozesse erfaßt und die Aktivitäten der Wirtschaftssubjekte, der Unternehmen, Staaten und internationalen Organe auf der Grundlage einer echten und dauerhaften Interessengemeinsamkeit miteinander verbindet, eines der Hauptfelder bilden. Dabei wird auch die Fähigkeit des Integrationsmechanismus, seine innere regionale Entwicklung in die Erfordernisse einer weltweiten internationalen Wirtschaftszusammenarbeit einzuordnen, eine wichtige Rolle spielen. Wir sind überzeugt, daß die sozialökonomischen Grundlagen der sozialistischen Integration, der gesellschaftliche Charakter der Eigentumsverhältnisse, der neue Typ der zwischenstaatlichen Beziehungen die Vorzüge des sozialistischen Weges der ökonomischen Integration immer deutlicher werden hervortreten lassen.

Arbeitsgruppe H

Integration der weniger entwickelten und der unterschiedlich entwickelten Gebiete

Prof. Dr. K. H. Joswig
Hochschule für Ökonomie „Bruno Leuschner“, Berlin-Karlshorst

Neue Aspekte der ökonomischen Zusammenarbeit zwischen Entwicklungsländern und sozialistischen Ländern

Die Überwindung der ökonomischen, sozialen und kulturellen Rückständigkeit der Entwicklungsländer, die Herstellung ihrer vollen Souveränität in allen Bereichen des politischen und wirtschaftlichen Lebens, die Erhöhung des Lebensstandards für die breiten Massen dieser Länder erfordern große Anstrengungen dieser Völker, machen jedoch auch die Hilfe der entwickelten Länder objektiv erforderlich.
Der Prozeß der ökonomischen Integration, wie wir ihn heute erleben, ist ein objektiv bedingter Prozeß, der durch verschiedene ökonomische und politische Faktoren hervorgerufen und stimuliert wird. Was die Entwicklungsländer anbetrifft, so kann er dazu beitragen, die schwierigen ökonomischen und sozialen Probleme der Entwicklungsländer mit lösen zu helfen, wenn dieser Prozeß richtig in die Hauptaufgaben, die die Entwicklungsländer zu lösen haben, eingeordnet wird. Ich möchte daher allen jenen Referenten zustimmen, besonders Prof. Szentes aus Ungarn, die darauf hingewiesen haben, daß die Integration für Entwicklungsländer nicht Ziel, sondern Mittel zur Lösung der Hauptprobleme ist. Sie kann dazu beitragen die Entwicklung der Produktivkräfte zu stimulieren, die Enge des Marktes zu überwinden und größere konkurrenzfähigere Wirtschaftsgebiete zu organisieren, die den gewaltigen Monopolgebilden des kapitalistischen Weltmarktes erfolgreicher gegenübertreten können.
Jedoch möchte ich in diesem Zusammenhang einige weitere Gedanken zum Referat von Prof. Lisano aus Costa Rica sowie zu den Kommentaren von Dr. Haq (Pakistan) und Dr. Ghai (Kenya) äußern, die mir wichtig erscheinen. Sowohl in dem Referat wie in den Kommentaren wurden wichtige Seiten des Integrationsprozesses zwischen Entwicklungsländern sowie zwischen diesen und entwickelten kapitalistischen und sozialistischen Ländern behandelt. Bemerkenswert halte ich besonders die Passagen, die auf die Komplexität dieses Prozesses eingegangen sind und auf die Enge solcher Integrationsprozesse hinweisen, die sich nur auf die Zirkulationssphäre erstrecken. Ohne die Notwendigkeit der Erweiterung der Austauschbeziehungen im Warenverkehr und

die Kooperation auf dem Finanzsektor zu leugnen, führt diese einseitige Entwicklung nicht zu den entscheidenden notwendigen Veränderungen auf lange Sicht.

Produktionskooperation ist daher das Wesentliche der Integration. Diese setzt natürlich langfristige Planung voraus, da sie entscheidende Eingriffe in die Wirtschaftsstrukturen der beteiligten Länder bedeuten. Die hier zuweilen geführte Polemik, daß die volkswirtschaftliche Planung in einigen Entwicklungsländern den Prozeß der Integration mit marktwirtschaftlich orientierten Entwicklungsländern hindere, halte ich für falsch und schädlich, denn Integration ist nicht im Spiel des laissez faire durchführbar, sondern bedarf objektiv der Planung durch die verantwortlichen Staatsorgane. Das haben nicht nur die Erfolge der sozialistischen Länder auf dem Gebiet der sozialistischen ökonomischen Integration bewiesen, sondern auch die Erfahrungen der EWG, womit nicht gesagt werden soll, daß beide Bestrebungen selbst hinsichtlich des Planungsmechanismus gleich sind.

Noch wesentlicher scheint mir der Hinweis darauf, daß den beteiligten Partnern vor dem Eintritt in den Integrationsprozeß klar sein muß, wer von diesem Prozeß profitiert. Der Integrationsprozeß ist kein neutraler, nur ökonomisch zu betrachtender Prozeß, sondern greift tief in *sozialökonomische* und *politische* Prozesse der Partnerländer ein.

Die Erfahrungen der Vergangenheit haben eindeutig bewiesen, daß bei Nichtbeachtung dieser Zusammenhänge für die Entwicklungsländer tiefgehende nachteilige Folgen entstanden, die nur zu oft die beabsichtigten Wirkungen in ihr Gegenteil gewandelt haben. Sowohl Frau Professor Saidmann von der University of Sambia, die über die Erfahrungen der Integration in Ostafrika sprach, als auch unsere kubanischen Kollegen, die die Integration in Lateinamerika analysierten, haben darauf hingewiesen, daß die bisherige Integration sich sehr einseitig zugunsten und zum Nutzen der entwickelteren Partner ausgewirkt hat. Das betrifft vor allem solche Integrationsbestrebungen zwischen entwickelten kapitalistischen Ländern und Entwicklungsländern, wo diese Prozesse mehr den kapitalistischen Ländern große Profite eingebracht als den Partnern aus Entwicklungsländern geholfen haben, ihre wirtschaftlichen und besonders ihre sozial-ökonomischen Probleme zu lösen.

Man muß sich hier wirklich die Frage stellen, wer wem geholfen hat! Daher bin ich der Meinung, daß bei der Vorbereitung der Maßnahmen, die der Integration dienen sollen, klar gestellt werden muß, daß nur solche Integration für die Entwicklungsländer nützlich ist, die

- die volle Souveränität der Entwicklungsländer respektiert und auf der Grundlage der vollen Gleichberechtigung der Partner basiert;
- sich in die nationalen Entwicklungspläne der Entwicklungsländer voll einordnet und den Hauptzielen, der Entwicklung einer nationalen

unabhängigen Volkswirtschaft sowie der Lösung der sozialökonomischen Probleme dienlich ist.

Das wird nicht immer leicht sein, zumal wenn sich Länder mit politisch unterschiedlicher Gesellschaftsordnung um Integration bemühen. Dennoch ist dies bei Beachtung der Prinzipien, wie sie auf der 6. Sondertagung der UNO verabschiedet wurden, möglich, hängt aber von der Anerkennung dieser Prinzipien durch die Partner ab.

Was die sozialistischen Länder als Partner im Integrationsprozeß mit Entwicklungsländern anbetrifft, so haben sie bereits in der Vergangenheit voll unter Beweis gestellt, daß sie die o. g. Prinzipien anerkennen und sich entsprechend verhalten. Hierüber möchte ich im weiteren noch einige Ausführungen machen.

Die sozialistischen Länder kämpfen Seite an Seite mit den progressiven Kräften der Entwicklungsländer, um die schrittweise Überwindung der Rückständigkeit und Lösung der anstehenden Probleme auf allen Ebenen des politischen und wirtschaftlichen Geschehens zu erreichen.

Eine der wichtigsten Voraussetzungen dafür, daß die Anstrengungen der Entwicklungsländer sowie die echte Hilfe von außen effektiv im Interesse der Entwicklungsländer und sich ständig erhöhend wirksam werden kann, ist die Sicherung des Weltfriedens, der Entspannung und der weltweiten Abrüstung, durch die erhebliche finanzielle Mittel eingespart und viele materielle Potenzen der so freigesetzten Produktivkräfte für den friedlichen Aufbau in Entwicklungsländern eingesetzt werden können.

Dank den permanenten Bemühungen der Sowjetunion, der sozialistischen Länder im Bündnis mit den friedliebenden Kräften in aller Welt und der Unterstützung der Friedensoffensive der Sowjetunion durch die Entwicklungsländer, konnte sich die Politik der friedlichen Koexistenz von Staaten unterschiedlicher Gesellschaftsordnungen immer mehr durchsetzen, und diese Politik die ersten Früchte reifen lassen. Nur auf dieser Grundlage kann sich auch eine Kooperation und in der Ferne auch eine ökonomische Integration zwischen verschiedenen Staaten entwickeln. Diese hat zur unbedingten Voraussetzung die Achtung und Anerkennung der souveränen Rechte, das Prinzip der Gleichheit der Partner und den Grundsatz der Beachtung des gegenseitigen Vorteils solcher Beziehungen. Das betrifft sowohl die Kooperationsbemühungen, Möglichkeiten und Notwendigkeiten zwischen den Entwicklungsländern selbst, als auch die Kooperation von Entwicklungsländern mit kapitalistischen und sozialistischen Ländern.

In dieser Beziehung haben die sozialistischen Länder getreu ihren Prinzipien schon seit langer Zeit mit den Entwicklungsländern wirtschaftliche und kulturelle Beziehungen unter Beachtung der oben genannten Prinzipien praktiziert, die sich um gegenseitigen Vorteil und nicht einseitig zum Vorteil eines Partners entwickelt haben. Die objektiven

Grundlagen der Zusammenarbeit bzw. der Kooperationsmöglichkeiten und Notwendigkeiten zwischen Entwicklungsländern und sozialistischen Ländern ergeben sich aus folgenden politischen und wirtschaftlichen Gesichtspunkten:

- die zwischen beiden Seiten übereinstimmende politische Grundeinstellung zur Notwendigkeit einer einheitlichen Kampffront gegen Imperialismus, Neokolonialismus, Rassismus und für die Herstellung und Sicherung der vollen Souveränität der Entwicklungsländer nicht nur auf politischem, sondern auch auf ökonomischem Gebiet, insbesondere des Rechts auf uneingeschränkte Verfügungsgewalt über ihre nationalen Reichtümer;
- der Anerkennung der Notwendigkeit und Würdigung der Anstrengungen der Entwicklungsländer zum Aufbau einer unabhängigen nationalen Volkswirtschaft und der dazu erforderlichen gesellschaftlichen und ökonomischen Strukturwandlung in diesen Ländern durch die sozialistischen Staaten;
- der Bereitschaft der sozialistischen Länder, im Rahmen ihrer Möglichkeiten, zu für die Entwicklungsländer vorteilhaften Bedingungen materielle wissenschaftlich-technische, personelle und auch finanzielle Hilfe zu leisten ohne jede diskriminierende oder bevormundende Forderungen;
- die ständig wachsenden Möglichkeiten der sozialistischen Länder auf der Grundlage ihrer ständig steigenden eigenen volkswirtschaftlichen Potenzen die Entwicklungsländer mit Produktionsmitteln und Konsumgütern zu versorgen;
- durch den hohen Stand des wissenschaftlich-technischen know how wissenschaftlich-technische Hilfe durch Zurverfügungstellung von Experten sowie durch Ausbildung von Kadern den Entwicklungsländern zu helfen.

Die Statistiken der UNO-Organe beweisen, daß die wirtschaftlichen und wissenschaftlich-technischen Beziehungen zwischen den sozialistischen Ländern und Entwicklungsländern sich ständig erweitert haben und in der letzten Zeit sogar sprunghaft erhöhten.[1]

Während die Entwicklungsländer am Außenhandel der RGW-Staaten 1955 nur mit 4,2 Prozent beteiligt waren, betrug die Rate 1972 bereits 12,9 Prozent und wächst ständig. Über 3 000 Projekte wurden bisher in Entwicklungsländern durch RGW-Staaten realisiert.

So erfreulich diese Tendenz auch ist, so reichen die bisher erzielten Ergebnisse dieser Zusammenarbeit jedoch noch nicht aus, um alle Mög-

[1] Seit 1960 stieg der Außenhandel zwischen Entwicklungsländern und sozialistischen Ländern durchschnittlich pro Jahr um 14 Prozent. Die DDR zum Beispiel erhöhte ihren Außenhandel mit den Entwicklungsländern in den vergangenen 20 Jahren um das 30fache, 1973 allein um 22 Prozent.

lichkeiten auszuschöpfen, die sich für eine noch fruchtbarere Zusammenarbeit beider Seiten für die Zukunft ergeben. Besonders wenn man daran denkt, daß die bereits jetzt hohe industrielle Produktion sich unter den Bedingungen der sozialistischen Integrationsbestrebungen in den nächsten 10 Jahren mehr als verdoppeln wird, ergeben sich große Möglichkeiten, die Entwicklungsländer verstärkt mit kompletten Anlagen und Ausrüstungen zu versorgen. Diese Möglichkeit besteht nicht nur in diesen objektiven Grundlagen für eine Ausweitung der Beziehungen, sondern ist auch in der Zielsetzung des Komplexprogrammes verbindlich für die sozialistischen Länder fixiert.[2]

Die Vorteile einer solchen Vertiefung und Erweiterung der internationalen Arbeitsteilung sind für beide Seiten offensichtlich. Sie bestehen in folgendem:

- Die sozialistischen Länder zeichnen sich insbesondere durch eine planmäßig stabile Entwicklung aus, die es gestattet, auch die Entwicklung der Außenwirtschaftsbeziehungen langfristig und unter Berücksichtigung der beiderseitigen Interessen zu planen und zu realisieren, frei von krisenhaften Störungen, wie sie dem kapitalistischen System eigen sind.

  Das bringt für die Entwicklungsländer ebenfalls die Möglichkeit mit sich, ihre langfristigen Entwicklungsprogramme mit den sozialistischen Ländern abzustimmen und mit einem hohen Grad von Sicherheit zu realisieren. Auch die sozialistischen Länder sind an solchen langfristigen Beziehungen interessiert, da sie dem Charakter ihrer langfristigen Pläne entgegenkommen. Das betrifft sowohl die bisherigen traditionellen Austauschbeziehungen von Lieferungen und Leistungen als auch sich zukünftig entwickelnde Formen der Produktionskooperation.

  Im Zusammenhang mit den Bestrebungen der Entwicklungsländer, ihre ökonomische und politische Unabhängigkeit zu festigen und die Rückständigkeit auf allen Gebieten schnell zu überwinden, werden die Entwicklungsländer gerade bei den sozialistischen Ländern gute Verbündete finden. Außenminister Gromyko hat mit aller Deutlichkeit die Bereitschaft der sozialistischen Länder hierzu auf seiner Rede vor der 6. Sondertagung der UNO erneut bekräftigt.

  Bekannt sind auch die für die Entwicklungsländern vorteilhaften Bedingungen der sozialistischen Länder, sowohl, was die finanzielle Unterstützung als auch die Rückzahlung, Kaderbereitstellung usw. betrifft.

- Das Wichtigste jedoch in der Weiterentwicklung der ökonomischen Kooperation mit den Entwicklungsländern scheint mir zu sein, daß

[2] Komplexprogramm für die weitere Vertiefung und Vervollkommnung der Zusammenarbeit ..., in: Dokumente RGW, S. 16, Berlin 1971.

gerade die Partnerschaft mit den sozialistischen Ländern es den Entwicklungsländern ermöglicht, ihre nationalen Zielsetzungen sicher und wirkungsvoll zu realisieren. Die volle Respektierung der souveränen Rechte der Entwicklungsländer in der Verfügungsgewalt über ihre nationalen Ressourcen, die strikte Einhaltung des Prinzips der Gleichheit und des gegenseitigen Vorteils durch die sozialistischen Länder ermöglicht es ihnen, ihre Kooperation auf der Grundlage ihrer nationalen Entwicklungspläne und in Übereinstimmung mit ihnen zu entwickeln. Das gewährleistet Langfristigkeit und Stabilität dieser Kooperation. Dadurch unterscheidet sich auch der Charakter und das Wesen dieser Beziehungen von denen, die viele Entwicklungsländer mit kapitalistischen Ländern einzugehen manchmal gezwungen sind.

– Die sozialistischen Länder sind nicht nur an der gemeinsamen Erschließung und Nutzung der Rohstoffressourcen der Entwicklungsländer interessiert, um den Entwicklungsländern die Nutzung ihrer Reichtümer zu ermöglichen und in stabilen Wirtschaftsbeziehungen durch Lieferungen der hierfür benötigten Ausrüstungen des know how und Zurverfügungstellung und Ausbildung von Kadern einerseits die nationale Wirtschaft der Entwicklungsländer zu stärken und andererseits ihren Rohstoffbedarf zu befriedigen.

Auf der 6. Sondertagung wurde die Bereitschaft der sozialistischen Länder erneut unterstrichen, Produkte der nationalen Industrien der Entwicklungsländer verstärkt zu importieren, um damit die Entwicklung der Industrialisierung in den Entwicklungsländern zu unterstützen.

Natürlich erfordert die Erweiterung arbeitsteiliger Beziehungen die Anerkennung und Respektierung der beiderseitigen Interessen der Partner. Jedoch können die Entwicklungsländer immer davon ausgehen, daß die sozialistischen Länder die von ihnen proklamierten Grundsätze der Zusammenarbeit stets zur Grundlage der Entwicklung solcher Beziehungen machen werden. Die durch viele Tatsachen bereits bewiesene Verhaltensweise der sozialistischen Länder wird von seiten der Entwicklungsländer jedoch oft übersehen bzw. nicht genügend gewürdigt. Die Gleichsetzung der sozialistischen Länder mit den kapitalistischen Ländern in diesen Beziehungen muß die Entwicklung der arbeitsteiligen Beziehungen verständlicherweise erschweren.

Das hat sich sowohl in der Vergangenheit als auch gegenwärtig als großes Hemmnis der Entwicklung der wechselseitigen ökonomischen Beziehungen gezeigt. Wiederholt wurde von den sozialistischen Ländern sowohl auf den Tagungen der UNCTAD als auch auf der 6. Sondertagung darauf hingewiesen, daß ein prinzipieller Unterschied in den Beziehungen der imperialistischen und neokolonialistischen Länder zu den um ihre nationale Unabhängigkeit kämpfenden Entwicklungsländern und den sozialistischen Ländern in der Vergangenheit und in der Gegenwart besteht.

Das betrifft auch die Entwicklung neuer Formen der Kooperation. In der letzten Zeit sind in verstärktem Maße Tendenzen der Veränderung der wirtschaftlichen Zusammenarbeit der Entwicklungsländer besonders mit den entwickelten kapitalistischen Ländern erkennbar. Unter dem Druck des wachsenden weltpolitischen Gewichts der sozialistischen Staatengemeinschaft und der sich verstärkenden antiimperialistischen Einheitsfront der „Dritten Welt" und dem wachsenden politischen Bewußtsein dieser Länder sehen sich die kapitalistischen Länder gezwungen, sich den neuen politischen Verhältnissen anzupassen. Ausdruck dieser neuen Tendenzen sind erstens die sich in letzter Zeit häufenden Nationalisierungsmaßnahmen, besonders der Rohstoffländer, ohne wirksame Gegenmaßnahmen der kapitalistischen Länder, zweitens vielfältige Formen der Beschränkung der Ausbeutungsformen der ausländischen kapitalistischen Unternehmen in Entwicklungsländern.

Um ihren Einfluß und ihre Kontrolle in ausländischen Unternehmen zu erhöhen, gehen viele Entwicklungsländer dazu über, Kapitalanteile dieser Unternehmen selbst zu übernehmen bzw. neue Unternehmen in Form gemischter Gesellschaften zu gründen.

So sehr diese Maßnahmen im Interesse der Entwicklungsländer liegen und daher zu begründen sind, so sehr wird es damit für lange Zeit noch nicht möglich sein, den Einfluß des Auslandskapitals entscheidend zurückzudrängen.

Selbst bei einer Kapitalbeteiligung über 50 Prozent bleiben die Markt- und technischen Beziehungen (Ersatzbeschaffung, know how, Management) weitgehend in der alten, traditionellen Weise erhalten.[3] Ferner darf nie vergessen werden, daß das Ziel des kapitalistischen Kapitalexports Profiterzielung war, ist und bleiben wird neben politischen Zielsetzungen, die der Erhaltung des Systems der kapitalistischen Arbeitsteilung mit allen ihren für die Entwicklungsländer nachteiligen Folgen dienen.

Gänzlich anderen Charakter besitzen die sich im Trend der Erweiterung der Kooperation mit Entwicklungsländern anbahnenden neuen arbeitsteiligen Beziehungen zwischen sozialistischen und Entwicklungsländern. Getreu den Prinzipien der friedlichen Koexistenz von Staaten unterschiedlicher Gesellschaftsordnungen sowie der prinzipiellen Unterstützung der Entwicklungsländer bei der Verwirklichung ihrer nationalen Entwicklungspläne zur Erreichung ihrer ökonomischen Selbständigkeit und voller Respektierung ihrer Souveränität bieten sich auf vielen Ge-

[3] Vgl. hierzu auch E. Obminskij, Gemischte Gesellschaften in den Entwicklungsländern, in: Mirovaja ėkonomika i meždunarodnaja otnošenija, Moskva, 17/1973, S. 55–66.

bieten langfristige und stabile Kooperationsmöglichkeiten zwischen beiden Seiten an. Sie bestehen

1. im erweiterten Austausch von Roh-, Halbfertig- und Fertigerzeugnissen in den bisher bewährten Formen, wobei besondere Aufmerksamkeit dem Export bzw. Import von Fertigerzeugnissen gelten wird. Eine langfristige Planung solcher Austauschbeziehungen gibt die Möglichkeit der kooperativen Abstimmung der beiden Partner-Produktionsprogramme. Die Entwicklungsländer, die im allgemeinen über einen beschränkten Markt verfügen, können auf diese Weise rentabel arbeitende Produktionskapazitäten, aufbauend auf ihrer Rohstoffbasis schaffen, die helfen, das Beschäftigtenproblem sowie das Importproblem wichtiger Importgüter zu lösen. Die sozialistischen Länder sind bereit, den interessierten Entwicklungsländern hierfür umfassende und vielseitige Hilfe zu gewähren.
2. Weitgehender und vom Volumen sicher bedeutender ist die gemeinsame Erschließung und Gewinnung von Rohstoffen bzw. die Errichtung von größeren Produktionsstätten zu ihrer Veredlung und Weiterverarbeitung.
   Hierbei ist grundsätzlich darauf hinzuweisen, daß derartige Unternehmen nicht vergleichbar sind mit Unternehmen, die durch die Partnerschaft von Entwicklungsländern und kapitalistischen Ländern bisher entstanden sind oder noch entstehen.

Mögen solche Gedanken auch gegenwärtig noch Zukunftsmusik sein, so sind sie doch für den objektiven Betrachter der sich als notwendig erweisenden Entwicklungen und unter dem Aspekt der sich ständig erweiternden Beziehungen der sozialistischen Länder zu den Entwicklungsländern sicher erwägenswert.

Zunächst muß betont werden, daß derartige Unternehmen stets die volle Respektierung der souveränen Rechte der Entwicklungsländer, gleichberechtigte Partnerschaft und gegenseitige Interessen respektieren werden.

Wie der Außenminister der Sowjetunion Gromyko auf der 6. Sondertagung der UNO in New York klar zum Ausdruck brachte, werden „ausnahmslos alle errichteten Betriebe zum Nationaleigentum der Entwicklungsländer. Die Ausfuhr von Gewinnen ist eine Kategorie, die es in unseren Beziehungen zu ihnen (den Entwicklungsländern) überhaupt nicht gibt.“

In wachsendem Maße unterstützen die sozialistischen Länder die Entwicklungsländer beim Aufbau und der Entwicklung der verarbeitenden Industrie mit eigener Rohstoffbasis und sind bemüht, auch auf diesem Gebiet eine langfristige und stabile Kooperation mit arbeitsteiligem Charakter zu entwickeln. Bereits jetzt gibt es gute Erfahrungen in dieser Richtung.[4]

[4] Zum Beispiel zwischen der DDR und Ägypten.

In welchen Formen die Respektierung dieser Grundsätze ihren Niederschlag findet, ist Gegenstand der konkreten Verbindungen zwischen den Partnern. Die Möglichkeiten hierzu sind vielgestaltig. Die beiderseitige Anerkennung der genannten Prinzipien öffnen auch für die Realisierung solcher Projekte die Wege zu beiderseitigem Nutzen, insbesondere aber für die Entwicklungsländer, die sich damit dem gefährlichen Druck der kapitalistischen Länder entziehen können.
Als Partner für die Entwicklungsländer kämen sowohl einzelne interessierte sozialistische Länder als auch Gruppen sowie die internationalen sozialistischen Institutionen, wie zum Beispiel die Internationale Investitionsbank der RGW-Staaten in Frage.
Das wird objektiv von den Interessen und von der Größe der Projekte abhängen.

Prof. Dr. sc. K.-H. Domdey
Humboldt-Universität, Berlin
Institut für Politische Ökonomie

Probleme der vollen Ausnutzung der nationalen Reichtümer für eine verstärkte Zusammenarbeit zwischen Entwicklungsländern und den Mitgliedsländern des RGW

1973/74 sind die Zusammenhänge zwischen dem Kampf der Völker der Entwicklungsländer um souveräne Verfügung über die eigenen Naturschätze sowie um eine neue Stellung in den weltwirtschaftlichen Beziehungen und dem Widerstand der Reaktion und des Neokolonialismus gegen eine wirkliche Unabhängigkeit und antiimperialistische Internationalisierungsprozesse deutlicher als zuvor zutage getreten.
Ein Musterbeispiel dafür sind die Ereignisse im Zusammenhang mit dem Ringen der erdölproduzierenden OPEC-Staaten gegen das angloamerikanische Erdölkartell. Sie zeigen einerseits, daß die einzelnen ölproduzierenden Entwicklungsländer nicht nur höhere Erdöleinkünfte durchsetzten, sondern auch erste Schritte gingen, um Teile dieser Mittel für eine neue regionale und interregionale Zusammenarbeit einzusetzen. Denken wir an die Ergebnisse der ersten Konferenz über wirtschaftliche Zusammenarbeit arabischer und afrikanischer Länder, veranstaltet von der Arabischen Liga und der Organisation Afrikanische Einheit im Januar 1974, während der die beschleunigte Gründung einer arabischen Bank für die wirtschaftliche Entwicklung Afrikas (Anfangskapital 195 Mio Dollar), die Bildung eines Fonds zur Unterstützung der Ölförderung und Öleinfuhr von OAE-Staaten (200 Mio Dollar) sowie eines Fonds für technische Hilfe bei der Rohstoff-Förderung in Schwarzafrika (15 Mio Dollar) vereinbart wurden. Denken wir weiter an den Beschluß der OPEC-Länder vom April 1974, einen Entwicklungs-Sonderfonds von etwa einer Milliarde Dollar für durch die Ölpreiserhöhung betroffene Entwicklungsländer zu bilden; und nicht zuletzt an den Beschluß Venezuelas, einen Treuhandfonds zu schaffen, der einen Teil der erhöhten Öleinnahmen den ärmsten lateinamerikanischen Ländern zur Verfügung stellen soll.
Die jüngsten Ereignisse zeigen jedoch andererseits, daß das internationale Monopolkapital – gestützt auf die kapitalistischen und feudalistischen Kräfte in arabischen Ländern – nichts unterläßt, um die von den erdölproduzierenden Ländern erkämpften höheren Einnahmen zur Verteidigung der bestehenden Ausbeuterordnungen und der alten neokolonialen Weltwirtschaftsbeziehungen auszunutzen.

Konnten höhere Anteile der Erdölländer am Rohölverkauf nicht verhindert werden, soll nach dem Willen der imperialistischen Staaten zumindest alles getan werden, um sowohl den nichtkapitalistischen Entwicklungsweg beispielsweise in Irak und Algerien zu bekämpfen, als auch weitere antiimperialistische Fortschritte in den noch den kapitalistischen Weg gehenden Ländern (Saudi-Arabien, Kuweit usw.) sowie alle Ansätze einer vor allem die EWG-Expansionspläne störenden nichtkapitalistischen internationalen Arbeitsteilung zu zerstören; man denke an die Arabische Liga, die Ostafrikanische Wirtschaftsgemeinschaft und die Zentralafrikanische Wirtschafts- und Zollunion, in denen Entwicklungsländer mit sozialistischer Orientierung und Länder des kapitalistischen Entwicklungsweges zusammenarbeiten.
Damit verbunden existiert auch weiterhin der imperialistische Widerstand gegen eine wirklich der ökonomischen Unabhängigkeit dienende arabisch-afrikanische Industrialisierung. Ein Beispiel dafür ist die Reaktion der Chemiemonopole und ihrer Sprachrohre auf die arabischen Pläne, in den nächsten Jahren etwa 15 Milliarden Dollar zum Bau von Ölraffinerien (mit einer Verarbeitungskapazität von jährlich 200 Mio t) und petrochemischen Werken einzusetzen. Die Monopole, die in den USA über 699, in Japan über 247, in Italien über 1970, in Frankreich über 155, in der BRD über 146, in Großbritannien über 141, in den Niederlanden über 98 sowie in Kanada über 89 Mill. t Raffineriekapazität verfügen – diese Monopole behaupten, daß in einem solchen Falle große Überkapazitäten entständen und schwere Preisstürze und scharfe Investitionsrückgänge eintreten müßten; die arabischen Pläne also nicht verwirklicht werden dürften.
Um welche finanziellen Aktionen und Projekte des Weltimperialismus handelt es sich dabei im einzelnen? Im Kern strebt das Finanzkapital danach, die erhöhten Öleinkünfte der arabischen Staaten in die eigenen Hände zu bekommen. Dabei geht es davon aus, daß die OPEC-Staaten 1973 etwa 23 bis 24 Milliarden Dollar Erlöse erzielten, die sich nach unterschiedlichen kapitalistischen Schätzungen 1974 auf etwa 70 bis 90 und 1975 auf etwa 100 Milliarden Dollar erhöhen werden, wobei sich die Währungsreserven 1974 auf etwa 50 bis 55 Milliarden Dollar belaufen sollen. Diese Mittel könnten die Ölländer nach Meinung der bürgerlichen Publikationsorgane auf lange Zeit in ihren eigenen Ländern selbst nicht sinnvoll verwenden, obwohl doch

- zum Beispiel Syrien infolge der militärischen Aggression Israels direkte Kriegsschäden von über 1 Mrd. Syrische Pfund erlitt (die Erdölfelder und alle Anlagen zur Verarbeitung und Lagerung von Erdöl wurden zerstört),
- Ägypten nach eigenen Angaben vom April 1974 in den letzten 10 Jahren allein für seine Verteidigungsanstrengungen 15 Mrd. Dollar Auslandsschulden machen mußte,

– sich die öffentlichen Auslandsschulden nach Angaben der „Weltbank“ bereits 1971 in Afrika auf 11,9 und des Nahen Ostens auf 8,9 Mrd. Dollar belaufen hatten, so daß zum Beispiel Ägypten 25,5, die VR Kongo 14,4, Syrien 11,6, Tansania 7,9 und Somalia 7,2 Prozent ihrer Ausfuhrerlöse für Schuldendienst-Zahlungen verwenden mußten und
– im übrigen die im Kampf um die ökonomische Rückständigkeit dringend erforderlichen Investitionen viel zu niedrig sind: in v. H. des Bruttosozialprodukts (BSP) 1971 in Afrika 20,2 und im Nahen Osten 21,6, in den kapitalistischen Industrieländern aber 23,9 Prozent.

Trotz dieser und anderer Fakten müßten sich angeblich infolge „natürlicher“ Importschranken der Nahostländer allein 1974 etwa 50 bis 70 Milliarden Dollar als überschüssige Finanzmittel anstauen. Ihre Nutzung würde angeblich nur denkbar, wenn sie in dieser oder jener Form des imperialistischen Staates auf den kapitalistischen Geld- und Kapitalmärkten (beispielsweise auf dem Euro-Dollar-Markt bzw. als Anleihen an die Weltbank, den Weltwährungsfonds oder z. B. die Asiatische Entwicklungsbank) zur Verfügung gestellt würden. Unter diesen Umständen könnten die Ölgelder – ohne daß die Entwicklungsländer auf ihre Verwendung Einfluß hätten – vor allem als Kredite für imperialistische Staaten mit Haushalts- bzw. Zahlungsbilanzdefiziten, als Kredite imperialistischer Zentren an nicht ölfördernde Entwicklungsländer sowie im Interesse verstärkter neokolonialer Aktionen als Entwicklungshilfe an andere Entwicklungsländer vergeben werden. Der IWF spricht bereits von speziellen „Erdölfazilitäten“, um vor allem den imperialistischen Staaten die Finanzierung der teurer gewordenen Öleinfuhren zu erleichtern.

Tatsächlich sollen von arabischen Ländern bereits etwa 16 Milliarden Dollar auf dem Euro-Dollar-Markt (Frühjahr 1974) angelegt worden sein, wovon Frankreich etwa 1,5 Milliarden Dollar geborgt habe, und tatsächlich sind auch bereits arabische Mittel nach den internationalen Finanzzentren in Marsch gesetzt worden. Der Iran, Kuweit, Oman und die Öl-Emirate haben schon Anleihen der Weltbank gezeichnet, während Saudi-Arabien (1,1 Mrd. Dollar), der Iran (0,7 Mrd.) und andere arabische Ölländer dem Internationalen Währungsfonds etwa 2,7 Mrd. Dollar Darlehen zur Verfügung stellen wollen (Mai 1974). Kuweit soll darüber hinaus auch bereits eine Anleihe der Asiatischen Entwicklungsbank gezeichnet haben.

In diesem Kontex hat auch die unmittelbare Aktivität der Finanzoligarchie im Nahen Osten stark zugenommen. So kaufte die US-amerikanische Fidelity Bank 80 Prozent der größten Bank in Beirut (Banque de la Mediterranes), wobei sie 20 Prozent davon an arabische Investoren weitergab, während die Chemical Bank die Rubiya Banque (Beirut) erwarb. Andererseits stoßen gewisse arabische Aktionen, in den USA selbst Kapital anzulegen, nicht nur auf Zustimmung. Einerseits wird der Bau „arabischer“ Raffinerien in den USA empfohlen, um den Zufluß arabischen Öls zu sichern. Andererseits mehren sich aber die Warnungen vor einer angeblichen Überfremdungsgefahr. Seit den Ölpreiserhöhungen sollen immerhin über 500 Millionen Dollar vor allem in den Immobiliensektor der USA geflossen sein. Insgesamt sollen im Frühjahr 1974 eine Milliarde Dollar arabischer Mittel in amerikanischen Tresoren gelegen haben.

Welche Variante dieser Kapitalbewegungen man auch betrachtet, in allen Fällen zeigt sich der groß angelegte Versuch, die Völker des Nahen Ostens auch weiterhin am konzentrierten souveränen Einsatz der Mittel zur Entschuldung und Entwicklung ihrer Volkswirtschaften im Rahmen einer antiimperialistischen regionalen wirtschaftlichen Zusammenarbeit zu hindern. Die Völker der arabischen Erdölländer sind natürlich objektiv durchaus in der Lage, selbständig, das heißt ohne Einmischung imperialistischer Finanzzentralen und auf der Basis gleichberechtigter Zusammenarbeit ihre Mittel rasch zur ökonomischen Entwicklung der arabisch-afrikanischen Region einzusetzen, ja derartige Schritte sind dringend erforderlich.

So erklärte zum Beispiel der algerische Staatspräsident H. Boumedienne, daß es „verbrecherisch ist, in den ausländischen Banken beachtliche Summen schlummern zu lassen, während die Araber Fabriken, Schulen, Krankenhäuser, Straßen und landwirtschaftliche Geräte brauchen. Die Grundlage für eine Wiederbelebung der arabischen Welt liegt in der Entwicklung und diese schließt eine finanzielle Kooperation ein“.[1] Deshalb haben sich die 76 Staats- und Regierungschefs während der Konferenz von Algier 1973 verpflichtet, einen Entwicklungs- und Solidaritätsfonds zu schaffen, Verrechnungs- und Zahlungsmechanismen sowie Systeme der Zusammenarbeit auf währungspolitischem Gebiet, die Koordinierung der Zentralbanken und möglicherweise auch eine zentrale Finanzinstitution einzuführen.[2] Und in der „Deklaration über die Schaffung einer neuen internationalen Wirtschaftsordnung“ wird unter den „Prinzipien“ der angestrebten neuen Wirtschaftsbeziehungen gefordert: die „Verstärkung der wechselseitigen wirtschaftlichen, finanziellen, kommerziellen und technischen Zusammenarbeit zwischen den Entwicklungsländern – durch individuelle und gemeinsame Aktionen – ...“.

Objektives Interesse der Völker ist es dabei, die Zusammenarbeit zwischen den arabischen und afrikanischen Ländern mit sozialistischer Orientierung, zwischen ihnen und den anderen antiimperialistischen Staaten der Arabischen Liga und der Organisation Afrikanischer Ein-

[1] H. Boumedienne, in: Le Monde, Paris vom 5. 2. 1974.
[2] Vgl. H. Boumedienne, in: The Times, London, vom 9. 4. 1974.

heit sowie zwischen ihnen und den anderen, von den Ölpreiserhöhungen tangierten Ländern zu vertiefen (die Ölimportpreise sollen sich für Südostasien, Zentralamerika und Schwarzafrika 1974 um etwa zehn Milliarden Dollar erhöhen). Den imperialistischen Versuchen, die nicht ölfördernden Entwicklungsländer – 1973 flossen etwa 15 Prozent des OPEC-Öls dorthin – als angebliche Vierte Welt der sogenannten Dritten Welt entgegenzustellen, muß deshalb eine immer effektivere antiimperialistische Internationalisierung gegenübergestellt werden. Dabei geht es darum, unter dem Gesichtspunkt gemeinsamer Interessen angemessene regionale und interregionale Programme zur Entwicklung der Infrastruktur, des Bergbaus, wesentlicher Zweige der verarbeitenden Industrie und natürlich auch der Landwirtschaft und des Sozialbereichs Bildung, Gesundheitswesen usw. zu entwickeln und zu verwirklichen. Der imperialistischen These, daß es dafür in den Entwicklungsländern an Fachkräften, know how und Maschinen fehle, kann man natürlich nicht mit alten Mitteln begegnen: nämlich durch irgendeine „westeuropäisch-arabische Wirtschaftsmacht". Keinerlei neokolonialistisch beeinflußte Arbeitsteilung bietet eine wirkliche Lösung.
Doch gibt es nicht schon bewährte Wege, die man weitergehen kann? Kann man nicht, gestützt auf die neuen Bedingungen und Möglichkeiten der antiimperialistischen Entwicklungsländer, die bilateralen Wirtschaftsbeziehungen zwischen ihnen und den sozialistischen Staaten vertiefen und neue Formen multilateraler Zusammenarbeit prüfen? Die Mitgliedsländer des RGW schenken – wie es im Abschnitt 1 des „Komplexprogrammes"[3] heißt – „der weiteren Ausdehnung des Handels, der wirtschaftlichen und wissenschaftlichen Zusammenarbeit mit Entwicklungsländern" besondere Beachtung; im Abschnitt 17 wird sogar festgestellt, daß sich „jedes beliebige Nichtmitgliedsland des RGW voll oder teilweise beteiligen" kann.[4] Sie treten also dafür ein, daß sich ihre Wirtschaftsbeziehungen sowohl zu den arabischen und afrikanischen Ländern mit sozialistischer Orientierung als auch zu den anderen antiimperialistischen Entwicklungsländern quantitativ und qualitativ entwickeln. In diesem Sinne geht es also sowohl darum, die Beziehungen beispielsweise zu Syrien weiter auszubauen (wo die sozialistischen Länder am Export mit 35 und am Import mit 25 v. H. beteiligt sind), als auch zum Beispiel die Beziehungen zu Libyen weiter zu entwickeln (wobei die UdSSR und Libyen erst unlängst beschlossen, eine gemeinsame Regierungskommission zur Entwicklung der wirtschaftlichen und wissenschaftlich-technischen Zusammenarbeit und des Handels zu schaffen). Algerien, Irak und die VDR Jemen und andere Länder haben

[3] Komplexprogramm für die weitere Vertiefung und Vervollkommnung... Abschnitt 1, in: Dokumente RGW, Berlin 1971.
[4] Ebenda, Abschnitt 17.

schon ihr Interesse an engerer Zusammenarbeit mit der sozialistischen Staatengemeinschaft auf der Grundlage des „Komplexprogrammes für die weitere Vertiefung und Vervollkommnung der Zusammenarbeit und Entwicklung der sozialistischen ökonomischen Integration der Mitgliedsländer des RGW“ bekundet.

Wo steht es geschrieben, daß die arabischen Ölländer in diesem Geist nicht auch wesentliche Teile ihrer höheren Einnahmen relativ rasch auf ganz neue Weise einsetzen können, indem

- sie erstens diese vor allem für vermehrte Importe (Waren, Dienstleistungen) aus den Ländern des RGW im Dienste einer unabhängigen Industrialisierung und Entwicklung verwenden, so daß
- zweitens die kapitalistischen Industrieländer, die dann mehr nach den sozialistischen Staaten exportieren könnten, wiederum in die Lage versetzt werden, die Zahlungen an die Ölländer zahlungsbilanzmäßig auszugleichen?

Auf diese Weise würde der ökonomischen Abhängigkeit der Entwicklungsländer von den imperialistischen Zentren entgegengewirkt, die ökonomische Unabhängigkeit gefördert und die Entwicklung eines neuen, antiimperialistischen Typs multilateraler ökonomischer Zusammenarbeit zwischen den arabisch-afrikanischen Entwicklungsländern und den Staaten des RGW zusätzlich begünstigt – wobei die sozialistischen Länder keine Kapitalbeteiligungen im Ausland, das heißt keine Profittransfers auf der Basis von ausländischem Produktionsmittel-Eigentum kennen. An viele gemeinsame interessierende arabisch-afrikanische Projekte wäre zu denken. Zu Recht verlangte zum Beispiel „Daily Express“[5], daß die erhöhten nigerianischen Öleinnahmen für die industrielle Entwicklung (Petro-Chemie, Eisen- und Stahlindustrie) verwendet werden. Riesige Aufgaben zur Entwicklung der nationalen Industrien – möglichst im Rahmen regionaler Abstimmungen –, der Land- und Viehwirtschaft, der Lebensmittellindustrie, aber auch des Bildungs- und Gesundheitswesens sind allenthalben zu lösen.

Die Entscheidungen über den einen oder anderen Weg hängen natürlich von der Kraft der antiimperialistischen Klassen und Schichten in den Entwicklungsländern und dabei von ihrer Entschlossenheit ab, die antiimperialistischen Formen ihrer internationalen Wirtschaftszusammenarbeit gerade auch durch vertiefte ökonomische Beziehungen zu den Ländern des RGW weiter zu entwickeln. Die sozialistischen Staaten tun alles, der nationalen Befreiungsbewegung auch in der jetzigen Phase ihres Kampfes um volle Unabhängigkeit, um neue Formen der Zusammenarbeit zwischen den Entwicklungsländern selbst und um eine neue, bessere Stellung in der Weltökonomie zu helfen.

[5] Vgl. Daily Express, Lagos, vom 2. 4. 1974.

Prof. Dr. Günther Thole
Akademie für Staats- und Rechtswissenschaften,
Berlin-Babelsberg

Die Bedeutung wirtschaftlicher Zusammenschlüsse am Beispiel der OPEC für den Kampf um ökonomische Unabhängigkeit

Die verschiedenartigen wirtschaftlichen Zusammenschlüsse der Entwicklungsländer spielen eine wachsende Rolle in den internationalen Wirtschaftsbeziehungen. Es sind gegenwärtig weniger die existierenden Wirtschaftsunionen mehrerer Staaten in Asien, Afrika oder Lateinamerika, die maßgeblichen Einfluß in internationalem Rahmen gewonnen haben, als vielmehr Zusammenschlüsse rohstoffproduzierender Staaten, die als Interessenvertreter in den internationalen Wirtschaftsbeziehungen Bedeutung erlangten. Anschauliches Beispiel dafür ist das aktive Wirken der Organisation of Petroleum Exporting Countries (OPEC) in den letzten Jahren. Innerhalb dieser Organisation sind speziell die arabischen Mitgliedsstaaten im Herbst 1973 hervorgetreten, als sie das Erdöl als Waffe gegen die imperialistische Aggressionspolitik und für die Durchsetzung der gerechten Forderung der arabischen Völker einsetzten.

Auf die Mitgliedsstaaten der OPEC entfallen etwa 75 Prozent der erkundeten Erdölreserven, etwa 60 Prozent der Ölförderung und etwa 94 Prozent des Weltexportes der nichtsozialistischen Welt. Diese Organisation als Zusammenschluß von erdölproduzierenden Entwicklungsländern wurde im Jahre 1960 gegründet, um der Willkür der mächtigen imperialistischen Erdölmonopole ein Ende zu setzen. Es geht ihr um eine nationale Kontrolle über das Erdöl, um die Erhöhung der Einnahmen aus der Tätigkeit der ausländischen Gesellschaften und um die Schaffung einer nationalen Erdölindustrie in den einzelnen Mitgliedsstaaten. Die erdölproduzierenden Entwicklungsländer wollen selbständig und gleichberechtigt in den internationalen Handelsbeziehungen auftreten. Die erdölproduzierenden Staaten stehen auf einem unterschiedlichen gesellschaftlichen Entwicklungsstand und haben verschiedenartige Ziele der gesellschaftlichen Entwicklung.

Ungeachtet der unterschiedlichen Endziele und der Meinungsverschiedenheiten über die anzuwendenden Methoden des Kampfes gegen die imperialistischen Monopole führten doch die gemeinsamen Interessen zu einer Verstärkung der Aktivitäten der OPEC. Waren in den 60er

Jahren nur geringe Erfolge im Kampf gegen die Monopole zu verzeichnen, so führte nicht zuletzt das zuungunsten des Imperialismus veränderte internationale Klassenkräfteverhältnis seit Beginn der 70er Jahre zur Durchsetzung einiger berechtigter Forderungen der Entwicklungsländer.
Die Friedensoffensive der sozialistischen Staaten und die ersten Ergebnisse der Entspannungspolitik in den internationalen politischen Beziehungen schufen neue Bedingungen im Kampf gegen die imperialistischen Monopole.
Seit Anfang der 70er Jahre übernahmen einige erdölfördernde Länder Teile der Förderung in eigene Regie. So nationalisierte im Jahre 1971 Algerien die Gasindustrie und die Erdölleitungen und begrenzte die Beteiligung der französischen Ölgesellschaften auf 49 Prozent der Aktien. Im gleichen Jahr nationalisierte Libyen die British Petroleum Company. Aktienanteile erwarben auch Venezuela und Ölförderländer am Persischen Golf. Die Verstaatlichung der Iraq Petroleum Company (IPC) im Jahre 1972 war Ausdruck einer qualitativ neuen Stufe der Verknüpfung des politischen und ökonomischen Kampfes. Die Regierung der Republik Irak konnte auf die Einheit der fortschrittsbewußten Kräfte des Landes bauen, erfuhr die Unterstützung der sozialistischen Staatengemeinschaft und die Solidarität der OPEC-Staaten. Jeder Boykottversuch seitens der Ölmonopole erwies sich als nutzlos, zumal sich auch zwischen den imperialistischen Zentren die Widersprüche verschärft hatten.
In der kapitalistischen Weltwirtschaft der Nachkriegszeit ist die Aktivität der internationalen Monopolgesellschaften enorm gewachsen. Sie werden seitens der Entwicklungsländer angeklagt, die Ausplünderung anderer Völker zu verschärfen. Die internationalen Monopolgesellschaften schufen neue Widersprüche im imperialistischen System. Das relative Gewicht Westeuropas und Japans als imperialistische Zentren vergrößerte sich im Vergleich zu den USA. Das USA-Kapital beherrscht aber 75 Prozent der transnationalen Monopolgruppen und über sie zum Beispiel den Energiemarkt in Westeuropa und Japan. Um aber dem Konkurrenzkampf gewachsen zu sein, bemühen sich verschiedene imperialistische Regierungen, zum Beispiel Japans und Frankreichs, aus der Klammer der internationalen Monopolgruppen auszubrechen und die Nationalisierung der Ölquellen durch die arabischen u. a. Staaten zu nutzen, um eigene sichere Bezugsmöglichkeiten für Erdöl, die unabhängig von den Ölmonopolen der USA sind, auszubauen.
Die Erfahrungen der Republik Irak im Kampf gegen die mächtigen Ölbosse waren ein Signal und zugleich Ausgangspunkt für die Forderungen nach Umgestaltungen der internationalen Wirtschaftsbeziehungen. Es ist nicht zufällig, daß gerade die OPEC den Kampf gegen die internationalen Monopole auf eine neue Stufe hob, Boykottmaßnahmen

gegen einzelne imperialistische Staaten beschloß, Verstaatlichungen durchführte und Preise festlegte, ohne in langwierigen Verhandlungen den Ölmonopolen Bitten vorzutragen. Das alles ist Ausdruck einer neuen Situation im internationalen Leben und eines engeren Zusammenhalts der ölfördernden Länder. Im Jahre 1967 konnten ähnliche Versuche von den imperialistischen Mächten abgewehrt werden, und die Maßnahmen der ölfördernden arabischen Länder hatten damals keine nachhaltige Wirkung.

Im Jahre 1973 war das internationale Leben durch beachtliche Erfolge der Entspannung, speziell in Europa, durch die Beendigung der Aggression in Vietnam sowie durch Verbesserung der sowjetisch-amerikanischen Beziehungen u. a. Erfolge bei der Sicherung des Weltfriedens gekennzeichnet. In den imperialistischen Ländern verschärfte sich die allgemeine Krise des Kapitalismus, die Phase der Hochkonjunktur wich tiefen Krisenerscheinungen.

Diese Entwicklung geht mit Bestrebungen der imperialistischen Monopole, die Krisenlasten auf die Werktätigen in den imperialistischen Hauptländern und auf die Entwicklungsländer abzuwälzen, einher. Große Verluste erlitten die Entwicklungsländer aus den terms of trade, da die Monopole die Rohstoffpreise herunterdrückten und die Preise für Produktionsmittel hochtrieben. Enorme Einbußen entstehen den Entwicklungsländern durch die Auswirkungen der Währungskrise im kapitalistischen Teil der Welt. Die Folgen sind so nachhaltig, weil die Entwicklungsländer infolge ihrer untergeordneten Position in der kapitalistischen internationalen Arbeitsteilung gegen solche Einwirkungen von außen besonders anfällig sind.

Die OPEC begann sich energischer zu wehren und setzte nach langen Verhandlungen, ausgehend von den Entschließungen vom Dezember 1970 in Caracas und vom September 1971 in Beirut über die Erhöhung der Listenpreise und über die Beteiligung am Kapital der konzessionierten Gesellschaften, ihre Forderungen durch.

Dies waren Zugeständnisse, die den Ölmonopolen abgerungen wurden, die aber die ökonomische Herrschaft der mächtigen Konzerne nicht erschütterten. Es darf jedoch auch nicht übersehen werden, daß die Ölmonopole zur weiteren Anpassung gezwungen wurden, wie überhaupt die Situation nach dem zweiten Weltkrieg Ausdruck der Anpassung an die sich verändernde Kräftelage ist. Dahinter steht die Politik der Monopole, auch nach Liquidierung der Kolonialreiche, die ökonomische Kontrolle über die Rohstoffressourcen der Entwicklungsländer auszuüben. Die Monopole erwarben mit verschiedenen Methoden Konzessionen für ausgedehnte Schürfgebiete und Rechte über die Ausbeutung von Ölvorkommen. So sicherten sich die Ölmonopole den Besitz über die gesamte Produktionskette des Öls von der Förderung bis zum Endverbraucher und übten damit u. a. ein Monopolpreisdiktat aus. Nach dem zweiten Weltkrieg bis zum Beginn der 70er Jahre sanken die Listenpreise für Erdöl. Mittels dieser Politik sicherten sich die Monopole die Herrschaft über den kapitalistischen Energiemarkt und drängten andere Energieträger zurück. Der Drang nach dem Öl aus dem Mittleren Osten und Nordafrika mit niedrigen Förderkosten führte zu einer Schwerpunktverlagerung der Ölförderung in einem Ausmaß, daß – bei laufend steigendem Energiebedarf – die Abhängigkeit Westeuropas und Japans vom Öl aus diesen Räumen qualitativ neue Formen annahm.

Beispiel für die neuen Möglichkeiten ist der Einsatz des Öls durch die arabischen Erzeugerstaaten als politische Waffe und die Nationalisierung einiger Gesellschaften in verschiedenen Staaten sowie die Preisfestsetzung durch die Erzeugerstaaten. Darin äußert sich die neue Qualität der Position der ölproduzierenden Staaten, wobei beachtet werden muß, daß die Einschränkung der Macht der Ölmonopole und das Aufbrechen tiefer Widersprüche zwischen den Entwicklungsländern und den imperialistischen Mächten nicht das Ende der Monopolherrschaft bedeutet. Die Ölmonopole wälzen alle Mehrausgaben auf die Endverbraucher ab, und trotz gestiegener Listenpreise hatten sie 1973 weitaus höhere Profite zu verzeichnen als in den vorausgegangenen Jahren. Es müssen noch mehr und wirksamere Schritte unternommen werden, um dem Diktat der Monopole zu entrinnen.

Eine entscheidende Maßnahme sehen die Entwicklungsländer im Kampf gegen die transnationalen Monopole durch deren Kontrolle auf der Grundlage der vollen Souveränität der Länder, in denen solche Monopole wirken. In der „Deklaration über die Schaffung einer neuen internationalen Wirtschaftsordnung" der VI. UNO-Sondertagung heißt es dazu: „Regulierung und Überwachung der Aktivitäten der transnationalen Gesellschaften durch Ergreifen von Maßnahmen im Interesse der nationalen Wirtschaft der Länder, in denen solche transnationalen Gesellschaften auf der Grundlage der vollen Souveränität dieser Länder tätig sind."

Als wirksame Waffe erwies sich die Nationalisierung ausländischen Eigentums durch die Entwicklungsländer. Während und nach der Kolonialzeit investierten Unternehmen aus entwickelten kapitalistischen Staaten in der Ölförderung und schufen Tochtergesellschaften. Die erzielten Profite – bei meist sehr geringen Abgaben an die jeweiligen Regierungen – wurden transferiert. Im Bereich der OPEC-Staaten enteigneten mehrere Mitgliedsstaaten die Ölförderung und Transporteinrichtungen und schränkten die Schürfrechte ein. Diese Schritte fanden die Billigung der UNO-Sondertagung. In der erwähnten Deklaration heißt es: ... „volle und ständige Souveränität jedes Staates über seine natürlichen Ressourcen und alle ökonomischen Aktivitäten. Um diese Ressourcen zu schützen, hat jeder Staat das Recht, die effektive

Verfügungsgewalt über sie und ihre Ausnutzung mit seiner eigenen Lage angemessenen Mitteln, einschließlich des Rechts auf Nationalisierung oder Übertragung des Eigentums an seine Staatsangehörigen, auszuüben, wobei dieses Recht Ausdruck der vollen und ständigen Souveränität des Staates ist".

Die ölproduzierenden Entwicklungsländer verfügen im Ergebnis dieser Auseinandersetzungen mit den Ölmonopolen über weitaus höhere Einnahmen. Hieraus ergeben sich zwei wesentliche Aspekte. Zum einen die Frage nach der Verwendung der Öleinnahmen und zum anderen der Zusammenschluß aller antiimperialistischen Kräfte gegen die Versuche des imperialistischen Monopolkapitals, einen Keil zwischen die ölproduzierenden und die ölverbrauchenden Länder zu treiben.

Im Aktionsprogramm, welches gleichfalls von der VI. UNO-Sondertagung angenommen wurde, heißt es u. a., daß „die zunehmend effektive Mobilisierung der natürlichen Ressourcen der gesamten Gruppe der erdölexportierenden Länder im Interesse ihrer ökonomischen Entwicklung zu begrüßen" ist. Beispiele für den effektiven Einsatz der Einkünfte aus dem Ölexport gaben bisher schon Irak, Algerien, Iran und Nigeria, um die sichtbarsten Ergebnisse von OPEC-Staaten herauszugreifen.

Algerien beabsichtigt, im Jahre 1974 gegenüber 1973 die Investitionen auf rd. 17 Milliarden Dinar, d. h. um 40 Prozent zu steigern und die industrielle Entwicklung zu beschleunigen. Ähnliche Ziele stellt sich der Irak. In beiden Staaten werden zugleich soziale Programme wirksam, so besonders im Gesundheitswesen in Algerien. Der Irak will die Löhne, besonders die unteren Einkommen, erhöhen.

In den letzten 11 Jahren vollzog sich im Iran eine grundlegende Wandlung der gesellschaftlichen Verhältnisse und der Wirtschaftsstruktur. Es wurden bereits sichtbare Erfolge bei der Schaffung einer Schwerindustrie erreicht. Ausgangspunkt war das Abkommen von 1965 mit der UdSSR, bekannt unter dem Begriff „Stahl für Gas". Mit sowjetischen Ausrüstungen entstand ein modernes Stahl- und Walzwerk. Die Bezahlung erfolgt mit Erdgas. Mit der industriellen Entwicklung geht die Durchführung einer Bildungsreform einher.

In Nigeria begann nach der Niederschlagung der Spaltungsversuche eine rasche Entwicklung, vorwiegend durch die Steigerung der Ölproduktion auf annähernd 100 Mio t im Jahre und die Verwendung der Einnahmen im Interesse der einheimischen Wirtschaft. Noch wird nicht in allen erdölproduzierenden Entwicklungsländern so verfahren. Manche der herrschenden Kräfte sehen in der Anlage ihres Reichtums in Form von Bankkapital in imperialistischen Banken eine sichere Geldanlage. Transnationale Konzerne versuchen jetzt einen Teil der Mehreinnahmen der ölproduzierenden Staaten in ihrem Interesse zu mobilisieren und verkaufen Aktien im Verteilungsnetz des Öls, zum Beispiel Tankstellen in den USA. Neue Banken werden geschaffen. Dadurch vergrößert sich das soziale Gefälle. So kann die Verfügungsgewalt über die Naturressourcen, die in ihrem Grundgehalt eine antiimperialistische Maßnahme ist, auch zur Bereicherung einer kleinen Oberschicht führen und nicht in nationalem Interesse wirksam werden.

Der Versuch, Differenzen zwischen den Entwicklungsländern zu schüren, ist im ersten Anlauf steckengeblieben. Die OPEC-Staaten fanden einen Weg, schwer von den Preiserhöhungen betroffenen Entwicklungsländern zu helfen. Es gibt auch Versuche, einen Keil zwischen die sozialistischen Staaten und die Entwicklungsländer zu treiben. Solche Machenschaften werden sicher auch in nächster Zeit betrieben werden. Alle Maßnahmen – auch der Einsatz der Rohstoffe als Waffe zur Neugestaltung der internationalen Wirtschaftsbeziehungen – werden nur wirksam, wenn sie gemeinsam von allen antiimperialistischen Kräften gehandhabt werden.

Die sozialistischen Staaten standen an der Seite der progressiven Kräfte des Irak, als gegen die Ölmonopole der bis dahin schwerste Schlag geführt wurde. Die sozialistischen Staaten helfen bei der Industrialisierung der Entwicklungsländer und unterstützen die gerechten Forderungen der Entwicklungsländer bei der Herstellung der Souveränität über ihre Naturschätze und bei der Neugestaltung der internationalen Wirtschaftsbeziehungen. Schon von Anbeginn an führen die sozialistischen Staaten ihren Handel mit den Entwicklungsländern auf der Basis der Gleichberechtigung durch.

Die Zusammenarbeit der Entwicklungsländer in Erzeugervereinigungen kann mit ihren gegen die Machenschaften der Monopole gerichteten Maßnahmen einen wesentlichen Beitrag zur Verwirklichung der Ziele der UNO-Sondertagung leisten und gleichzeitig die Zusammenarbeit der Entwicklungsländer untereinander im Interesse ihres wirtschaftlichen Aufbaus und zum Wohle ihrer Völker fördern.

Dr. Gert Kueck
Karl-Marx-Universität, Leipzig

Wirtschaftliche Zusammenarbeit und Integration von Entwicklungsländern: Reale Chance oder Illusion?

Gegenwärtig bestehen in der ganzen Welt viele wirtschaftliche Gruppierungen und Integrationen von sozialistischen, entwickelten kapitalistischen Ländern und Entwicklungsländern. Was die Entwicklungsländer betrifft, so gibt es rund 20 Wirtschaftsgruppierungen, in denen über 70 afroasiatische und lateinamerikanische Staaten Mitglied sind. Auf der Grundlage des Interesses an den Prozessen der wirtschaftlichen Zusammenarbeit und Integration in unserer sich verändernden Welt, vor allem aber im Rahmen der starken Aufmerksamkeit für die Probleme der gesellschaftlichen und ökonomischen Entwicklung in Asien, Afrika und Lateinamerika seitens der sozialistischen Länder, widmen die Wirtschaftswissenschaftler der Staaten der sozialistischen Gemeinschaft den Zielen, Methoden, Mechanismen und Ergebnissen der wirtschaftlichen Gruppierungen und Integrationen in der sogenannten „Dritten Welt" intensive Untersuchungen. Diese konzentrieren sich meiner Meinung nach hauptsächlich auf vier Problemkreise:

- Ist die Integration in den Ländern Asiens, Afrikas und Lateinamerikas tatsächlich ein „Instrument der Entwicklung" oder türmen sich bei der Realisierung dieses Zieles zu viele Hindernisse auf?
- Kann bzw. muß die Integration von Entwicklungsländern daher im Hinblick auf ihre Erfolgsaussichten optimistisch oder pessimistisch bewertet werden, d. h. eröffnen diese Prozesse den Entwicklungsländern eine reale Chance, deren Probleme überwinden zu helfen, oder muß dies eine Illusion bleiben?
- Für wen sind die Integrationsprozesse zwischen Entwicklungsländern von Nutzen und in wessen Interesse vollziehen sie sich gegenwärtig?
- Besteht die Möglichkeit, entsprechende Systeme für eine gerechte Verteilung der Lasten und Vorteile einer gegebenen Integration aufzustellen und welcher Art sind (bzw. müssen sein) die Verhältnisse und Gegebenheiten im Hinblick auf Markt und Planung?

Auch die Diskussion über die Probleme der wirtschaftlichen Integration in schwach entwickelten Gebieten in der Arbeitsgruppe „H" unseres Kongresses konzentrierte sich bis jetzt vor allem auf diese genannten Fragen. Fast alle Teilnehmer an den Sitzungen der Arbeitsgruppen – von denen ungefähr ein Drittel aus Entwicklungsländern kommen – machten interessante Ausführungen gerade zu diesen Problemkreisen. In diesem Zusammenhang ist von Wichtigkeit, daß die Kollegen aus den Entwicklungsländern selbst die Notwendigkeit unterstrichen, nicht nur „rein" ökonomische Einzelheiten und Detailprobleme der Integrationsprozesse in Asien, Afrika und Lateinamerika zu diskutieren, sondern zugleich damit den allgemeinen politischen und gesellschaftlichen Rahmen, in denen sich diese Prozesse vollziehen. Mit anderen Worten, es scheint nutzlos zu sein, über Integrationsmaßnahmen oder -systeme zu sprechen, ohne die Gesamtheit der vielfältigen Bedingungen in den jeweiligen Mitgliedsländern einer gegebenen Gruppierung einzubeziehen.

Ende der fünfziger Jahre und in einigen Fällen sogar noch früher entstanden im arabischen und subsaharischen Raum wie auch in Asien und Lateinamerika zahlreiche regionale Institutionen und Gruppierungen. Ihre Existenz und ihre Bestrebungen waren darauf gerichtet, die Zusammenarbeit auf politischem, wirtschaftlichem, aber auch kulturellem Gebiet zwischen den jeweils beteiligten Ländern zu schaffen oder zu verstärken. In diesem Rahmen hatten Bemühungen zur Herstellung engerer wirtschaftlicher Beziehungen und Verbindungen bis hin zur ökonomischen Integration zentrale Bedeutung. Sie waren gerichtet auf die Verbesserung der Positionen der Entwicklungsländer in der Weltwirtschaft, auf die Entwicklung und Ausweitung des Warenaustausches, der Transportmöglichkeiten oder des Nachrichtennetzes zwischen ihnen, aber auch auf die Schaffung der industriellen Kooperation u. a.

Die bisher wirksam gewordenen Formen der wirtschaftlichen Zusammenarbeit zur Erreichung der vorstehend genannten Ziele begrenzen sich nicht auf regionale zwischenstaatliche Vereinbarungen und Wirtschaftsgruppierungen. Zu ihnen müssen auch die vielfältigen Aktivitäten verschieden organisierter und orientierter Institutionen wie der Organisation für Afrikanische Einheit, der Arabischen Liga, der Sonderkommission für Lateinamerikanische Koordinierung, der Organisation der erdölexportierenden Länder oder der sogenannten Gruppe der „77" gerechnet werden. Im engeren Sinne sind jedoch Freihandelszonen, Zollunionen, gemeinsame Märkte und mit ihnen verbundene oder angegliederte Entwicklungsfonds als Formen der wirtschaftlichen Zusammenarbeit und Integration von Entwicklungsländern auf regionaler Basis zu betrachten.

In der Literatur werden Begriffe wie „regionale wirtschaftliche Zusammenarbeit", „regionale wirtschaftliche Integration" usw. oftmals hinsichtlich ihrer Verwendung nicht klar definiert und auch nicht immer im gleichen Sinne verwendet. Im folgenden soll der Begriff regionale wirtschaftliche Zusammenarbeit für gemeinsame oder koordinierte

Aktivitäten aller oder einiger Länder einer bestimmten Region auf ökonomischem Gebiet, darunter auch auf sektoraler Basis, gebraucht werden, wobei wirtschaftliche Zusammenarbeit zu wirtschaftlicher Integration auf regionaler oder sektoraler Ebene führen *kann*, aber nicht zwangsläufig dazu führt bzw. führen muß. Um den Zustand der wirtschaftlichen Integration zu erreichen, ist viel mehr erforderlich, da wirtschaftliche Integration die Schaffung einer komplexen wirtschaftlichen Einheit und Gemeinschaft einschließt. Unter Berücksichtigung dessen kann wirtschaftliche Integration zum einen als ein relativer Endzustand im Sinne einer engen Verzahnung der Volkswirtschaften und einer intensiven Arbeitsteilung zwischen den Partnerländern charakterisiert werden. Zum anderen muß wirtschaftliche Integration als ein Prozeß in Richtung dieses eben skizzierten Endzustandes gesehen werden, der nicht zum Stillstand kommen kann.
Im Lichte der bisher aus konzipierten oder existierenden Wirtschaftsgruppierungen und Integrationen in der Welt gewonnenen Erfahrungen kann eine wirklich umfassende und tiefgehende Einheit und Gemeinschaft auf wirtschaftlichem Gebiet nur zwischen Ländern mit gleichartigen oder zumindest ähnlichen sozialökonomischen Strukturen, politischen Systemen und Orientierungen geschaffen werden, wobei diese willens und in der Lage sein müssen, die Unterschiede in ihrem wirtschaftlichen Entwicklungsniveau abzubauen und letztendlich zu beseitigen. Unter Berücksichtigung dessen sollte im Hinblick auf viele Wirtschaftsgruppierungen von Entwicklungsländern nur von wirtschaftlicher Zusammenarbeit und nicht von Wirtschaftsintegration gesprochen werden, da die Unvereinbarkeit ihrer ökonomischen und politischen Systeme und Orientierungen sowie ihre relative Unterentwicklung in vieler Hinsicht offensichtlich sind.
Aus mannigfaltigen politischen und ökonomischen Gründen ist die Rolle, die regionale Wirtschaftsgruppierungen oder Integrationen im Wirtschaftsleben der betreffenden Partnerländer spielen, im Entwicklungsländerbereich bisher in den meisten Fällen begrenzt oder sogar unbedeutend geblieben. Ungeachtet dessen wird ihr Einfluß auf die wirtschaftliche Entwicklung in Asien, Afrika und Lateinamerika angesichts der dort zu beobachtenden starken und kontinuierlichen Tendenzen zur ökonomischen Zusammenarbeit und Integration, die auf objektiven und langfristig wirksamen Prozessen beruht, zukünftig zweifellos anwachsen.
Aus ökonomischer Sicht bestehen die Vorteile einer wirtschaftlichen Zusammenarbeit und Integration von Entwicklungsländern in der dadurch möglichen Erweiterung und Verstärkung ihrer materiell-technischen, finanziellen und wissenschaftlich-technischen Basis durch die Konzentration der relativ begrenzten wirtschaftlichen Ressourcen und Potentiale. Durch die wirtschaftliche Zusammenarbeit und Integration

ist es prinzipiell möglich, die existierenden Produktionskapazitäten effektiver zu nutzen, technisch-ökonomische Parameter in Übereinstimmung mit den Erfordernissen einer rationellen Großproduktion in den neu zu errichtenden Betrieben festzulegen, regional integrierte Wirtschaftskomplexe zu schaffen, die Produktion zu spezialisieren, die Exporte zu diversifizieren, das Marktproblem zu mildern usw.

Die Möglichkeiten der Entwicklungsländer zur Überwindung ihrer wirtschaftlichen Rückständigkeit, d. h. ob und auf welchem Wege sie dieses Ziel erreichen können, hängen in starkem Maße davon ab, inwieweit sie die Ergebnisse des wissenschaftlich-technischen Fortschritts anzuwenden in der Lage sind. Dies impliziert die Anwendung moderner Produktionsmittel und -verfahren usw., zumindest in den wichtigsten Zweigen der Volkswirtschaft. Gleichzeitig mit der Einführung bzw. Anwendung moderner Produktionsmittel und -verfahren müssen die Entwicklungsländer den diesen innewohnenden allgemeinen technisch-ökonomischen Tendenzen und Erfordernissen genügen. Sowohl im Hinblick auf die Voraussetzungen für deren Installierung als auch hinsichtlich der Bedingungen für ihre Anwendung besteht jedoch ein Haupterfordernis dieser allgemeinen Tendenzen darin, die Enge und Begrenztheit ihrer jeweiligen nationalen Wirtschaften zu vermindern und über die Grenzen hinaus eine Zusammenarbeit und Integration auf ökonomischem Gebiet zu erreichen. Dies gilt vor allem für die sogenannten „kleinen Länder" und die am wenigsten entwickelten unter den Entwicklungsländern. Neben ökonomischen Bestimmungsfaktoren sind es jedoch vor allem sozialökonomische und politische Gegebenheiten und Tendenzen, die bei der Analyse der Prozesse der wirtschaftlichen Zusammenarbeit und Integration von Entwicklungsländern zu berücksichtigen sind. Die Festlegung objektiver ökonomischer Tendenzen als Grundlage der Prozesse der wirtschaftlichen Zusammenarbeit und Integration im Entwicklungsländerbereich kann keine Unterschätzung oder gar Verneinung der Rolle außerökonomischer Faktoren bedeuten: Auf welchem Wege und in welchem Umfang es möglich ist, die potentiellen Vorteile einer wirtschaftlichen Zusammenarbeit und Integration von Entwicklungsländern zu nutzen, und wer daraus Vorteile zieht, wird bestimmt von den jeweiligen sozialen und politischen Verhältnissen der betreffenden Partnerländer einer beliebigen regionalen Gruppierung.

Daher kann auch nicht immer und unter allen Umständen davon gesprochen werden, daß die wirtschaftliche Zusammenarbeit und Integration von Entwicklungsländern zur Erreichung der ökonomischen Unabhängigkeit beiträgt. Sie kann gerade auch zum Anwachsen und zur Verstärkung der Abhängigkeit von hochindustrialisierten westlichen Ländern führen, wie das Beispiel der Lateinamerikanischen Freihandelszone (LAFTA) zeigt. In dieser Beziehung ist ein Zitat von Myrdal

interessant, der betont, daß in Lateinamerika innerhalb der Region ein Interesse der ausländischen, meistens amerikanischen Unternehmen, sich dort einen größeren „Inlandsmarkt“ zu schaffen, beobachtet werden könne und daß das den Anstrengungen in Richtung der regionalen Integration in Lateinamerika beträchtlich geschadet habe.[1]
Gegenwärtig können alle ökonomisch relevanten regionalen Gruppierungen von Entwicklungsländern letzten Endes auf die Form eines Gemeinsamen Marktes oder einer Freihandelszone zurückgeführt werden. Folgerichtig haben sie alle eine einseitige Orientierung auf die Zirkulationssphäre und besonders auf die Regulatorfunktion des Marktes. Wie die Erfahrungen lehren, waren im Ergebnis dessen einer rationellen Standortverteilung der Produktion und Veränderungen in der Wirtschaftsstruktur Grenzen gesetzt. Weiterhin ist es eine Tatsache, daß die so konzipierten regionalen Gruppierungen nicht verhindern konnten, daß die größeren und ökonomisch entwickelteren Länder die kleineren und/oder weniger entwickelten Länder einer gegebenen Region dominierten. Dies ist allgemein anerkannt und kennzeichnet nicht nur die Ansichten der Ökonomen in den sozialistischen Ländern, sondern wird auch von einigen realistischen Vertretern der westlichen Integrationstheorie nicht bestritten.[2]
Angesichts dessen ist der bisher zu beobachten gewesene übersteigerte Optimismus hinsichtlich der Wirkungen der Handelsliberalisierung verflogen, der aus der Annahme der klassischen westlichen Integrationstheorie entsprang, daß die Aufhebung der Handelsschranken nicht nur mehr oder minder automatisch den gegenseitigen Warenaustausch stimuliere, sondern auch größere positive Effekte auf die Produktion auslöse.[3] Unter diesem Einfluß würde die Produktion sich erhöhen und ihre Struktur sich in Übereinstimmung mit den Gegebenheiten in den beteiligten Ländern progressiv verändern. Die Handelsliberalisierung erhöhe so den Grad der wirtschaftlichen Komplementarität innerhalb einer ökonomischen Gruppierung und sichere gewissermaßen automatisch eine größere Dynamik im Wachstum des gegenseitigen Handels und der Wirtschaftsbeziehungen überhaupt.
Jedoch erfüllten sich diese optimistischen Erwartungen nicht, erst recht

[1] G. Myrdal, Politisches Manifest über die Armut in der Welt, Frankfurt/M. 1970, S. 293.
[2] Vgl. z. B. G. Myrdal, ebenda; Regional Co-operation in industry, UNIDO Monographs on Industrial Development No. 18, New York 1969, S. 4; M. S. Wionczek, Economic Cooperation in Latin America, Africa, and Asia. A Handbook of Documents, Cambridge/Mass. and London 1969, S. 15; Afro-Asian Economic Review, publ. by the Afro-Asian Organization for Economic Co-operation AFRASEC, No. 130–131 (July–August) 1970, S. 6.
[3] A. Holub, The methods of integration of developing countries (Prag 1974), S. 2.

nicht unter den Bedingungen der Entwicklungsländer. Obwohl von den Vereinten Nationen veröffentlichte Angaben zeigen, daß die Exporte der Mitglieder von neun der bedeutendsten Wirtschaftsgruppierungen in Asien, Afrika und Lateinamerika in ihre jeweiligen Partnerländer in den sechziger Jahren nicht unbeträchtlich anstiegen[4], wurde dies doch keineswegs allein durch die Integration stimuliert. Es waren vielmehr oft bilaterale Abkommen, die hier wirksam wurden und vielfach effektiver waren als multilaterale Vereinbarungen. Weiterhin eröffneten sich den Entwicklungsländern im Verlauf der Überwindung ihrer aus der kolonialen Abhängigkeit herrührenden abnormen Isolierung neue Möglichkeiten für den Handel und die wirtschaftliche Zusammenarbeit[5], die in den sechziger Jahren aus der geänderten Situation im Hinblick auf ihre politische Unabhängigkeit erwuchsen. Außerdem ist festzustellen, daß das Anwachsen des Intrahandels in fast allen Wirtschaftsgruppierungen von Entwicklungsländern Ende der sechziger und Anfang der siebziger Jahre stagnierte, was auf krisenhafte Erscheinungen in den Prozessen der wirtschaftlichen Zusammenarbeit und Integration z. B. in der Lateinamerikanischen Freihandelszone, im Mittelamerikanischen Gemeinsamen Markt, in der Ostafrikanischen Gemeinschaft und anderen zurückzuführen ist. Auch der Gemeinsame Arabische Markt geriet in dieser Zeit in eine sehr kritische Lage, obwohl hier natürlich die Wirkungen der israelischen Aggression eine besondere Rolle spielen.

Schließlich muß darauf verwiesen werden, daß, „obwohl der Handel innerhalb der Gruppierungen, die ihren gegenseitigen Warenaustausch liberalisiert haben, im allgemeinen stimuliert wurde, ein Hauptproblem vieler solcher Gruppierungen darin besteht, daß der größere Teil der Vorteile sowohl hinsichtlich der Exportausweitung als auch der industriellen Investitionen tendenziell den wirtschaftlich fortgeschritteneren Partnerländern zugute kommt.“[6] Somit besteht eines der ernstesten Probleme, die durch die mehr oder weniger unkontrollierte Wirkung der Marktkräfte auf die Wirtschaftsbeziehungen innerhalb von Gruppierungen von Entwicklungsländern hervorgerufen werden, in der Erzielung einer gerechten Verteilung der Lasten und Vorteile.

Demzufolge ist eine Liberalisierung des Handels allein unzureichend. Die in regionale wirtschaftliche Gruppierungen gesetzten Erwartungen hinsichtlich positiver Resultate für die wirtschaftliche Entwicklung können sich nur realisieren, wenn die Partner *alle* gegebenen Möglich-

[4] UNCTAD, Review of the implementation of policy measures envisaged in the International Development Strategy. Report by the UNCTAD secretariat, Dokument TD/B/429/Add. 1/Annex, v. 6. April 1973, S. 9.

[5] Vgl. G. Myrdal, Internationale Wirtschaft, Westberlin 1958, S. 332.

[6] UNCTAD, Dokument TD/B/429, v. 15. März 1973, S. 24.

keiten nutzen, d. h. vor allem eine effektive Kooperation in der Produktionssphäre (Industrialisierung usw.) betreiben und ihre jeweiligen Entwicklungspläne und Projekte koordinieren, um ein möglichst großes Maß an gegenseitiger Ergänzungsfähigkeit zu erreichen. „Was erforderlich scheint, ist ein Paket von Maßnahmen, das unter anderem einschließt eine wohlüberlegte Integrationspolitik seitens der nationalen Planungsorgane – aktiv unterstützt durch regionale und subregionale Finanzinstitutionen, deren Fonds für eine substantielle Unterstützung der wirtschaftlichen Entwicklung der relativ rückständigen Gebiete oder Länder in der von ihnen zu betreuenden Region ausreichen müssen –, eine längere Übergangsperiode ... und Vereinbarungen auf regionaler Grundlage über industrielle und andere Entwicklungsziele ...“[7]

Nachdem in den vorangegangenen Ausführungen einige Probleme behandelt wurden, die mit der Liberalisierung des Handels als Methode der Integration in Zusammenhang stehen, soll eine Reihe von Prinzipien erwähnt werden, die der wirtschaftlichen Zusammenarbeit und Integration zugrunde liegen müssen, wenn diese Aussicht auf Erfolg haben soll. Als solche sind anzusehen: die Wahrung der absoluten Gleichberechtigung und der nationalen Souveränität, die Nichteinmischung in die inneren Angelegenheiten und die Sicherung der Freiwilligkeit für die sich einer Wirtschaftsgruppierung anschließenden Länder. Zudem müssen effektive Garantien gegeben sein und Maßnahmen ergriffen werden, um eine Vergrößerung der Kluft zwischen wirtschaftlich entwickelten und wirtschaftlich weniger entwickelten Ländern innerhalb der Gruppierung und die Erzielung einseitiger Vorteile durch die zuerst genannten zu verhindern. Im Gegenteil muß die wirtschaftliche Zusammenarbeit und Integration in Verbindung mit grundlegenden strukturellen Umgestaltungen in der Wirtschaft zur Verminderung der historisch bedingten Unterschiede im ökonomischen Entwicklungsniveau beitragen. Weiterhin muß die Nutzung der natürlichen Ressourcen im nationalen Interesse der Entwicklungsländer und zum Wohle ihrer Völker erfolgen. Ausländischer Einfluß und fremde Interessen sind einzuschränken bzw. schrittweise zu beseitigen. Wirtschaftshilfe seitens dritter Staaten ist nur akzeptabel, wenn sie nicht mit diskriminierenden Forderungen verbunden ist und nicht zu neuen Abhängigkeiten führt.

Abschließend soll die Aufmerksamkeit auf die Tatsache gelenkt werden, daß die sozialistischen Länder des RGW sich der wachsenden Wirkungen und des steigenden Einflusses der wirtschaftlichen Zusammenarbeit und Integration in Asien, Afrika und Lateinamerika auf die Wirtschaftsbeziehungen zwischen den Mitgliedern des RGW und den

[7] Ebenda, S. 25.

Entwicklungsländern voll bewußt sind und zugleich auch die Ausstrahlung der sozialistischen ökonomischen Integration in dieser Richtung berücksichtigen.

Bereits in der Schlußresolution der 2. UNCTAD erklärten sozialistische Länder des RGW, daß sie „mit Verständnis und Sympathie die Bestrebungen der Entwicklungsländer verfolgen, ihren gegenseitigen Handel und ihre wirtschaftliche Zusammenarbeit zu erweitern, und daß sie bereit sind, ihre Unterstützung für die Entwicklungsländer entsprechend den Prinzipien, von denen sich die sozialistischen Länder in dieser Beziehung leiten lassen, auszuweiten.“[8] Die rasch anwachsende wirtschaftliche Kraft der RGW-Mitglieder, stimuliert durch die sozialistische ökonomische Integration, und die Möglichkeiten, die das Komplexprogramm des RGW eröffnet, werden sicherlich bedeutenden Einfluß hierauf haben und neue Formen und Instrumente für den Handel und die Zusammenarbeit mit den Entwicklungsländern hervorbringen. Gleichzeitig werden die RGW-Partner den verschiedenen Wirtschaftsgruppierungen in Asien, Afrika und Lateinamerika die notwendige Aufmerksamkeit schenken. Im Zusammenhang damit werden die durch den RGW gesammelten Erfahrungen bei der Weiterentwicklung und dem Ausbau der wirtschaftlichen Zusammenarbeit und Integration seiner Mitgliedsländer von wachsendem Interesse sein.

[8] UNCTAD, Report on its 2nd session held at New Delhi from 1 February to 29 March 1968, TD/L. 37, v. 18. April 1968, Annex I, S. 70.

Arbeitsgruppe I

Förderung der Integration mit Hilfe der Planung und der Marktinstrumente

Prof. Dr. Christa Luft / Prof. Dr. Hans Luft
Hochschule für Ökonomie „Bruno Leuschner", Berlin-Karlshorst

Planwirtschaft und sozialistische ökonomische Integration

Wir möchten uns nur mit einem Problem beschäftigen: mit den Vorzügen der Planwirtschaft für die Vertiefung der sozialistischen ökonomischen Integration.

Professor Bogomolow begründete in seinem Vortrag, daß die *planmäßige Gestaltung* der internationalen Wirtschaftsbeziehungen dem Charakter der sozialistischen Produktionsverhältnisse in den RGW-Ländern entspricht.

Auf der Grundlage des gesellschaftlichen Eigentums an den Produktionsmitteln ist die Planung das entscheidende Instrument der Arbeiterklasse zur Steuerung gesellschaftlicher Prozesse und damit auch der sozialistischen ökonomischen Integration.

Die Integrationsmaßnahmen werden auf zwei eng miteinander verbundenen Ebenen geplant. Sie sind sowohl Bestandteil der einheitlichen planmäßigen Leitung der sozialistischen Volkswirtschaft durch den sozialistischen Staat als auch Gegenstand der internationalen Zusammenarbeit auf dem Gebiet der Planung, an der zentrale Planungsorgane, Ministerien, Zweigleitungen und Betriebe beteiligt sind. Entsprechend dem erreichten Entwicklungsstand der sozialistischen ökonomischen Integration und zur planmäßigen Gestaltung der immer stärkeren Verflechtung der Volkswirtschaften gilt dem weiteren Reifeprozeß der Zusammenarbeit auf dem Gebiet der Planung die kollektive Aufmerksamkeit der Mitgliedsländer des RGW. Das betrifft bei Vervollkommnung der Plankoordinierung als Hauptmethode für die Verwirklichung der sozialistischen ökonomischen Integration[1] und der gemeinsamen Planung ausgewählter Projekte[2] vor allem

[1] Erstmals im Zeitraum 1956–1960 angewandt, hat die Plankoordinierung die Entwicklung der internationalen Spezialisierung und Kooperation in Produktion, Wissenschaft und Technik sowie die sich daraus ergebenden Austauschbeziehungen zum Gegenstand und schafft stabile Grundlagen für Abkommen und Verträge.

[2] Diese schließt gemeinsame Entwicklungskonzeptionen für ganze Zweige und deren Verflechtungen zwischen den RGW-Ländern ein (z. B. Energiewirtschaft, Metallurgie, Landmaschinenbau, Werkzeugmaschinenbau u. a.). Eine besondere Rolle bei der gemeinsamen Planung spielen die internationalen Wirtschaftsorganisationen.

– die Ausarbeitung spezieller Planteile der sozialistischen ökonomischen Integration in den einzelnen RGW-Ländern mit dem Ziel, die Integrationsmaßnahmen, ihre Realisierungsetappen sowie die erforderlichen materiellen, finanziellen und Arbeitskräfteressourcen als festen Bestandteil des Volkswirtschaftsplanes zu bilanzieren;
– die für den Zeitraum **1976–1980** vom Planungskomitee des RGW erstmals erfolgende Aufstellung eines gemeinsamen Fünfjahrplanes der mehrseitigen Integrationsmaßnahmen.

Die planmäßige Gestaltung der internationalen Wirtschaftsbeziehungen im RGW hat eine Reihe wichtiger Vorzüge, von denen wir folgende nennen möchten:

Der *erste Vorzug* besteht darin, daß die planmäßige Entwicklung der Integration der effektivsten Verwirklichung des Ziels der sozialistischen Produktion dient. Infolge des gesellschaftlichen Eigentums an den Produktionsmitteln ist das Ziel der sozialistischen Produktion die immer vollständigere Befriedigung der ständig wachsenden materiellen und kulturellen Bedürfnisse der Menschen.

Die auf ein hohes wissenschaftlich-technisches Niveau und niedrige Kosten der sozialistischen Produktion gerichteten Anstrengungen der Integrationspartner führen direkt zu *positiven Wirkungen auf das Lebensniveau der Bürger der RGW-Länder.* Die schon im Korreferat der Plenartagung von Prof. Willi Kunz dargelegten Tatsachen zeigen, daß die vom Kapitalismus ererbten großen Disproportionen und Unterschiede im ökonomischen Entwicklungsniveau der einzelnen Volkswirtschaften überwunden werden. Darin liegt zugleich eine wichtige Voraussetzung für die weitere Vertiefung der internationalen sozialistischen Arbeitsteilung.

Demgegenüber mußte der amerikanische Ökonom Haberler in seinem Korreferat eingestehen, „daß die Integration durch den Markt gelegentlich zu ‚strukturellen Disproportionen' und zum Niedergang gewisser Gebiete führen könnte. Dieses Risiko ist der Preis, den der Westen für einen raschen Fortschritt zu zahlen hat."[3]

Der *zweite Vorzug* der planmäßigen Entwicklung der internationalen ökonomischen Beziehungen besteht darin, daß sie den *Anforderungen der modernen Produktivkräfte* gerecht wird. Durch die wissenschaftlich-technische Revolution erhält die Produktion bei gleichzeitiger Vertiefung der gesellschaftlichen Arbeitsteilung immer mehr den Charakter hochspezialisierter Massenproduktion. Ihre Effektivität wird maßgeblich durch die von vornherein aufeinander abgestimmte, also planmäßige Zusammenarbeit vieler Betriebe des In- und Auslandes bestimmt.

Deshalb fordern heute schon bürgerliche Ökonomen in ihren Büchern,

[3] Discussion paper by Gottfried Haberler and John P. Hardt, American Enterprise Institute for Public Policy Research, Washington, S. 19.

daß Planung an die Stelle des freien Marktes treten müsse.[4] Der amerikanische Ökonom Galbraith zum Beispiel schreibt, daß es im Gegensatz zu einem Theaterstück in der Wirtschaft nicht schadet, wenn man den Ausgang vorher verrät.[5]

Plankoordinierung und gemeinsame Planung ausgewählter Vorhaben schaffen für die beteiligten Volkswirtschaften langfristige und zuverlässige Orientierungen über Umfang und Struktur der Produktion, über Hauptabnehmer und Lieferanten, über zu erreichende Effektivität u. a. Die in den internationalen Verträgen und Vereinbarungen enthaltenen Verpflichtungen werden verbindlicher Bestandteil der staatlichen Pläne. Diese enge Verbindung der Volkswirtschaftsplanung in den einzelnen RGW-Ländern mit der internationalen Zusammenarbeit auf dem Gebiet der Planung gewährleistet *Stabilität und Sicherheit in den gegenseitigen Beziehungen.* Das ist seinerseits ein wesentlicher Faktor der Erhöhung ihrer Effektivität. Diese Planmäßigkeit bedeutet keine Einschränkung der Verantwortung und der Tätigkeit des einzelnen Betriebes im Integrationsprozeß, wie dies die amerikanischen Ökonomen Balassa[6] und Haberler[7] behaupten.

Staatliche Entscheidungen und Vorgaben sind entsprechend dem Leninschen Prinzip des demokratischen Zentralismus das Ergebnis schöpferischen Zusammenwirkens der zentralen Staatsorgane mit den Wirtschaftseinheiten, der Nutzung ihrer Erfahrungen und Vorschläge. Auf diese Weise werden die auf makroökonomischer Ebene wirksam werdenden Vorteile der Integration bewußt mit jenen verbunden, die im mikroökonomischen Bereich erschlossen werden. Hierin liegt der *dritte Vorzug* der planmäßigen sozialistischen Integration. Die Verantwortung der Betriebe erstreckt sich folglich nicht nur auf die Realisierung staatlicher Direktiven, sondern ebenfalls auf ihre Vorbereitung. Dadurch wird die Planung der Integrationsmaßnahmen selbst qualifiziert, und in der *bewußten Identifizierung der Arbeiterkollektive* mit den im Plan enthaltenen Aufgaben der sozialistischen ökonomischen Integration liegt eine wichtige Quelle der Stabilität und Rationalität ihrer Durchsetzung.

Ein spezifisches Prinzip der planmäßigen Leitung und Organisation der internationalen Wirtschaftsbeziehungen einer sozialistischen Volkswirt-

[4] Vgl. J. K. Galbraith, Die moderne Industriegesellschaft, München/Zürich 1968, S. 33.
und
Wirtschaft für Staat und Gesellschaft, München/Zürich 1974, S. 151.

[5] J. K. Galbraith, Die moderne Industriegesellschaft, München/Zürich 1968, S. 19.

[6] Discussion paper by Béla Balassa, Professor of Political Economy The Jozhns Hopkins University, S. 7, 10.

[7] Discussion paper by Gottfried Haberler, . . ., Washington, S. 4.

schaft, in dem sich Wesensmerkmale des demokratischen Zentralismus ausdrücken, ist das *staatliche Außenhandelsmonopol.* Es ist das ökonomische und politische Instrument des sozialistischen Staates zur planmäßigen Organisierung des Außenhandels.

Das staatliche Außenhandelsmonopol beinhaltet die zentrale Leitung des Außenhandels durch ein spezielles Staatsorgan, den Abschluß und die Erfüllung von Export- und Importverträgen durch ausdrücklich dazu berechtigte Wirtschaftseinheiten sowie die Planung, Durchführung und Kontrolle des Außenhandels auf der Grundlage der staatlichen Aufgaben.

In der Hand des sozialistischen Staates trägt der Außenhandel der Vergesellschaftung der Produktionsmittel und der gesetzmäßigen Konzentration in Forschung, Entwicklung und Produktion Rechnung. Die Zentralisierung der Leitungsfunktionen und die Zusammenfassung aller Export- und Importoperationen einer Warenbranche gewährleisten ein hohes Maß an gesellschaftlicher Effektivität bei der Leitung und Durchführung des Außenhandels.

Das Außenhandelsmonopol entspricht dem Erfordernis der einheitlichen Planung des gesamten Reproduktionsprozesses, dessen internationale Verflechtungen sich mit zunehmender ökonomischer Integration verstärken. Damit wächst der Anspruch an die zuverlässige Durchsetzung eines einheitlichen, die Interessen der Integrationspartner berücksichtigenden gesellschaftlichen Willens in der Waren- und Länderstruktur des Außenhandels.

Das Außenhandelsmonopol fördert die Abstimmung von Interessen der RGW-Staaten im Handel mit Drittländern und garantiert gleichzeitig die zuverlässige Erfüllung der übernommenen Verpflichtungen. Es verbindet die produktivitätsfördernde Funktion mit der Schutzfunktion des sozialistischen Staates gegenüber Störungen, die von den ökonomischen Gesetzen des kapitalistischen Wirtschaftssystems auf die sozialistische Volkswirtschaft und ihre internationalen ökonomischen Beziehungen ausgehen.

Im Zusammenhang mit der staatlichen Planung der Volkswirtschaft bildet das Außenhandelsmonopol in den RGW-Ländern die Grundlage für ein System zur planmäßigen Gestaltung der internationalen Ware-Geld-Beziehungen. Zu diesem System gehören

- langfristige Handelsabkommen mit für einen längeren Zeitraum stabilen Preisen entsprechend vereinbarten Preisbildungsprinzipien. Dieser Faktor ist von wesentlicher Bedeutung für die Planmäßigkeit in den außenwirtschaftlichen Beziehungen der RGW-Länder untereinander sowie bei der Festlegung der wirtschaftlichen Ziele und Aufgaben in jedem einzelnen Land. Zugleich ist hiermit für Käufer und Verkäufer ein zuverlässiger Maßstab in der Effektivitätsrechnung gegeben. Das im kapitalistischen Außenhandel alltägliche Risiko

einer Preiserhöhung bzw. Preissenkung ist dem gegenseitigen Handel der RGW-Länder fremd;
- allgemeine Lieferbedingungen, Bedingungen für technische Wartung und Montage von Ausrüstungen, allgemeine Prinzipien der Ersatzteilversorgung;
- ein vereinbartes System des bilanzierten Handels und der Zahlungen einschließlich multilateraler Verrechnungen über die seit 10 Jahren bestehende Internationale Bank für wirtschaftliche Zusammenarbeit auf der Basis des transferablen Rubels als der ersten sozialistischen kollektiven Währung. Die Gründung der Bank hat wesentlich zur Erhöhung der Stabilität der Valuta- und Finanzbeziehungen zwischen den RGW-Ländern beigetragen.

Die planmäßige Gestaltung der Ware-Geld-Beziehungen zwischen den RGW-Ländern hat in den vergangenen Jahrzehnten ein stabiles Wachstum des Außenhandels der Mitgliedsländer des RGW gesichert.[8]

Die Lösung solcher herangereifter Fragen wie die Preisbildung für international spezialisierte Erzeugnisse und die Preisentwicklung im Zusammenhang mit dem technischen Fortschritt wird das Wachstum des Außenhandels weiter beschleunigen.

„Empfehlungen", die Integration durch den Abbau der zentralen staatlichen Leitung und Planung, die Beseitigung des Außenhandelsmonopols des sozialistischen Staates[9], durch „freies" Spiel der Preise und Kurse zu vollziehen, lassen uns unbeeindruckt. Weder der hinter dem Rücken des einzelnen wie der Gesellschaft wirkende Mechanismus des Konkurrenzkampfes auf einem anonymen Markt noch das Diktat multinationaler Konzerne und staatsmonopolistischer Dirigismen können im Prozeß der sozialistischen ökonomischen Integration vollendete Tatsachen schaffen. Der zentralen staatlichen Planung und der international koordinierten Planung der wirtschaftlichen und wissenschaftlich-technischen Zusammenarbeit der RGW-Länder sind die bewußte Ausnutzung der Ware-Geld-Beziehungen und der Gesetze der Warenproduktion im Interesse der Erhöhung des Volkswohlstandes ebenso eigen wie sie jeden spontanen Marktmechanismus ausschließen.

[8] Der Außenhandelsumsatz der RGW-Länder untereinander erhöhte sich von 1950 bis 1973 auf etwa das Zehnfache. Charakteristisch ist der zunehmende Anteil von Fertigerzeugnissen, insbesondere von Maschinen und Ausrüstungen am gegenseitigen Handel. Diese Fakten sprechen für die planmäßige Vertiefung der sozialistischen internationalen Arbeitsteilung.

[9] Discussion paper by Béla Balassa, ..., S. 7.
Discussion paper by Gottfried Haberler, ..., Washington, S. 19.

Prof. Dr. Gerhard Grote
Hochschule für Ökonomie „Bruno Leuschner“, Berlin-Karlshorst

Planung der sozialistischen ökonomischen Integration und Konsequenzen für die Außenwirtschaftsbeziehungen mit den Entwicklungsländern

1. Die Planung ist ein Wesensmerkmal der sozialistischen ökonomischen Integration. Mit Hilfe der Planung werden sowohl die ökonomische Entwicklung innerhalb der einzelnen Länder der sozialistischen Staatengemeinschaft als auch die wirtschaftlichen Beziehungen zwischen ihnen langfristig vorherbestimmt.
Die bisherige stabile, kontinuierliche und krisenfreie Entwicklung der im RGW zusammengeschlossenen Länder sowie die bereits erreichte und weiterhin zunehmende Angleichung des ökonomischen Entwicklungsniveaus zwischen den RGW-Ländern beweisen die Vorzüge der sozialistischen Planwirtschaft im nationalen und im internationalen Rahmen.
So stieg das Nationaleinkommen der RGW-Länder von 1950–1973 auf 570 Prozent und die Industrieproduktion auf 840 Prozent, und der Anteil dieser Ländergruppe an der Weltindustrieproduktion erhöhte sich in derselben Zeit von 18 Prozent auf 33 Prozent. Der erfolgreiche Prozeß der planmäßigen Angleichung des ökonomischen Entwicklungsniveaus wird besonders sichtbar in den überdurchschnittlich hohen Raten der Entwicklung des Nationaleinkommens pro Kopf der Bevölkerung in den früher industriell schwach entwickelten Ländern, in den Veränderungen der Produktionsstruktur und der Exportstruktur dieser Länder, insbesondere in dem gestiegenen Anteil von Erzeugnissen des Maschinenbaus im Export.
In der neuen Etappe der wirtschaftlichen Zusammenarbeit im Rahmen der sozialistischen ökonomischen Integration entstehen noch günstigere Bedingungen für eine planmäßige, stabile Entwicklung. Das ergibt sich vor allem aus dem erreichten Niveau der materiellen Produktion und der Leitung und Planung der Volkswirtschaft in den einzelnen Ländern, aus dem höheren Grad der wirtschaftlichen Verflechtung zwischen den Volkswirtschaften dieser Ländergruppe und der neuen Qualität der internationalen Planungszusammenarbeit entsprechend den Festlegungen im Komplexprogramm zur sozialistischen ökonomischen Integration.

Grundlage der Planung der Integrationsmaßnahmen sind das sozialistische Eigentum an den Produktionsmitteln in den sozialistischen Ländern, die führende Rolle der Arbeiterklasse und der marxistisch-leninistischen Parteien und das Wirken ökonomischer Gesetze des Sozialismus, u. a. des Gesetzes der planmäßigen, proportionalen Entwicklung. Dabei ist dieser Prozeß stets in der Einheit von volkswirtschaftlicher Planung im Rahmen der einzelnen Länder und von internationaler Planungszusammenarbeit auf der Ebene der sozialistischen Staatengemeinschaft insgesamt zu sehen. Die enge Verbindung von einzelstaatlicher Volkswirtschaftsplanung und internationaler Planungszusammenarbeit in ihren verschiedenen Formen ist ein wesentliches Mittel, um die Einheit von nationalen und internationalen Interessen in der ökonomischen Zusammenarbeit praktisch zu verwirklichen und auftretende Widersprüche, die sich in diesem Prozeß aus den unterschiedlichen Entwicklungsbedingungen der einzelnen Länder ergeben können, zu überwinden.

2. Die Planung der Maßnahmen zur weiteren Vertiefung der sozialistischen ökonomischen Integration ist sowohl im Rahmen der Volkswirtschaftsplanung in den einzelnen RGW-Ländern als auch in der internationalen Planungszusammenarbeit eng mit der planmäßigen Entwicklung der Außenwirtschaftsbeziehungen zu den übrigen sozialistischen und zu nichtsozialistischen Ländern verbunden. Die Notwendigkeit dazu ergibt sich zunächst aus den allgemeinen Erfordernissen der Komplexität der Planung im Sozialismus, die alle Seiten des Reproduktionsprozesses umfaßt. Die Herstellung der notwendigen Proportionen in der Volkswirtschaft jedes RGW-Landes und zunehmend auch innerhalb der sozialistischen Staatengemeinschaft insgesamt wird sowohl von den Integrationsmaßnahmen als auch von den Außenwirtschaftsbeziehungen zu Drittländern beeinflußt. Verstärkt wird diese Notwendigkeit noch dadurch, daß zwischen den Außenwirtschaftsbeziehungen der einzelnen RGW-Länder zu den übrigen sozialistischen und zu nichtsozialistischen Ländern enge Wechselbeziehungen bestehen. Entscheidungen über die Spezialisierung und Kooperation der Produktion sowie über die Entwicklung von Volumen und Warenstruktur des Ex- und Imports mit anderen RGW-Ländern haben in der Regel Konsequenzen für die Entwicklung des Außenhandels mit Drittländern und umgekehrt. Besonders stark sind diese Wechselbeziehungen bei der Zusammenarbeit mehrerer Integrationspartner an den Außenwirtschaftsbeziehungen mit Drittländern, zum Beispiel bei der Lieferung kompletter Anlagen nach Entwicklungsländern.
Ausgehend von der bereits gegenwärtig hohen und weiterhin zunehmenden Außenwirtschaftsintensität der RGW-Länder muß die Struktur der Investitionen und der Produktion gleichmäßig so ent-

wickelt werden, daß sie den Exporterfordernissen und den entsprechenden Importmöglichkeiten sowohl gegenüber den Integrationspartnern als auch gegenüber Drittländern voll entspricht. Dabei zeichnet sich, bedingt durch die sich verstärkende langfristig stabile Spezialisierung und Kooperation der Produktion, als Tendenz ab, daß die Wechselbeziehungen zwischen der Produktionsstruktur, der Warenstruktur des Ex- und Imports und der Regionalstruktur des Außenhandels nach einzelnen Ländern zunehmend enger werden. Vor allem in solchen Industriezweigen, die durch hohe Exportraten und eine weitgehende Spezialisierung und Kooperation der Produktion als Ausdruck der Integration gekennzeichnet sind (in der DDR gilt das zum Beispiel für den Schiffbau, den Landmaschinenbau und den Werkzeugmaschinenbau), werden mit Planentscheidungen über Investitionen und die Produktionsstruktur zugleich in starkem Maße Festlegungen über die langfristige Entwicklung des Ex- und Imports sowohl gegenüber den Integrationspartnern als auch mit Drittländern getroffen. In umgekehrter Richtung gilt das ebenso für die Anforderungen, die sich aus den Bedingungen des Außenhandels mit Drittländern an die konkrete Gestaltung der Produktionszusammenarbeit zwischen den RGW-Ländern ergeben.
Für die Koordinierung der lang- und mittelfristigen Volkswirtschaftspläne sowie die anderen Formen der internationalen Planungszusammenarbeit in der sozialistischen ökonomischen Integration ergeben sich daraus weitgehende Konsequenzen.
Entsprechend den in der kapitalistischen Weltwirtschaft herrschenden Bedingungen unterliegt die Planung der Außenwirtschaftsbeziehungen zu nichtsozialistischen Ländern besonderen Schwierigkeiten. Risiken und mögliche Abweichungen von der geplanten Entwicklung sind hier weitaus größer als bei den intrasystemaren ökonomischen Beziehungen zwischen den RGW-Ländern. Die Vertiefung der allgemeinen Krise des Kapitalismus und solche Erscheinungen wie die Währungskrise, Inflation und die zunehmende Ungleichmäßigkeit der Entwicklung zwischen den einzelnen kapitalistischen Ländern verschärfen diese Schwierigkeiten noch. Das bedeutet nicht, daß die Planung dieser Außenwirtschaftsbeziehungen zu nichtsozialistischen Ländern nicht möglich ist. Es erfordert jedoch, bei der Planung der Integrationsmaßnahmen der Spezifik dieser Beziehungen entsprechend Rechnung zu tragen. Daraus erwachsen u. a. spezielle Anforderungen an das Ausmaß der Reserven, die Anwendung von Toleranzen und die Sicherung einer ausreichenden Flexibilität bei der Planung der Außenwirtschaftsbeziehungen zu nichtsozialistischen Ländern.
Je stärker die Wirtschaftskraft der sozialistischen Länder sich entwickelt und je umfassender im Prozeß der Integration die Zusammenarbeit zwischen den RGW-Ländern in bezug auf die ökonomischen

Beziehungen mit nichtsozialistischen Ländern wird, desto höher wird auch die Qualität dieses Bestandteiles des Gesamtplanes der RGW-Länder sein.
Zugleich wird sich der Abschluß langfristiger Regierungsabkommen und kommerzieller Verträge zwischen sozialistischen und nichtsozialistischen Ländern über die wirtschaftliche und wissenschaftlich-technische Zusammenarbeit ebenfalls vorteilhaft auf die Stabilität dieser Beziehungen auswirken.

3. Von besonderer Bedeutung ist in diesem Zusammenhang die planmäßige Entwicklung der Außenwirtschaftsbeziehungen zwischen RGW-Ländern und Entwicklungsländern. Das Wesen der sozialistischen ökonomischen Integration besteht zwar in der zunehmenden Verflechtung zwischen den Volkswirtschaften der RGW-Länder und der schrittweisen Herausbildung internationaler Wirtschaftskomplexe im Rahmen der sozialistischen Staatengemeinschaft. Das bedeutet jedoch kein Streben nach Autarkie und keine Abkapselung von den übrigen Bereichen der Weltwirtschaft. Die sozialistische ökonomische Integration ist im Gegenteil darauf gerichtet, die Außenwirtschaftsbeziehungen zu nichtsozialistischen Ländern zu vertiefen und auszudehnen.
Bereits im Statut des RGW ist verankert, daß es sich um eine offene Organisation handelt, deren Mitglied auch andere Länder werden können, „die sich den Zielen und Prinzipien des Rates anschließen und ihr Einverständnis äußern, die im vorliegenden Statut enthaltenen Pflichten zu übernehmen".[1] Die im RGW zusammengeschlossenen Länder sind im Unterschied zur EWG nicht durch eine Zollmauer von den übrigen Ländern abgeschirmt, und die Ausweitung der wirtschaftlichen und wissenschaftlich-technischen Zusammenarbeit mit den Entwicklungsländern war von Beginn an eine wichtige Aufgabe der RGW-Länder. Das zeigt sich u. a. darin, daß der Außenhandelsumsatz der RGW-Länder mit den Ländern Asiens, Afrikas und Lateinamerikas von 1960 bis 1971 auf das 3,8fache stieg, daß mit Beteiligung der RGW-Länder in dieser Zeit rund 3 000 Objekte errichtet wurden bzw. sich noch im Bau befinden und daß in diesem Zusammenhang Kredite in Höhe von etwa 8 Mrd. Rubel zu günstigen Bedingungen bereitgestellt wurden. Dabei ist wesentlich, daß diese Objekte vor allem auf die Schaffung einer industriellen Basis von Schlüsselindustrien in den Entwicklungsländern gerichtet sind, daß alle errichteten Betriebe Nationaleigentum dieser Länder werden und daß es keinen Transfer von Gewinnen aus diesen Betrieben in die kreditgebenden sozialistischen Länder gibt.[2]

[1] Dokumente RGW, Berlin 1971, S. 147.
[2] Vgl. hierzu die Rede des sowj. Außenministers Gromyko auf der 6. Sondertagung der UNO-Vollversammlung, in: Neues Deutschland vom 13. 4. 1974, S. 6.

Mit dem Fortschreiten der sozialistischen ökonomischen Integration werden sich noch größere Möglichkeiten für die Entwicklungsländer ergeben, die Außenwirtschaftsbeziehungen mit den RGW-Ländern für die beschleunigte Entwicklung der eigenen Volkswirtschaft zu nutzen.

Die durch den Integrationsprozeß stimulierte wachsende ökonomische Stärke der sozialistischen Staatengemeinschaft erhöht die Kapazitäten zur Lieferung modernster Ausrüstungen und Anlagen, verbunden mit dem erforderlichen „know how" für die Industrialisierung der Entwicklungsländer. In gleichem Maße wächst die Aufnahmefähigkeit der Märkte der RGW-Länder für die Exporterzeugnisse der Entwicklungsländer. Der am 1. 1. 1974 bei der Internationalen Investitionsbank in Moskau neu geschaffene Fonds für die Gewährung von Krediten gegenüber Entwicklungsländern bedeutet eine neue Stufe in der multilateralen Zusammenarbeit der RGW-Länder bei der Errichtung von Großprojekten in Entwicklungsländern. Ebenso wird die Bildung eines speziellen Stipendienfonds für die Aus- und Weiterbildung von Hochschul- und Fachschulabsolventen dazu beitragen, in noch schnellerem Tempo die Heranbildung von Spezialisten für die Entwicklungsländer zu fördern. Das schließt die Ausbildung von Planungsspezialisten ein, welche die Erfahrungen der sozialistischen Planwirtschaft sowohl für den Aufbau der Volkswirtschaft in den einzelnen Ländern als auch für die Entwicklung von Integrationsprozessen zwischen Gruppen von Entwicklungsländern nutzen können.

4. Die Planmäßigkeit und die damit verbundene Stabilität bei der Verwirklichung der im Komplexprogramm enthaltenen Maßnahmen zur sozialistischen ökonomischen Integration sind eine gute Grundlage für die Vertiefung und weitere Ausdehnung der gegenseitig vorteilhaften Außenwirtschaftsbeziehungen zwischen den Entwicklungsländern und den RGW-Ländern.

   Ebenso wie die wirtschaftliche und wissenschaftlich-technische Zusammenarbeit zwischen den RGW-Ländern wird auch die Zusammenarbeit mit den Entwicklungsländern langfristig geplant. Das schafft die Möglichkeit, eine unmittelbare Verbindung mit den Plänen bzw. Programmen der Entwicklungsländer für die perspektivische Entwicklung ihrer Volkswirtschaft herbeizuführen und dabei die grundlegenden langfristigen Interessen und Bedürfnisse dieser Länder zu berücksichtigen.[3]

   Der Abschluß langfristiger Abkommen und Verträge zwischen den RGW-Ländern und Entwicklungsländern entspricht den Erfordernissen der Planmäßigkeit und Stabilität in den gegenseitigen Außenwirtschaftsbeziehungen. Dabei sind die langfristigen Volkswirtschafts-

[3] Vgl. ebenda.

pläne in den einzelnen RGW-Ländern sowie die Vereinbarungen im Rahmen der internationalen Planungszusammenarbeit ebenso wie die entsprechenden Pläne bzw. Programme in den Entwicklungsländern einerseits eine wesentliche Grundlage für derartige Abkommen und Verträge, andererseits wird damit die Stabilität und Konkretheit der Pläne selbst gefördert.
Die Planmäßigkeit bei der Verwirklichung der sozialistischen ökonomischen Integration wird sich vor allem für die Entwicklung des Außenhandels mit den Entwicklungsländern vorteilhaft auswirken. Die stabile und krisenfreie Entwicklung im Rahmen der sozialistischen Staatengemeinschaft ermöglicht es den Entwicklungsländern, die Export- und Importbeziehungen zu den sozialistischen Ländern ebenfalls langfristig zu planen und damit eine größere Stabilität beim Aufbau der eigenen Volkswirtschaft zu erreichen. Das gilt jedoch nicht nur für die Entwicklung der traditionellen Außenhandelsbeziehungen. Die zunehmende Rolle der wissenschaftlich-technischen Zusammenarbeit und der Kooperation auf dem Gebiet der Investitionen sowie der Produktion bei der wirtschaftlichen Zusammenarbeit zwischen den RGW-Ländern schafft auch günstige Voraussetzungen für die Zusammenarbeit mit Entwicklungsländern in diesen Formen bei der Verwirklichung der internationalen Arbeitsteilung. Dabei kann es sowohl um die planmäßige Zusammenarbeit bei der Gewinnung und Aufbereitung von Rohstoffen als auch um eine langfristig stabile Spezialisierung und Kooperation bei der Herstellung von Fertigerzeugnissen, insbesondere auf dem Gebiet des Maschinenbaus, gehen.
Auf der 6. Sondersitzung der UNO-Vollversammlung haben die Vertreter der RGW-Länder ihre Bereitschaft zur weiteren Unterstützung der Entwicklungsländer und zur Zusammenarbeit auf diesen Gebieten erklärt.

Dr. Gerhard Proft
Staatliche Plankommission der DDR

Zu institutionellen Aspekten der Planungstätigkeit im RGW

Die institutionellen Aspekte der sozialistischen ökonomischen Integration erfordern nicht nur von ihrem sozialökonomischen Gehalt her – der ja sozialistisch ist –, sondern auch von den Formen, in denen sie sich zeigen, ein völlig neues Herangehen an die Lösung der damit verbundenen Aufgaben.

In seinem hervorragenden Beitrag arbeitete Prof. Bogomolew (UdSSR) im Plenum der Konferenz die grundsätzlichen Unterschiede der Ziele, der gesellschaftspolitischen und institutionellen Aspekte zwischen der sozialistischen ökonomischen Integration der RGW-Länder und der Integration im Rahmen der EWG ganz klar heraus. Ich stimme diesen Ausführungen vollinhaltlich zu. Sehr deutlich werden die Unterschiede von Prof. Bogomolew auch in bezug auf die institutionellen Aspekte, insbesondere auf die volle Wahrung der Prinzipien der Gleichberechtigung und Souveränität durch die entsprechenden Institutionen herausgearbeitet. Dazu stellte er fest: „Die Integration der RGW-Länder schließt prinzipiell jegliche supranationale Hoheitsrechte des Rates aus, während die Integration innerhalb des EWG-Systems im Prinzip gerade eine Entwicklung in dieser Richtung vorsieht." Auch die Ausführungen von Prof. Bogomolew, daß die Hauptmethode in der Tätigkeit des RGW die Koordinierung der Volkswirtschaftspläne der Mitgliedsländer des RGW ist, wobei eine Koordinierung und Synchronisation der Interessen und Ziele der einzelnen Länder des Rates erfolgt, hat in diesem Zusammenhang größte Bedeutung.

Seit Gründung des Rates für Gegenseitige Wirtschaftshilfe, insbesondere nach Annahme des Komplexprogramms, haben die kommunistischen und Arbeiterparteien der RGW-Länder ihre führende Rolle auch bei der Herausarbeitung der institutionellen Aspekte der sozialistischen ökonomischen Integration voll wahrgenommen.

Dazu haben sie eine Vielzahl von Beschlüssen gefaßt und Empfehlungen angenommen, in denen die Regierungen der RGW-Staaten beauftragt wurden, neue und qualitativ höhere Formen der Leitung, Planung und ökonomischen Stimulierung der Integrationsprozesse durch die beteiligten Länder zu sichern.

Die Hauptverantwortung für die Realisierung der Aufgaben der sozialistischen ökonomischen Integration haben die Regierungen und ihre nachgeordneten Organe in den beteiligten Staaten des RGW. Die Tagung des Rates für Gegenseitige Wirtschaftshilfe, sein Exekutivkomitee, das Komitee für Planung, das Komitee für Wissenschaft und Technik stellen die entscheidenden Organe des RGW dar, in welchen die Mitgliedsländer auf gleichberechtigter Grundlage die bestehenden Aufgaben beraten und Beschlüsse zu ihrer Lösung fassen. Das im Auftrag der Mitgliedsländer arbeitende Sekretariat des RGW trägt ebenfalls eine große Verantwortung für die effektive Erfüllung der Aufgaben der sozialistischen ökonomischen Integration. Die Ständigen Kommissionen des RGW, die ständigen und zeitweiligen Arbeits- und Expertengruppen sowie die wissenschaftlichen Institute und andere Einrichtungen des Rates für Gegenseitige Wirtschaftshilfe haben spezifische Probleme der sozialistischen ökonomischen Integration zu lösen. Eine der neuen institutionellen Formen, die sich in den letzten Jahren herausgebildet haben und die bei der Realisierung der Aufgaben der sozialistischen ökonomischen Integration mitwirken, sind die internationalen Wirtschaftsorganisationen und Vereinigungen sowie in einigen Fällen gemeinsame Betriebe der beteiligten RGW-Länder.
Die Vielfalt der Organe, die an der Realisierung der Aufgaben der sozialistischen ökonomischen Integration im Rahmen der jeweiligen Mitgliedsländer als Organe des Rates für Gegenseitige Wirtschaftshilfe, als internationale Wirtschaftsorganisationen bzw. Vereinigungen oder auch als gemeinsame Betriebe arbeiten, stellt zwingend die Frage, wie es möglich ist, daß diese Vielzahl von Institutionen alle das gemeinsame Ziel, das mit der sozialistischen ökonomischen Integration angestrebt wird, vom Grundsätzlichen her übereinstimmend ansteuern. Diese Vielfalt von Institutionen und ihre einheitliche Ausrichtung auf das gemeinsame Ziel und ihr Herangehen bei der Lösung ist objektiv begründet, weil es sich in allen Fällen um Einrichtungen des jeweiligen sozialistischen Staates bzw. der Staatengemeinschaft handelt und alle von der gleichen objektiven Grundlage aus an die Leitung, Planung und ökonomische Stimulierung der sozialistischen ökonomischen Integrations-Prozesse herangehen. Die objektive Grundlage dieses Herangehens beruht in den einheitlichen sozialistischen Produktionsverhältnissen, der Gleichartigkeit der Herrschaft der Arbeiterklasse unter der Führung der kommunistischen und Arbeiterparteien der RGW-Länder und in dem Wirken der ökonomischen Gesetze des Sozialismus.
Auf der Grundlage des Sieges der sozialistischen Produktionsweise in allen Ländern des RGW wirken die ökonomischen Gesetze des Sozialismus im nationalen Maßstab und im internationalen Rahmen der sozialistischen Staatengemeinschaft des RGW.
Eine entscheidende gemeinsame Grundlage für die Lösung der bedeut-

samen Aufgaben der sozialistischen ökonomischen Integration durch die Mitgliedsländer des RGW besteht in der bewußten und planmäßigen Ausnutzung der Gesamtheit der ökonomischen Gesetze, auch im internationalen Maßstab. Aus diesem Grunde müssen die Maßnahmen des Komplexprogramms der sozialistischen ökonomischen Integration von den staatlichen und RGW-Organen durch die Leitung, Planung und Stimulierung dieser Prozesse so vorbereitet und durchgesetzt werden, daß die im Sozialismus objektiv vorhandene Möglichkeit der bewußten und planmäßigen Ausnutzung der ökonomischen Gesetze umfassende Praxis wird.

Die sozialistischen Länder des RGW gehen bei der Lösung dieser Aufgaben davon aus, daß die sozialistische ökonomische Integration nicht auf Kosten der Interessen einzelner Mitglieder erfolgen darf. Das setzt eine richtige Verbindung des gemeinsamen Interesses an der Vertiefung der internationalen sozialistischen Arbeitsteilung mit den nationalen Interessen der einzelnen Länder auf der Grundlage der Berücksichtigung der Unterschiede im Stand ihrer wirtschaftlichen Entwicklung und der konkreten Besonderheiten des sozialistischen Aufbaus voraus. Der Ministerpräsident der DDR, Horst Sindermann, stellte dazu fest: „Unser Prinzip des gemeinsamen Vorteils bedingt die Übereinstimmung der nationalen und internationalen Interessen. Die Gleichberechtigung jedes Landes in der Gemeinschaft, unabhängig von seiner Größe, Bevölkerungszahl und Wirtschaftskraft ist nicht denkbar ohne die Mitverantwortung für die gemeinsame sozialistische Sache."[1]

Die bewußte Ausnutzung der ökonomischen Gesetze im Zusammenhang mit der Realisierung des Komplexprogramms erfordert von allen damit befaßten staatlichen Institutionen in den RGW-Ländern, den RGW-Organen sowie von den bereits entstandenen oder noch entstehenden gemeinsamen Wirtschaftsorganisationen der RGW-Länder, eine ständige wissenschaftliche Analyse über die Wirkungsweise der ökonomischen Gesetze auch im Innern der RGW-Länder vorzunehmen. Von besonderem Interesse für die Durchsetzung der Planmäßigkeit der sozialistischen ökonomischen Integration ist in diesem Zusammenhang das ökonomische Gesetz der planmäßigen proportionalen Entwicklung der Volkswirtschaft und der sich darauf gründende Wirkungsmechanismus, dem die kommunistischen und Arbeiterparteien sowie Regierungen der RGW-Länder mit ihren Beschlüssen, Festlegungen und sonstigen Entscheidungen entsprechen. Dazu kann man auch das ganze Werk der Methoden und Regelungen rechnen, die den Planungsprozessen innerhalb der Volkswirtschaft unserer Länder zugrunde gelegt werden.

Die Allgemeingültigkeit der ökonomischen Gesetze des Sozialismus, die

[1] H. Sindermann, RGW-Länder stabilste und dynamischste Wirtschaftsregion, in: Neues Deutschland, Ausgabe B v. 11. 7. 1974, S. 3.

auf der gleichen sozialökonomischen Grundlage in allen Ländern des RGW wirken, bedingt, daß die Leitungs- und Planungssysteme in diesen Ländern in ihren wichtigsten Grundzügen übereinstimmen müssen. Daraus ergibt sich, daß eine Konzentration der Länder ausschließlich auf die zu lösenden äußeren Fragen nicht ausreichen würde, sondern auch die Probleme in Angriff genommen werden müssen, die Auswirkungen auf die Gestaltung der nationalen Systeme der Leitung und Planung haben.
Die zwischen den RGW-Ländern erforderliche Übereinstimmung in den Hauptfragen der Systemgestaltung ist einerseits Erfordernis und Ausdruck des Wirkens gleicher ökonomischer Gesetze innerhalb der Länder. Sie ist zugleich – unter dem Aspekt der fortschreitenden ökonomischen Verflechtung der Volkswirtschaften und der erforderlichen Durchsetzung der sozialistischen ökonomischen Integration der RGW-Länder als Gemeinschaft von wissenschaftlich-technisch hochentwickelten sozialistischen Staaten – auch Erfordernis und Ausdruck des Wirkens der ökonomischen Gesetze im RGW-Maßstab.
Das heißt, in den Grundsätzen übereinstimmende nationale Systeme der Leitung und Planung der Volkswirtschaft sind eine wichtige Entwicklungsbedingung für die sozialistische ökonomische Integration.
Die internationale planerische Zusammenarbeit muß dem zunehmend langfristigen Charakter der nationalen Planung der RGW-Länder entsprechen. Die auf dem XXIV. Parteitag der KPdSU und dem VIII. Parteitag der SED begründete Aufgabe, die Horizonte der Wirtschaftsplanung zu erweitern, gilt wie für die nationale Planung auch für die internationale Zusammenarbeit auf dem Gebiet der Planung. Gerade mit der Intensivierung der Zusammenarbeit auf prognostischem Gebiet wird die Notwendigkeit für die Erarbeitung langfristiger Pläne immer deutlicher.
Die Zusammenarbeit der RGW-Länder in der Planung überhaupt wird zunehmend darauf ausgerichtet, daß sie auch den vorbereitenden Planungsetappen (Prognose, langfristige Vorhaben, Einordnung von Auswahlgebieten in die Volkswirtschaft unter Sicherung der Proportionalität u. a.) angemessen ist. In diesem Zusammenhang unterliegt die internationale Zusammenarbeit in der Planung einem ähnlichen Entwicklungsprozeß wie die nationale Planung.
Entscheidend ist, daß auf Basis nationaler Vorstellungen und erster (hinsichtlich des gegebenen Planzeitraumes) internationaler Abstimmungen die für die jeweilige Volkswirtschaft entscheidenden Beziehungen international verbindlich koordiniert werden und danach Bestandteil des national zu bilanzierenden Planes werden müssen. Insofern gehen die Ergebnisse aller Formen der Zusammenarbeit auf dem Gebiet der Planung zwischen den RGW-Ländern als eine notwendige Vorbedingung in die jeweils folgende Planungsetappe ein. Die Stellung

der internationalen Koordinierung von längerfristigen Plänen zwischen Prognosezusammenarbeit und Fünfjahrplankoordinierung wird unter diesem Gesichtspunkt bei der weiteren Vervollkommnung der nationalen Planungssysteme Berücksichtigung finden.

Bei der Einordnung der internationalen Arbeiten auf dem Planungsgebiet in den nationalen Planungsprozeß ist wesentlich, daß die jeweiligen Ergebnisse auch der internationalen Zusammenarbeit den Verbindlichkeitsgrad haben, der für den stufenweisen Entscheidungsprozeß bei der Ausarbeitung der nationalen Pläne erforderlich ist. Das ist eine Voraussetzung für die vollständige Überleitung der Ergebnisse aus den jeweiligen Etappen der internationalen planerischen Zusammenarbeit in den einheitlichen Prozeß des Zusammenwirkens aller Ebenen bei der Aufgabenstellung der Pläne im Rahmen der jeweiligen Volkswirtschaft.

Die internationale Zusammenarbeit auf dem Gebiet der Planung ist – von seiten des einzelnen Landes gesehen – ein Prozeß zur inhaltlichen Sicherung und Fundierung bzw. Korrektur nationaler Vorstellungen für die weitere volkswirtschaftliche Entwicklung auf der Grundlage deren Einbeziehung in die internationale sozialistische Arbeitsteilung und Verflechtung mit den Volkswirtschaften der Sowjetunion und der anderen Mitgliedsländer. Dieses Ziel bestimmt den gesamten Planungsprozeß von der Prognose bis zur Durchführung der Jahresvolkswirtschaftspläne. Die Tendenz einer immer weitergehenden Annäherung zwischen innerer Planung und internationaler Planungszusammenarbeit im Rahmen eines einheitlichen Planungsprozesses bezieht sich deshalb auf alle Etappen der Planung.

Für die DDR geht es darum, daß sie „... ihren Beitrag dazu leistet, damit die sozialistischen Länder durch Vereinigung ihrer Kräfte schneller vorankommen, ihr ökonomisches Potential rasch stärken, dadurch dem Kampf um den Weltfrieden noch mehr Gewicht verleihen und in sozialer Hinsicht den Werktätigen in den kapitalistischen Ländern ein immer anziehenderes Beispiel geben ...“[2]

[2] G. Schürer, 25 Jahre DDR – gute Bilanz sozialistischer Planwirtschaft, Neues Deutschland, Ausgabe B, 31. Juli 1974, S. 3.

Dr. rer. oec. habil. Gerd Maurischat
ordentl. Professor für Politische Ökonomie des Kapitalismus an der Sektion Wirtschaftswissenschaften der Humboldt-Universität zu Berlin

Zum Problem der Regulierung in der westeuropäischen Integration

Kapitalismus und Sozialismus unterscheiden sich durch ihre gegensätzlichen gesellschaftlichen und wirtschaftlichen Strukturen grundsätzlich voneinander, dementsprechend auch die Integrationsprozesse, die in beiden Wirtschaftssystemen vonstatten gehen. Im Sozialismus erfolgt die Integration hauptsächlich über die bewußte Abstimmung der Teilnehmerländer, durch die Koordinierung der Pläne, in deren Ergebnis die Spezialisierung und Kooperation der Partnerländer sich vertiefen und gemeinsame Lösungen für wissenschaftlich-technische Schwerpunktaufgaben gefunden werden. Die Marktinstrumente sind Bestandteil der Plankoordinierung und entwickeln sich in dem Rahmen, der gemeinsam festgelegt wurde. Sie werden als Mittel zur Realisierung der fixierten Ziele ausgenutzt. Auf dem Wege der Spontaneität ist die sozialistische ökonomische Integration nicht zu verwirklichen. Das ergibt sich aus dem gesellschaftlichen Eigentum an Produktionsmitteln, das eine hohe Stufe der Bewußtheit in der Leitung aller gesellschaftlichen und ökonomischen Prozesse verlangt. Im Kapitalismus und demzufolge auch in der kapitalistischen Integration gibt es nur in begrenztem Rahmen eine wirksame Koordinierung der Ziele. Die Regulierung der ökonomischen Prozesse wird weitgehend dem „Spiel der Marktkräfte“ überlassen. Das resultiert aus dem Privateigentum an Produktionsmitteln, auf dessen Grundlage die kapitalistische Produktionsweise beruht. Die kapitalistische Wirtschaft besteht aus vielen Einzelkapitalen, von denen jedes einzelne bestimmte Absichten verfolgt. Aber die Ziele der Kapitalisten stimmen nur auf gewissen Gebieten miteinander überein und stehen sich in vielen Punkten konträr gegenüber.
Im Verlauf der Produktivkraftentwicklung, die das Kapital zwingt, die Vergesellschaftung der Produktion voranzutreiben, mit dem Aufkommen von Konzernen, die ganze Wirtschaftsimperien in sich vereinigen, mit der Zunahme der ökonomischen Funktionen des Staates und endlich mit dem Entstehen supranationaler Vereinigungen der kapitalistischen Länder hat die Rolle bewußter Regulierungsmaßnahmen bedeutend zugenommen. Immer bleibt diese Regulierung dabei aber *erstens*

eine Regulierung, die die Ziele von Wirtschaftssubjekten vereint, die durch das Privateigentum an Produktionsmitteln voneinander getrennt sind und daher neben gemeinsamen Zielen auch immer gegensätzliche haben. *Zweitens* richtet sich jede Maßnahme von kapitalistischen Gruppierungen, wie immer sie beschaffen sein mögen, gegen die Absichten und Pläne anderer Gruppen von Kapitalisten und ruft Widerstand und Abwehraktionen hervor. *Drittens* ist jede Form der kapitalistischen Regulierung gegen die Arbeiterklasse und andere Schichten der werktätigen Bevölkerung gerichtet, wodurch der Klassenkampf verschärft wird. Das Ergebnis ist, daß die Bewußtheit die spontanen Kräfte der kapitalistischen Gesellschaft immer nur teilweise und zeitweise zurückdrängen kann. Letzten Endes behält die Spontaneität die Oberhand.

Die Entwicklung der westeuropäischen Integration ist generell in den grundsätzlichen Zusammenhang von Spontaneität und Bewußtheit eingebettet, der für den Kapitalismus typisch ist. Die bewußte Regulierung durch die EG-Organe beschränkt sich hauptsächlich auf das Aufstellen allgemeiner Rahmenbedingungen für die beabsichtigte Verflechtung der nationalen Wirtschaften der beteiligten Länder. Die Programmierung von materiellen und finanziellen Prozessen ist nur auf einigen Teilgebieten entwickelt.

Die allgemeinen Rahmenbedingungen, die stufenweise verwirklicht werden, sehen in erster Linie das Freisetzen der Marktkräfte innerhalb des Integrationsgebildes, die „Liberalisierung" des Waren-, Kapital- und Arbeitskräftemarktes vor. Im gegenseitigen Handel der EG-Staaten wurden die Zollbarrieren abgeschafft, im Handel mit Drittländern wurde ein gemeinsamer Zolltarif eingeführt. Verschiedene nationale Beschränkungen des Imports von Kapital und Dienstleistungen wurden beseitigt. Eine freie Wanderung der Arbeitskräfte von einem Teilnehmerland in andere wurde durch die Aufhebung nationaler Begrenzungen ermöglicht. Durch diese Maßnahmen wurden die Voraussetzungen für die Verschmelzung der nationalen Märkte zu einem gemeinsamen Markt geschaffen, der nach außen durch eine Zollmauer abgeschirmt ist.

Die Kombination von „Marktliberalisierung" nach innen und Protektionismus nach außen bewirkte innerhalb der EG, aber auch gegenüber den Drittländern, eine Verschärfung der Konkurrenz. Gleichzeitig erhielten die großen Gesellschaften der weiterverarbeitenden Industrie (vor allem der Investitions- und Konsumtionsgüterindustrie) in der EG erweiterten Spielraum für den Absatz ihrer Waren und für Kapitaltransaktionen. Sie sind die hauptsächlichen Nutznießer der „Marktliberalisierung", die zwar innerhalb der EG eine Befreiung von nationalstaatlichen Begrenzungen bedeutete, aber nicht eine Befreiung der Wirtschaft vom Druck der großen Gesellschaften und ihrer Verbände.

Die Integration machte auch den Weg für eine höhere Stufe des Zusammenschlusses der Industriefirmen und damit der Monopolisierung frei, für einen Weg, der von den monopolistischen Großproduzenten auch eingeschlagen wurde, um dem verschärften Konkurrenzkampf auf dem EG-Markt zu begegnen. Das äußert sich in einem raschen Anwachsen der Zahl von kartellähnlichen Absprachen und Abkommen zwischen den Großfirmen der Teilnehmerländer der EG. Diese Absprachen und Abkommen reichen von solchen über Preise und Aufteilung des Absatzes, über Nutzung von Patenten und Lizenzen, über Spezialisierung und Kooperation bis zu solchen, die eine direkte Abstimmung der Produktions- sowie der Forschungs- und Entwicklungsprogramme vorsehen.
Schlußfolgert man aus dieser Entwicklung auf den Charakter der Regulierung durch die EG-Organe, so erhält man als Ergebnis, daß sich diese Regulierung gesetzmäßig den Kräften des Marktes unterordnet, indem sie ihnen erweiterten Spielraum für ihre Betätigung schafft. Unter den Bedingungen des Monopolkapitalismus aber heißt das nichts anderes als Unterordnung unter die Interessen der großen Gesellschaften, die kraft ihrer wissenschaftlich-technischen, ökonomischen und organisatorischen Überlegenheit imstande sind, die Marktkräfte zu ihrem Vorteil, d. h. zum Vorteil ihres Profits, zu nutzen. Diese Unterordnung zieht schwerwiegende sozialökonomische Folgen nach sich, aus denen sich wiederum ernsthafte Hindernisse für den Integrationsprozeß ergeben. Die verschärfte Konkurrenz auf der einen Seite und die wachsende Überlegenheit der Monopolfirmen auf der anderen Seite beschleunigten die Zentralisation des Kapitals und brachten für viele kleine und mittlere Unternehmer den Bankrott bzw. eine wachsende Abhängigkeit von den Großfirmen, den faktischen Verlust der ökonomischen Selbständigkeit. Der Bankrott kapitalistischer Firmen bedeutet auch für die dort beschäftigten Arbeiter und Angestellten zunehmende Existenzunsicherheit. Zehntausende von Landwirten Italiens und der BRD verloren ihre wirtschaftliche Existenz oder können sie nur durch zunehmende Verschuldung bei den Hypothekenbanken aufrechterhalten.
Der Ausgleichsmechanismus, den die EG-Organe eingeführt haben, um die Auswirkungen der verschärften Konkurrenz auf dem EG-Agrarmarkt abzufangen, wirkt nur unvollkommen. Er ist nicht imstande, die Nachteile auszugleichen, die sich aus der auf natürlichen Vorteilen beruhenden Überlegenheit der französischen Landwirtschaft für die Landwirtschaft anderer EG-Länder ergeben. Die Folgen der kapitalistischen Integration für die Landwirtschaft brachten den Integrationsprozeß wiederholt ins Stocken, weil die nationalen Regierungen gezwungen waren, zum Schutz ihrer Landwirtschaft Maßnahmen gegen den Import landwirtschaftlicher Erzeugnisse aus anderen EG-Ländern zu treffen.

Der EG-Agrarmarkt ist einer der hauptsächlichen Streitpunkte zwischen den Regierungen der Mitgliedsländer.
Gleichzeitig wirkt die Beschleunigung der Inflation, die in allen EG-Ländern festzustellen ist, immer stärker als Hemmnis des Integrationsprozesses. Es sei hier nur auf die Importrestriktionen verwiesen, die die italienische Regierung im Mai dieses Jahres beschloß, um eine weitere Zunahme der Labilitätserscheinungen der italienischen Wirtschaft zu vermeiden. Die Maßnahmen der italienischen Regierung waren die Reaktion auf den Importsog, den die hohen Preise in Italien auslösten und den die ausländischen Monopole ausnutzten, um ihren Absatz in Italien und damit ihre Profite zu erhöhen. Westliche Presseorgane stellten angesichts der Maßnahmen Italiens sogar den Fortbestand der EG in Zweifel.
Eine gewisse Bilanz über den Stand der westeuropäischen Integration zog die International Harald Tribune vom 1. 4. 1974. Sie schrieb: „Die europäische Gemeinschaft erleidet eine Niederlage nach der anderen ... Es gibt keine Regionalpolitik, keine festen Agrarpreise, widersprüchliche und von Konkurrenzdenken bestimmte Haltungen zu den Problemen der Ölversorgung, Unstimmigkeiten über eine globale Energiepolitik, einen Zusammenbruch der Währungsvereinbarungen und somit einen Rückschlag für die Wirtschaftsunion."
Die sozialökonomischen Folgen der Integration und die Hemmnisse des Integrationsprozesses beweisen, daß die kapitalistische Integration der sozialistischen ökonomischen Integration, die ohne antagonistische Widersprüche erfolgt und zur besseren Befriedigung der Bedürfnisse aller Schichten der Bevölkerung der Teilnehmerländer führt, ihrem ganzen Charakter nach unterlegen ist. Das heißt nicht, daß die sozialistische ökonomische Integration völlig reibungslos vonstatten geht. Schwierigkeiten ergeben sich z. B. bei der Angleichung der unterschiedlichen, in jedem Land historisch entstandenen Preis- und Finanzsysteme, aber diese Probleme sind nicht prinzipieller Art, widerspiegeln nicht Widersprüche, die aus der Eigentumsstruktur der Gesellschaft hervorgehen.
Eine andere Form der Ausnutzung von Marktinstrumenten ist in der supranationalen Regulierung ökonomischer Prozesse auf den wenigen, aber grundlegenden Gebieten anzutreffen, auf denen die EG-Organe eine Programmierung betreiben, die über die Rahmensetzung hinausgeht. Eine solche Regulierung, die in vielem den Methoden ähnelt, die im Innern von Kapitalvereinigungen wie Konzernen und Trusts angewandt werden, ist bekanntlich in der Montanindustrie und in der Atomindustrie anzutreffen.
Auf den Märkten für Kohle, Eisen und Stahl und für Atomrohstoffe wurden teilweise gemeinsame Preissysteme eingeführt, deren Einhaltung einer strengen Kontrolle unterworfen ist, die Lieferbedingungen wurden vereinheitlicht, und die Politik der privaten (und staatlichen)

Gesellschaften wird eng miteinander koordiniert. Direkte Programme existieren für Forschung, Investitionen und Produktion in der Atomindustrie, Prognosen, aus denen sich gezielte Maßnahmen der supranationalen Organe herleiten, zum Beispiel eine Lenkung der Kredite, bestehen für die Montanindustrien, in denen die EG-Organe auch die Lenkung der Investitionen zur Unterstützung rückständiger Sektoren, z. B. des Kohlebergbaus, übernommen haben. Die Ursachen für den starken Ausbau der supranationalen Regulierung auf diesen Gebieten liegen in der großen Bedeutung, die diese Zweige in der Industriestruktur Westeuropas besitzen, in dem hohen Grad der Konzentration von Produktion und Kapital, der hier anzutreffen ist, und in den schwierigen Bedingungen der Leitung von Industriezweigen, die eine komplizierte Technologie und außerordentlich lange Rückflußzeiten für Kapitalaufwendungen besitzen. Innerhalb dieser Form der Regulierung wird die Wirksamkeit bestimmter Marktinstrumente soweit wie möglich eingeschränkt, um die Konkurrenz innerhalb des Zweiges – zumindest die Konkurrenz mit traditionellen Mitteln – auszuschalten. Eine Konkurrenz mit dem Preis oder mit den Kredit- und Lieferbedingungen ist so gut wie nicht mehr möglich – es sei denn, Teilnehmer des supranationalen Kartells verstoßen bewußt gegen die geltenden Bestimmungen und nehmen die Sanktionen hierfür in Kauf. Die Regulierung der Produktion wird weitgehend durch die Abstimmung der Vorhaben und Pläne der Gesellschaften über supranationale Behörden vorgenommen. Auch das ist natürlich kein reibungsloser Prozeß, sondern die Teilnehmer am Kartell ringen im Rahmen dieser Regulierung erbittert um die Wahrung ihrer Vorteile, letzten Endes um den höchstmöglichen Anteil am Profit, und drängen auf die Veränderung der Kartellbedingungen, wenn die bestehenden nicht mehr ihren Interessen entsprechen. Die Konkurrenz der angeschlossenen Konzerne und Gesellschaften untereinander verlagert sich auf solche Gebiete wie Qualität der Produkte, Modernität der Produktionsanlagen, Vorlauf in der Forschung, Einführung neuer Produkte usw., auf Gebiete, die nicht der Kompetenz der supranationalen Behörden unterliegen. Falsch wäre es dabei, die Rolle dieser Behörden zu übertreiben. Sie sind Organe für die Verwirklichung der gemeinsamen Absichten der den supranationalen Gebilden angehörenden privaten und staatlichen nationalen Gesellschaften und Konzerne und haben nur in diesem Rahmen Vollmachten. Versuche, diese Vollmachten auszudehnen, stoßen auf den entschiedenen Widerstand der Konzerne und nationalen Regierungen.
Die Unterordnung der supranationalen Regulierung unter die Interessen des Privateigentums spiegelt sich im Innern der Nachfolgeorganisationen der Montanunion und der KURATOM auf andere Weise als durch Unterordnung unter die Marktkräfte wider. In den Beziehungen zu anderen Wirtschaftssektoren der EG und in den Beziehungen zur

Montan- und Atomindustrie anderer kapitalistischer Länder aber erweist sich die Regulierung der EG-Montan- und Atomindustrie als eine Regulierung unter anderen. Hier gilt sie als eine der bestehenden Konkurrenzstrategien, die anderen Strategien entgegengesetzt ist. Das zeigte sich besonders anschaulich in der Strukturkrise auf dem Primärenergiemarkt Ende der fünfziger Jahre, als die Programme für die Entwicklung des Steinkohlenbergbaus durch die Aktivitäten ausländischer Erdölkonzerne zunichte gemacht wurden. Eine langanhaltende Krise des Steinkohlenbergbaus, die Hunderttausenden von westeuropäischen Bergarbeitern Entlassung und Entwertung ihrer Berufserfahrung brachte, war die Folge. Auch diese Form der supranationalen Regulierung erweist sich außerstande, die Widersprüche einer Produktionsweise zu überwinden, die auf dem Privateigentum an Produktionsmitteln beruht. Dementsprechend ist auch sie keine Garantie für einen Integrationsprozeß, der ohne ernsthafte Störungen und Krisen verläuft.

Insgesamt ist die zuletzt geschilderte Art der supranationalen Regulierung, die nur in wenigen Sektoren anzutreffen ist, die höchste Form der Regulierung, die auf der Basis des Privateigentums an Produktionsmitteln möglich ist. Auch sie erhebt sich aber nur partiell – in Beziehung auf einen Teil der inneren Prozesse – über das dem Kapitalismus wesenseigene Verhältnis von Spontaneität und Bewußtsein. Alles in allem bleibt die kapitalistische ökonomische Integration der Spontaneität des Marktes verhaftet. Darin besteht ihr grundlegender Nachteil gegenüber der sozialistischen ökonomischen Integration, die sich als ein planmäßiger Prozeß der Verflechtung der Volkswirtschaften der Teilnehmerstaaten vollzieht.

Prof. Dr. Klaus Zoch
Technische Hochschule „Otto von Guericke“, Magdeburg

Tendenzen und Widersprüche der staatsmonopolistischen Regionalpolitik in den „Europäischen Gemeinschaften“*

Zu den Streitfragen, die seit einiger Zeit im Mittelpunkt der Auseinandersetzung zwischen den Mitgliedstaaten der „EG“ stehen, gehört u. a. die Regionalpolitik. Wir betrachten die Regionalpolitik als einen Bestandteil der staatsmonopolistischen Wirtschaftspolitik, die darauf gerichtet ist, territoriale Wirkungen der sich spontan durchsetzenden ökonomischen Gesetze des Kapitalismus im Nachhinein zu beeinflussen bzw. ihnen vorzubeugen, die die Profit- und Herrschaftsinteressen des Monopolkapitals gefährden. Dazu gehört auch der Versuch, „Wirtschaftsgebiete in ihrer Gesamtheit, d. h. als Komplex ihrer natürlichen und gesellschaftlichen Elemente, zu erfassen und einer systemkonformen – also von den Interessen der Monopolbourgeoisie ausgehenden – perspektivisch überlegten bzw. programmierten Entwicklung zuzuführen.“[1] Die Aktivierung produktiver Potenzen im Territorium zur Erhöhung der Profite und zur Stärkung der Konkurrenzfähigkeit der Monopole, aber auch zur Verbesserung der Positionen des Kapitalismus im ökonomischen Wettbewerb mit dem Sozialismus ist ebenfalls ein Ziel der Regionalpolitik. Dabei steht bisher die Bekämpfung „regionaler Unausgewogenheiten“ eindeutig im Vordergrund.
Unter kapitalistischen Bedingungen vollzieht sich die Standortverteilung der Produktion nach den Erfordernissen der Kapitalverwertung. Die kapitalistischen Privateigentümer legen Kapital, unter dem Zwang der Konkurrenz, dort an, wo die Produktion höchstmöglichen Profit verspricht. Je nach dem Gegenstand des Unternehmens üben die verschiedenen Standortfaktoren (Arbeitskräftesituation, Rohstoffvorkommen, Verkehrslage u. a.) einen spezifischen Einfluß auf die Verwertung des angelegten Kapitals aus. Eine besondere Rolle unter den Standortbedingungen spielt die Infrastruktur. Der anarchische Charakter der

* Im folgenden mit „EG“ bezeichnet.
[1] H. Kohl: Das Problem der Raumordnung in der staatsmonopolistischen Programmierung, in: Zur Analyse der Raumordnung im staatsmonopolistischen Kapitalismus (Wissenschaftliche Schriftenreihe der Humboldt-Universität), Berlin 1968, S. 9.

kapitalistischen Produktion schließt eine Anarchie in der Standortverteilung der Produktion ein. Deshalb ist die Standortverteilung der Produktion unter kapitalistischen Bedingungen unvermeidlich mit dem Auftreten räumlicher Disparitäten verbunden, die in der Entstehung industrieller Ballungszentren einerseits und in der Verwandlung bestimmter Regionen in Notstandsgebiete andererseits ihren Ausdruck findet. Sowohl die Inanspruchnahme gebietswirtschaftlicher Reserven in Agglomerationsgebieten als auch die ungenügende Entwicklung der Standortfaktoren in den Notstandsgebieten wirken wachstumshemmend und können zur Entstehung sozialer und politischer Konflikte führen. Die imperialistischen Staaten haben deshalb mit mehr oder weniger großem Erfolg versucht, durch regional-politische Maßnahmen jene „Unausgewogenheiten“ in der regionalen Entwicklung ihrer Volkswirtschaften zu beseitigen. Die Ausarbeitung regionaler Entwicklungsprogramme im Rahmen der staatsmonopolistischen Programmierung, eine stärker regionalpolitisch ausgerichtete staatliche Investitionstätigkeit zur Entwicklung der Infrastruktur in unterentwickelten Gebieten sowie der Einsatz auf den Profit wirkender ökonomischer Anreize sollen dazu beitragen, industrielle Ballungsgebiete zu entlasten und unterentwickelte Landesteile verstärkt zu industrialisieren.
Die Grenzen der Wirksamkeit der staatsmonopolistischen Regionalpolitik ergeben sich daraus, daß sie sich auf der Basis und im Rahmen der kapitalistischen Wirtschaft bewegt, d. h. das kapitalistische Privateigentum zur Grundlage hat. Regionalpolitische Entwicklungsprogramme sind daher primär durch die Profit- und Konkurrenzinteressen der mächtigsten Monopolgruppen bestimmt, die im Widerspruch zu den wirklichen gesamtgesellschaftlichen Erfordernissen stehen. Diese Orientierung der Regionalpolitik begrenzt naturgemäß den Umfang der durch den Staat eingesetzten finanziellen Mittel. Wie alle staatsmonopolistische Wirtschaftspolitik ist auch die Regionalpolitik Resultante konkurrierender monopolistischer Interessen, wobei die mächtigsten Monopolgruppen das in der staatlichen Politik zum Ausdruck kommende monopolistische Grundinteresse prägen. Das bedingt, daß privatmonopolistische Gruppeninteressen im Widerspruch zur staatlichen Politik stehen und sich in vom staatlichen Programm abweichenden Verhaltensweisen äußern können. Materielle Stimuli zur Durchsetzung regionalpolitischer Entwicklungsprogramme erweisen sich oft als ungenügend wirksam, weil den privaten Monopolen die staatliche „Inititialzündung“ unzureichend erscheint, um sie zu eigenen Kapitalanlagen zu veranlassen. Insgesamt gesehen hat die staatliche Regionalpolitik deshalb in keinem imperialistischen Land auch nur annähernd die ihr gestellten Aufgaben lösen können. Obwohl zum Beispiel in Süditalien staatlich gefördert (im Rahmen des sog. Vanoni Planes) eine Reihe von Industrialisierungsprojekten verwirklicht wurde, gelang es nicht, eine Um-

kehrung des auf die industriellen Ballungszentren im Norden gerichteten Kapitalstromes zu erreichen und die Anwanderung der aktiven Bevölkerung in die nördlichen Industriegebiete und in das Ausland aufzuhalten.
Die vorstehend getroffenen Feststellungen haben prinzipiell auch für die staatsmonopolistische Regionalpolitik auf der Ebene der „EG“ Gültigkeit. Einige besondere Aspekte sollen im folgenden etwas näher betrachtet werden.
Die Kommission der „EG“ führt neben den schon erwähnten Begründungen für eine staatsmonopolistische Regionalpolitik spezifische Gründe an, die mit der Verwirklichung und Entwicklung des „Gemeinsamen Marktes“ zusammenhängen:
1. Unmittelbare Folge der Öffnung der Grenzen für den Warenverkehr ist eine verstärkte Tendenz zur geographischen Konzentration. Unter den Bedingungen des verschärften Konkurrenzkampfes auf dem „Gemeinsamen Markt“ orientieren sich die kapitalistischen Unternehmen auf jene Standortbedingungen, die ihnen die günstigsten Konkurrenzpositionen und die höchstmögliche Kapitalverwertung sichern. Die Konzentration auf die schon industrialisierten Gebiete nimmt daher zu, die räumlichen Disparitäten entwickeln bzw. verschärfen sich im Rahmen der „EG“.
2. Im Zusammenhang mit der Entwicklung der „EG“ von der Zoll- zu einer Wirtschafts- und Währungsunion müssen die Mitgliedstaaten die sog. „gemeinsame Politik“ auf einer Reihe von Gebieten ausbauen und ihre Wirtschaftspolitik koordinieren; anders gesagt: sie müssen eine abgestimmte, koordinierte staatsmonopolistische Wirtschaftspolitik auf der Ebene der „EG“ entwickeln. Eine solche Politik würde aber durch das Vorhandensein ungleicher Regionalstrukturen ernsthaft behindert werden, da sie je nach den regionalen Gegebenheiten ungleiche Wirkungen zeigen würde.
In Verbindung mit der Erweiterung der „EG“ wurde die Regionalpolitik in den Auseinandersetzungen der Mitgliedstaaten um die Weiterentwicklung der „EG“ zur Wirtschafts- und Währungsunion zu einer Schlüsselfrage. Ausdruck war u. a. die Feststellung der Staats- und Regierungschefs auf der Pariser Gipfelkonferenz 1972, daß dem Ziel, strukturelle und regionale Unausgewogenheiten zu beseitigen, die die Verwirklichung der Wirtschafts- und Währungsunion beeinträchtigen könnten, „hoher Vorrang“ zuzumessen sei. Die so artikulierten *Gesamtinteressen* der Monopolbourgeoisie der in der „EG“ zusammengeschlossenen Länder stehen jedoch in ständigem Widerstreit mit spezifischen *Gruppeninteressen* der Monopolbourgeoisie einzelner Mitgliedstaaten, die vor allem in der Haltung der jeweiligen Regierungen zu konkreten Entscheidungen die Regionalpolitik betreffend zum Ausdruck kommen. Das spiegelt sich sowohl in den „Leitlinien für eine gemeinschaftliche

Regionalpolitik“ der EG-Kommission als auch in den Auseinandersetzungen im Ministerrat wider, die inzwischen mehr als 1 Jahr andauern. So soll die gemeinschaftliche Regionalpolitik gemäß den „Leitlinien“ lediglich als Ergänzung der Regionalpolitik der Mitgliedstaaten betrachtet werden. Dem liegt zugrunde, daß sich Frankreich prinzipiell einer übernationalen Wirtschaftsregulierung widersetzt, um die damit verbundenen Hegemonieansprüche der BRD in der „EG“ zu paralysieren. Der verstorbene französische Präsident Pompidou sprach sich 1972 in Paris gegen eine „gigantische Gemeinschaftsverwaltung“ aus, forderte die Einbeziehung der Gemeinschaftsmittel in die nationalen Programme und ließ für die Gemeinschaftsebene lediglich eine gegenseitige Abstimmung der Programme und eine nachträgliche Kontrolle der Durchführung gelten.[2] Es versteht sich, daß solcherart die Wirksamkeit einer gemeinschaftlichen Regionalpolitik von vornherein begrenzt wird.

Eine andere Ausdrucksform der Widersprüche auf dem Gebiet der Regionalpolitik sind die Auseinandersetzungen um den sog. Regionalfonds, der bis 31. 12. 1973 hätte gebildet werden sollen. Obwohl er aus „gemeinschaftlichen Einnahmen“ aufgebracht werden soll, versuchen jene Staaten, die die Hauptnutznießer sein würden (Italien, Großbritannien, Irland), den Fonds möglichst aufzustocken, während die anderen Länder (vor allem die BRD) an einem geringen Umfang des Fonds interessiert sind. In diesem Zusammenhang steht die Diskussion um das sog. Gießkannenprinzip, d. h. den verhältnismäßig breit gestreuten Einsatz von Fondsmitteln bzw. die stärkere Selektion zu fördernder Regionen zwecks Begrenzung des Fonds. In Verbindung mit dem Regionalfonds versuchen verschiedene Gruppen von Mitgliedstaaten die Praxis des Junktim anzuwenden, um bestimmte Interessen gegen andere Mitgliedstaaten durchzusetzen. Von der Bildung des Regionalfonds machen z. B. Großbritannien, Irland und Italien ihre Zustimmung zum Übergang zur 2. Stufe der Wirtschafts- und Währungsunion abhängig, während andererseits Vertreter der BRD, Dänemarks und der Niederlande Leistungen aus dem Regionalfonds daran binden wollen, daß die betreffenden Mitgliedstaaten sich an die gemeinschaftlichen Richtlinien der Wirtschafts- und Währungsunion halten.

Selbst wenn es gelingen sollte, in absehbarer Zeit in Form eines Kompromisses die akuten Widersprüche, die sich im Bereich der EG-Regionalpolitik konzentriert haben, zu überbrücken, wird es auf die Dauer doch zu keiner tiefgreifenden *planmäßigen* Umwälzung der Regionalstruktur der „EG“ kommen, solange sich die Entwicklung im Rahmen des kapitalistischen Wirtschafts- und Gesellschaftssystems vollzieht.

[2] Vgl. Archiv der Gegenwart, Bonn-Wien-Zürich, 42. Jg., Folge 43/1972, S. 17414.

Arbeitsgruppe J

Welthandel und intraregionaler Handel: Trend und Strukturwandel

Prof. Dr. sc. Rudolf Brauer
Forschungsinstitut beim Ministerium für Außenhandel

Progressive Veränderungen in der Warenstruktur des internationalen Handels der RGW-Länder

Seit etwas mehr als $2^1/_2$ Jahrzehnten entwickeln die sozialistischen Staaten, voran die im RGW zusammengeschlossenen Länder, untereinander internationale Wirtschaftsbeziehungen eines neuen Typs. Diese haben ihre Grundlage im gesellschaftlichen Eigentum an den Produktionsmitteln, im sozialistischen Wirtschaftssystem. Sie beruhen auf den Prinzipien der Freundschaft und gegenseitigen Hilfe, der Gleichberechtigung und Achtung der nationalen Unabhängigkeit, der Vereinigung nationaler und internationaler Interessen. Sie bewirken einen immer engeren Zusammenschluß, eine Annäherung und Vereinigung der Länder und Völker des sozialistischen Weltsystems.
In historisch kurzer Frist sind bei der Entwicklung der gegenseitigen internationalen Wirtschaftsbeziehungen dieses neuen Typs bedeutsame Ergebnisse und Wandlungen erzielt worden. Auf diesen aufbauend, wird die sozialistische ökonomische Integration entfaltet. Die Gemeinsamkeit der sozialökonomischen Ordnung bewirkt, daß die objektive Gesetzmäßigkeit der Internationalisierung der Produktion, daß die objektive Tendenz zur Vertiefung der internationalen Arbeitsteilung mehr und mehr in einer Weise verwirklicht wird, die nur dem Sozialismus eigen ist. So entwickeln sich das sozialistische Weltwirtschaftssystem und der sozialistische Weltmarkt. Das hat keinen geringen Einfluß auf das gesamte internationale Geschehen.
Aus diesen, wie auch aus anderen Gründen, entspricht es nicht der historischen Wirklichkeit, den internationalen Handel der sozialistischen Staaten untereinander als intraregionalen Handel zu klassifizieren. Daraus folgt auch, daß es sich beim Markt der RGW-Länder nicht um einen regionalen Markt handelt. Der internationale Handel der RGW-Länder untereinander ist vielmehr eine qualitativ neue Seite des allgemeinen Welthandels, die sich in progressiver Weise entwickelt.

– – – – –

Alles wird durch Vergleichen erkannt. Vergleichen wir, wie sich die objektiven Prozesse der Internationalisierung der Produktion, des

Wirtschaftslebens im internationalen Handel in Abhängigkeit von der sozialökonomischen Ordnung unterschiedlich widerspiegeln.
Karl Marx hat die für den kapitalistischen Weltwirtschaftsbereich heute noch typische internationale Arbeitsteilung bereits in seinem Hauptwerk „Das Kapital" mit der Feststellung charakterisiert: „Es wird eine neue, den Hauptsitzen des Maschinenbetriebs entsprechende internationale Teilung der Arbeit geschaffen, die einen Teil des Erdballs in vorzugsweise agrikoles Produktionsfeld für den andern als vorzugsweise industrielles Produktionsfeld umwandelt."[1]
Diese Arbeitsteilung, die die industriell zurückgebliebenen Länder zu Rohstoff-Anhängseln der Kolonialländer machte, fand auch ihren deutlichen Niederschlag im kapitalistischen Welthandel. J. Kuczynski führt dafür, gestützt auf Berechnungen von Maizels und Cairncross, in seinem Buch „Eine Weltübersicht über die Geschichte der Lage der Arbeiter" folgende aufschlußreiche Tabelle (Tabelle 1) an.[2]

Tabelle 1
Ausfuhr von Rohstoffen und industriellen Fertigwaren nach Warengruppen, 1899 bis 1959
(1913 = 100)

Jahr	Industrieländer*		Andere Länder
	Rohstoffe	Industrielle Fertigwaren	Rohstoffe
1899	71	56	62
1913	100	100	100
1929	111	138	144
1937	95	114	157
1950	106	143	132
1959	163	252	198**

* Belgien-Luxemburg, Frankreich, Deutschland bzw. Westdeutschland, Italien, Holland, Schweden, Schweiz, England, Kanada, USA, Japan.
** 1957

Die heutigen RGW-Länder haben dieses historische Erbe vorgefunden. Nur zwei der heute zum RGW gehörenden Länder (ČSSR und DDR) waren vor der Revolution entwickelte kapitalistische Länder, in denen die Industrie der Landwirtschaft voraus war. Die anderen sozialistischen Länder waren Agrar-Industriestaaten oder einfach Agrarländer. Die Mongolei befand sich sogar noch im vorkapitalistischen, feudalen Ent-

[1] K. Marx, Das Kapital, Band 1, in: MEW, Bd. 23, Berlin 1962, S. 475.
[2] J. Kuczynski, Die Geschichte der Lage der Arbeiter unter dem Kapitalismus, Bd. 37, Berlin 1967, S. 54.

wicklungsstadium. Gewaltige Unterschiede im Entwicklungsniveau, wesentliche Unterschiede in den konkret-historischen Bedingungen und Formen des Übergangs zum Sozialismus und die Asynchronität dieses Übergangs begleiteten die Schaffung der Grundlagen der sozialistischen Weltwirtschaft. Die brüderlich verbundenen Staaten errichteten ein System beständiger ökonomischer Beziehungen, die eine Ausnutzung der Vorzüge des Sozialismus im internationalen Maßstab ermöglichten. In den verflossenen 25 Jahren wurden dabei trotz aller Schwierigkeiten beachtliche Schritte gemacht, die ihren meßbaren Ausdruck in den Zahlen des internationalen Handels finden (vgl. Tabelle 2).

Tabelle 2

Makro-Warenstruktur des Exports der RGW-Länder, der Entwicklungsländer und der kapitalistischen Industrieländer[3]
(Anteile in Prozent)

Jahr	Rohstoffe SITC 0 bis 4			Halbfertig- und Fertigwaren SITC 5 bis 8		
	RGW	EL	KIL	RGW	EL	KIL
1955	43,8	86,8	34,7	53,9	12,8	63,6
1960	40,2	85,4	31,1	58,8	14,0	67,5
1965	35,0	81,9	27,8	63,1	17,5	70,2
1970	31,1	76,9	22,9	61,8	22,9	75,4
1971	31,0	78,0	21,2	62,0	20,9	76,0

Bei Wertung der für den RGW angegebenen Zahlen muß in Betracht gezogen werden, daß die Mehrzahl der RGW-Länder auf Grund des ungenügenden Grades der Eigenversorgung mit wichtigen Roh- und Brennstoffen den überwiegenden Teil ihres Importbedarfs an Roh- und Brennstoffen aus der UdSSR beziehen. Gegenwärtig decken die RGW-Länder 90 Prozent ihres Rohstoffbedarfs im RGW, darunter vor allem aus der UdSSR. Lieferungen aus der UdSSR decken fast vollständig den Importbedarf der RGW-Länder an Erdöl und Roheisen, zu 80 bis 90 Prozent an Eisenerz und Nutzholz und um mehr als die Hälfte an Walzgut, Mineraldünger, Baumwolle, Steinkohle und Manganerzen.
Die Zusammenarbeit der RGW-Länder bei der gemeinsamen Sicherung der Rohstoffversorgung, besonders aber die maßgebliche Rolle, die die UdSSR dabei spielt, sind ein wesentlicher Charakterzug des neuen Typs internationaler Wirtschaftsbeziehungen. Fidel Castro äußerte dazu: „Früher haben imperialistische Länder Kriege geführt, um sich ihre

[3] Prognose der Haupttendenzen der Entwicklung des internationalen Handels, Forschungsbericht des Forschungsinstituts des Ministeriums für Außenhandel der DDR, 1972, S. 41 und S. 48, u. a. Quellen.

Rohstoffe zu sichern. In der sozialistischen Staatengemeinschaft werden diese durch friedliche Zusammenarbeit gesichert."[4]

Die Tendenz zur Internationalisierung der Produktion äußert sich, wenn wir die Struktur des Welthandels in ihrer Entwicklung betrachten, in einer gesetzmäßigen Zunahme des Anteils von Maschinen, Ausrüstungen, Transportmitteln und anderen Fertigerzeugnissen und einem gesetzmäßigen Sinken des Anteils von Rohstoffen, Material und landwirtschaftlichen Produkten am Volumen des Welthandels. Wir haben bereits festgestellt, daß sich diese Tendenz im Kapitalismus unterschiedlich für die entwickelten und die weniger entwickelten Länder durchsetzt. Ihre volle Entfaltung kann diese Tendenz erst unter den Bedingungen der sozialistischen internationalen Arbeitsteilung finden.

J. Kuczynski hat in seinem bereits erwähnten Buch folgende Angaben über die Entwicklung des Anteils verschiedener industrieller Fertigwaren am Welthandel (= 100) gemacht.[5] Danach betrug der Anteil von Maschinen, Verkehrsmitteln und anderen Metallwaren am Welthandel

1899	18,8 Prozent[a])
1913	22,3 Prozent[a])
1929	29,7 Prozent[a])
1929	30,2 Prozent[b])
1937	33,0 Prozent[b])
1950	39,8 Prozent[b])
1959	45,5 Prozent[b])

a) 12 Hauptexportländer;
b) einschl. Niederlande

Die von den RGW-Ländern in der industriellen Entwicklung und bei der Gestaltung der sozialistischen internationaler Arbeitsteilung bisher erreichten Fortschritte treten besonders deutlich hervor, wenn man die Entwicklung dieser Tendenz in ihrem internationalen Handel verfolgt.

Maschinen, Ausrüstungen und Transportmittel bilden sowohl im Export als auch im Import die sich am dynamischsten entwickelnden Warengruppen des internationalen Handels der RGW-Länder.

Der Anteil der Maschinen, Ausrüstungen und Transportmittel stieg von 30,2 Prozent 1960 über 30,9 Prozent 1965 und 32,5 Prozent 1970 auf 34,5 Prozent 1972.

[4] F. Castro, Unsere Stärke liegt in der Einheit, Berlin 1973, S. 19.

[5] J. Kuczynski, Die Geschichte der Lage der Arbeiter unter dem Kapitalismus, Bd. 37, Berlin 1967, S. 53.

Im Import betragen die entsprechenden Anteile: 1960 26,2 Prozent, 1965 31,1 Prozent, 1970 35,1 Prozent und 1972 36,2 Prozent.[6]
Naturgemäß ist diese Tendenz im Intra-RGW-Handel noch deutlicher ausgeprägt. Auf dem Markt der RGW-Länder realisieren die RGW-Länder den Hauptanteil der von ihnen produzierten Industrieerzeugnisse. 1972 entfielen auf die RGW-Länder 77,2 Prozent ihres Gesamtexports an Maschinen, Ausrüstungen und Transportmitteln.
Im „Komplexprogramm für die weitere Vertiefung und Vervollkommnung der Zusammenarbeit und Entwicklung der sozialistischen ökonomischen Integration der Mitgliedsländer des RGW“ wird dazu festgestellt:
„Die Mitgliedsländer des RGW messen dem gegenseitigen Handel mit Maschinen und Ausrüstungen große Bedeutung bei und sehen in dieser Warengruppe den aktivsten und dynamischsten Sektor ihres Warenumsatzes. Die Mitgliedsländer des RGW werden auch künftig den gegenseitigen Handel mit Maschinen und Ausrüstungen erweitern und der Erhöhung des technischen Niveaus und der Qualität der zu liefernden Maschinen besondere Aufmerksamkeit schenken.“
In der Verfolgung dieser Linie wurden bereits in den vergangenen 2½ Jahrzehnten gute Erfolge erzielt. Der Anteil der Maschinen, Ausrüstungen und Transportmittel am Export der RGW-Länder auf den Markt der RGW-Länder stieg von 31,5 Prozent des Gesamtexports 1960 auf 39,7 Prozent im Jahre 1970 und 41,8 Prozent im Jahre 1972. Der Anteil des Imports der genannten Warengruppen am Gesamtimport aus RGW-Ländern stieg von 34,1 Prozent 1960 auf 42,1 Prozent 1970.
Wie die nachfolgenden Tabellen zeigen haben sich die ehemals industriell weniger entwickelten RGW-Länder in der Gemeinschaft des RGW in historisch kurzer Frist zu Maschinen-Export-Ländern entwikkelt. Vom Gesamtexport der VR Bulgarien, der Ungarischen Volksrepublik, der VR Polen entfallen 1972 bereits ein Drittel auf Maschinen, Ausrüstungen und Transportmittel. Der Anteil der Maschinen, Ausrüstungen und Transportmittel dieser Länder an ihrem Gesamtexport auf den Markt der RGW-Länder betrug 1972 bereits zwischen 40 und 50 Prozent (vgl. Tabelle 3).
Charakteristisch für die wachsende Konzentration und Spezialisierung der Produktion des Maschinenbaues im Maßstab des RGW ist das Wachsen der Anteile von Maschinen, Ausrüstungen und Transportmitteln am Import der RGW-Länder aus den RGW-Ländern, besonders bei solchen bereits im Kapitalismus industriell entwickelten Ländern wie der ČSSR und der DDR (vgl. Tabelle 4). So stieg der Anteil dieser Warengruppen am Gesamtimport der ČSSR aus RGW-Ländern von

[6] Strany-členy SEV. Statističeskij spravočnik, Moskva 1971, u. a. Quellen.

Tabelle 3

Anteil von Maschinen, Ausrüstungen und Transportmitteln am Gesamtexport (in Prozent vom Gesamtexport)[7])

Land	1955	1960	1965	1970	1972
VR Bulgarien	2,6	12,9	24,8	29,0	34,1
Ungarische Volksrepublik	29,8	38,6	33,2	32,6	33,5
DDR	–	49,0	49,8	51,7	51,3
VR Polen	13,1	28,3	34,8	38,5	39,1
SR Rumänien	–	16,7	18,8	22,8	24,9
UdSSR	17,5	20,7	20,0	21,5	23,6
ČSSR	–	45,7	49,1	50,4	49,4

Tabelle 4

Anteil von Maschinen, Ausrüstungen und Transportmitteln am Gesamtimport (in Prozent vom Gesamtimport)[8]

Land	1955	1960	1965	1970	1972
VR Bulgarien	51,4	43,9	43,7	40,6	45,8
Ungarische Volksrepublik	12,3	28,5	28,8	30,9	35,3
DDR	–	12,7	18,0	34,2	32,1
VR Polen	30,9	27,1	32,9	36,2	38,9
SR Rumänien	–	33,6	39,9	40,3	46,1
UdSSR	30,2	31,0	34,0	35,5	34,6
ČSSR	–	21,7	30,0	33,4	33,8

29,1 Prozent im Jahre 1960 auf 36,5 Prozent im Jahre 1972; für die DDR stieg der Anteil sogar von 11,9 Prozent im Jahre 1960 auf 38,6 Prozent im Jahre 1972. Diese Kennziffern sind bemerkenswert, wenn man in Betracht zieht, daß die mit dem Komplexprogramm eingeleiteten umfassenderen Maßnahmen der Kooperation und Spezialisierung erst in späteren Jahren ihren Niederschlag im internationalen Handel der RGW-Länder finden werden.

Die Wandlungen in der Export- und Import-Struktur der RGW-Länder widerspiegeln die großen Fortschritte bei der horizontalen und vertikalen Diversifizierung der Produktionsstruktur, besonders der ehemals industriell weniger entwickelten Länder. Die Schaffung moderner hoch-

[7] Sodruževstvo socialističeskoe. SEV: itologi i perspektivy. Moskva 1973 u. a. Quellen.

[8] Ebenda.

Tabelle 5

Anteil von Maschinen, Ausrüstungen und Transportmitteln am Export nach RGW-Ländern
(in Prozent vom Gesamtexport nach RGW-Ländern)[9]

Land	1960	1965	1970	1971	1972
VR Bulgarien	14,8	29,9	33,7	35,0	39,6
UVR	46,8	43,2	45,2	41,9	44,3
DDR	57,6	59,6	59,8	59,8	60,5
VR Polen	38,0	49,2	52,3	52,2	50,9
SR Rumänien	16,1	24,5	28,5	29,6	32,5
UdSSR	13,5	18,1	21,8	23,5	26,1
ČSSR	48,2	57,2	59,8	57,4	56,6

Tabelle 6

Anteil von Maschinen, Ausrüstungen und Transportmitteln am Import aus RGW-Ländern
(in Prozent vom Gesamtimport aus RGW-Ländern)[10]

Land	1960	1965	1970	1971	1972
VR Bulgarien	50,0	51,5	47,2	49,2	52,0
UVR	35,7	35,2	38,3	43,2	39,9
DDR	11,9	18,0	40,3	38,4	38,6
VR Polen	33,4	43,6	43,1	40,5	43,2
SR Rumänien	36,1	42,9	49,1	49,9	53,2
UdSSR	44,3	45,2	44,1	42,4	42,6
ČSSR	29,1	35,6	35,0	35,4	36,5

effektiver Strukturen der Volkswirtschaften der RGW-Länder, die sich auf diese Weise in der Außenhandelswarenstruktur ausdrückt, drückt auch aus, daß sich eine schrittweise Annäherung und Angleichung des ökonomischen Entwicklungsniveaus der RGW-Länder vollzieht. Dieser Angleichungsprozeß ist für alle RGW-Länder gleichermaßen von großer Bedeutung. Mit der Angleichung wird die vom Kapitalismus übernommene einseitige Entwicklung der Wirtschaft einzelner Länder allmählich überwunden. Damit entstehen immer bessere Voraussetzungen für die sozialistische internationale Arbeitsteilung und die sozialistische ökonomische Integration.

Die Erreichung eines höheren Niveaus der Produktivität der gesellschaftlichen Arbeit in den sozialistischen Ländern im Vergleich zu den kapitalistischen Ländern, als grundlegende Voraussetzung zur weiteren

[9] Ebenda.
[10] Ebenda.

Erhöhung des materiellen und kulturellen Lebensniveaus der Völker, ist organisch mit dem Prozeß der schrittweisen Annäherung und Angleichung des ökonomischen Entwicklungsniveaus der Mitgliedsländer des RGW verbunden.[11]
Diese Entwicklung ist auf die planmäßige Gestaltung eines optimalen Volkswirtschaftskomplexes jedes Mitgliedslandes des RGW gerichtet. Dieser beruht auf effektiven Außenwirtschaftsbeziehungen und der Entwicklung und Vertiefung der internationalen Spezialisierung und Kooperation der Produktion.
So wird im Sozialismus verwirklicht, wovon David Ricardo, seiner Zeit weit voraus, schrieb:
„Dieses Verfolgen des individuellen Vorteils (indem jedes Land sich solchen Produktionen zuwendet, die für es am vorteilhaftesten sind – R. B.) ist bewundernswert mit dem allgemeinen Wohle des Ganzen verbunden. Durch Ansporn des Fleißes und Belohnung der Erfindungsgabe sowie durch die bestmögliche Ausnutzung der von der Natur verliehenen besonderen Fähigkeiten wird die Arbeit äußerst wirksam und sparsam verteilt, während allgemeiner Nutzen durch die Vermehrung der allgemeinen Produktenmasse verbreitet und durch ein gemeinsames Band des Interesses und des Verkehrs die weltweite Gesellschaft der Nationen der zivilisierten Welt verbunden wird."[12]
Die Gemeinschaft der sozialistischen Staaten wird so zum „Vorbild einer künftigen weltweiten Gemeinschaft freier Völker".[13]

[11] Vgl. Komplexprogramm für die weitere Vertiefung und Vervollkommnung der Zusammenarbeit... Abschnitt 2, in: Dokumente RGW, Berlin 1971.
[12] David Ricardo, Über die Grundsätze der Politischen Ökonomie und der Besteuerung, Berlin 1959, S. 120.
[13] L. I. Breshnew, Rede auf dem XXIV. Parteitag der KPdSU, Berlin 1972, S. 20/21.

Prof. Dr. Horst Heininger
Institut für internationale Politik und Wirtschaft
Siegfried Wenger
Hochschule für Ökonomie „Bruno Leuschner“, Berlin-Karlshorst

Abgeschlossenheit oder Offenheit der Integration

1. In der Weltwirtschaft zeichnet sich in den letzten Jahrzehnten eine verstärkte Internationalisierung des Wirtschaftslebens ab. Sie bildet die objektive Grundlage für die Möglichkeit und Notwendigkeit einer Ausdehnung der internationalen Wirtschaftsbeziehungen, die den Prozeß der internationalen Entspannung fördert und eine materielle Grundlage der friedlichen Koexistenz darstellt.
   In diesem Prozeß der Internationalisierung des Wirtschaftslebens nimmt seit rund zwei Jahrzehnten die ökonomische Integration einen wichtigen Platz ein. Sie vollzieht sich in verschiedenen Formen und hat in Europa die Gestalt von zwei Integrationstypen, den Rat für Gegenseitige Wirtschaftshilfe und die Europäische Gemeinschaft, angenommen. Basieren beide Integrationstypen allgemein auf dem wachsenden Prozeß der Internationalisierung des Wirtschaftslebens, so sind sie gleichzeitig in ihren Zielsetzungen und in ihrem Inhalt sozialökonomisch unterschiedlich determiniert.
   Im Zusammenhang mit der hier zu behandelnden Problematik ist die Frage zu stellen, welche Folgen sich aus dem unterschiedlichen Charakter der ökonomischen Integration für die weitere Entwicklung der internationalen wirtschaftlichen Zusammenarbeit ergeben und welche Erfahrungen und Tatsachen bisher vorliegen, inwieweit die beiden genannten Integrationstypen offen sind für eine solche weitere Ausdehnung der internationalen ökonomischen Zusammenarbeit.
2. Die gegensätzlichen Charakterzüge und Wirkungen kapitalistischer und sozialistischer Integration sind bereits auf dem Gebiet des internationalen Handels klar erkennbar, wenn man den Integrationsmechanismus, besonders das System der internationalen handelspolitischen Maßnahmen und ihrer Effekte auf die Entwicklung des Handels mit dritten Ländern analysiert.
   Die EWG ist bekanntlich eine geschlossene Gruppierung kapitalistischer Staaten, die nicht nur an einer Reihe von Embargomaßnahmen der COCOM, an Importrestriktionen und anderen Handelsbeschränkungen festhält, sondern auch neue internationale staatsmonopoli-

stische Regulierungen in Kraft gesetzt hat, durch die die Handelspartner in dritten Ländern benachteiligt werden. Während im Handel mit Industrieerzeugnissen zwischen den EWG-Staaten keine mengenmäßigen Beschränkungen und Zollbelastungen mehr bestehen, sind – trotz Teilliberalisierung – immer noch gegenüber sozialistischen Staaten Lizenzsysteme und Kontingente in Kraft, werden Maßnahmen zur internationalen Verwaltung der Kontingente und zur Kontrolle der Liberalisierungslisten ergriffen. Die bisherige Praxis beweist, daß gestaffelte Zollbelastungen der EWG für Roh-, Halb- und Fertigwaren die Industriemonopole im EWG-Raum begünstigen und zugleich die Exporteure in dritten Ländern benachteiligen. So gibt es EWG-Zölle für den Import von Maschinen und Apparaten bis zu 14 Prozent, bei Motorrädern zu durchschnittlich 10,5 Prozent, Textilerzeugnissen von 10–18 Prozent, Konsumgütern von 12,5–16,5 Prozent und hohe Zölle für andere Industriewaren, bei denen die RGW-Länder gute Exportmöglichkeiten besitzen. Dadurch entstehen so starke Preisnachteile für RGW-Exporteure, daß in vielen Fällen eine Effektivität des Handels gefährdet oder ausgeschlossen wird. Diese Barrieren der EWG-Zölle schaffen für RGW-Exporteure nicht nur gegenüber EWG-Firmen ungünstige Konkurrenzbedingungen, sondern auch gegenüber großen Konzernen anderer kapitalistischer Staaten, die mit Hilfe ihrer Tochtergesellschaften, Montagewerke, speziellen Vertriebsorganisationen usw. die Zollmauern unterlaufen oder umgehen. Es sind daher Auswirkungen auf die Waren- und Territorialstruktur unvermeidlich. Insgesamt wird der Industriewarenhandel, das dynamische Element im Welthandel, im EWG-Extra-Handel wesentlich behindert.
Die protektionistische Agrarpolitik einzelner EWG-Länder mit Hilfe der Steuersysteme und anderer agrar- und finanzpolitischer Maßnahmen ist durch die mit der Bildung der EWG eingeführten Agrarmarktordnungen im internationalen Handel verstärkt wirksam geworden. Hier wirken Preisregulierungen durch Zölle, Abschöpfungen, quantitative Restriktionen zur Begrenzung des Agrarimports mit Subventionen aus dem EWG-Fonds für die Produktion, die Lagerung und teilweise Vernichtung von Überschußprodukten und für die Exportförderung zusammen. Zeitweilig werden bei Defiziterzeugnissen auch Exportkontrollen und -verbote der EWG als handelspolitische „Vergeltungsmaßnahmen" eingesetzt. Als Folge dieser Agrarmarktordnungen stieg der Selbstversorgungsgrad der EWG-Staaten und ist der Nahrungsmittelimport aus Drittländern langsamer als der INTRA-EWG-Handel gewachsen. Bei einigen Waren, zum Beispiel Molkereierzeugnissen, Zuckerwaren usw. ist der Drittlandimport sogar absolut gesunken.
Durch den Beitritt Großbritanniens, Dänemarks und Irlands zur

EWG sollen in den nächsten Jahren alle den EWG-Markt vom internationalen Handel abschließenden staatsmonopolistischen Außenhandelsregulierungen auf einem erweiterten Territorium wirksam werden.
Durch die Freihandelsabkommen mit den EFTA-Staaten und durch Präferenzabkommen auf dem Gebiet der Zölle, einige Agrarhandelsregulierungen mit verschiedenen westeuropäischen Staaten und Mittelmeerländern werden die territorialen Grenzen und die Abgeschlossenheit dieses Expansionsraumes für die EWG-Monopole gegenüber den anderen Handelspartnern erweitert bzw. verstärkt.
Diese qualitativen Merkmale des Systems der Abschließung der EWG wirkte sich zwangsläufig auf den Handel mit Drittländern aus. So ist der Gesamthandel der EWG der „Sechs“ im Zeitraum von 1958 bis 1972 zwar allgemein relativ rasch angewachsen, aber der Anteil des EWG-EXTRA-Handels ging beim Import von 71,4 auf 46,4 Prozent und beim Export von 69,9 auf 49,5 Prozent zurück. Auch der von den EWG-Staaten mit Drittländern getätigte Importanteil am kapitalistischen Weltimport, der 1958 noch 16,2 Prozent betrug, fiel bis 1972 auf 13,9 Prozent zurück, während der Exportanteil faktisch stagnierte.
Angesichts dieser Tatsache sind natürlich Behauptungen über eine „Stimulierung und Förderung des Welthandels durch die Integration in der EWG“ oder über eine „Integrationswirkung zur Herausbildung optimaler Handelsstrukturen“ nicht haltbar.
Unter dem Zwang, sich dem realen internationalen Kräfteverhältnis anzupassen und auch eigene Handelsinteressen gegenüber Drittländern zu wahren, entstehen zwischen den EWG-Staaten ständig neue Gegensätze in der Handelspolitik. Dies kommt vor allem in der Auseinandersetzung um die Übertragung weiterer Befugnisse an die EWG-Organe zum Ausdruck.
Im RGW-System gibt es demgegenüber keinerlei Maßnahmen zur Errichtung von gemeinsamen Zollschranken oder anderer paratarifärer oder nichttarifärer Handelsbarrieren gegenüber den Außenmärkten. Die einzelnen RGW-Länder setzen die Mittel ihres Außenhandelsmonopols auch im Handel mit nichtsozialistischen Staaten ohne jegliche Diskriminierung oder Benachteiligung einzelner Länder oder Ländergruppen zum Schutz vor störenden Auswirkungen der Wirtschafts- und Währungskrisen und anderen Gesetzmäßigkeiten des Kapitalismus ein, um die planmäßige Entwicklung des Handels mit dritten Ländern zu fördern bzw. zu sichern, wie das in ihren Handelsvereinbarungen festgelegt ist. Sie schließen möglichst langfristige Handelsabkommen und andere Formen der bilateralen Wirtschaftsabkommen ab und treten zugleich für die multilaterale Durchsetzung des Meistbegünstigungsprinzips ein.

Da das RGW-System keine Diskriminierungen und Benachteiligungen einzelner Handelspartner enthält, wird oft der Versuch gemacht, Hemmnisse aus der Gegenüberstellung von Bi- und Multilateralität der Handelsvereinbarungen zu konstruieren, „einseitige Bindungen und Nachteile im Ost-West-Handel durch die RGW-Integration“ für Handelspartner in nichtsozialistischen Staaten zu vermuten. Bilaterale und multilaterale Vereinbarungen schließen sich unseres Erachtens nicht aus, sondern ergänzen einander. Es kommt darauf an, daß ihr Inhalt den Prinzipien der Meistbegünstigung und Nichtdiskriminierung entspricht. Ausschlaggebend ist, daß es bei bilateralen Verhandlungen um konkrete Bedingungen und Verpflichtungen geht, zu denen die Handelsgeschäfte abgewickelt werden sollen, um die spezifischen strukturellen Bedingungen und Interessen zwischen den Handelspartnern voll auszuschöpfen. Multilaterale Abkommen und Vereinbarungen, die zum Beispiel für Regelungen zum gleichberechtigten und meistbegünstigten Handel und gesamteuropäischen Wirtschaftsverkehr im Zusammenhang mit der Konferenz für Sicherheit und Wirtschaftszusammenarbeit in Europa oder auch zwischen dem RGW und der EG abgeschlossen werden können, sollten diese bilateralen Handelsbeziehungen fördern.
Daß die Wirtschaftszusammenarbeit zwischen den RGW-Ländern nicht den Handel mit kapitalistischen Staaten Europas und Entwicklungsländern gehemmt, sondern dazu beigetragen hat, die Potenzen als Wirtschaftspartner zu erhöhen, zeigt nicht nur die rasche Entwicklung des Handelsvolumens, sondern auch der relativ hohe und im Vergleichszeitraum (1956–1960 zu 1972) angestiegene Anteil der nichtsozialistischen Staaten am Gesamthandel der RGW-Länder. So ist zum Beispiel der Anteil der nichtsozialistischen Länder am Gesamthandel der RGW-Staaten von 25 Prozent im Durchschnitt der Jahre 1956–1960 auf 33,2 Prozent im Jahre 1972 angewachsen.

3. Die Internationalisierung des Wirtschaftslebens verlangt heute entsprechend den Anforderungen und Möglichkeiten der wissenschaftlich-technischen Revolution, daß die Wirtschaftsbeziehungen nicht nur auf den Handel beschränkt bleiben, sondern zwischen allen Ländern auf die wissenschaftlich-technische und industrielle Zusammenarbeit ausgedehnt werden.
Wie stellen sich in dieser Hinsicht die sozialökonomisch unterschiedlich determinierten Integrationssysteme dar? Wie ist die Praxis der EWG und des RGW auf diesem Gebiet der internationalen Zusammenarbeit, wie „offen“ sind sie?
Die EWG verfolgt – neben der Begünstigung der Kapitalverflechtung zwischen den Monopolen – mit internationalen staatsmonopolistischen Einrichtungen gegenüber Entwicklungsländern eine Politik des kollektiven Neokolonialismus. Alle Wirtschaftsbeziehungen wer-

den den Machtinteressen des Monopolkapitals untergeordnet. Die Assoziierungspolitik der EWG gegenüber den Entwicklungsländern in den verschiedenen Formen – die in der ersten Phase quasi eine Zwangsassoziierung darstellte –, enthält ausgeprägte Elemente der Spaltung der Entwicklungsländer und stößt daher auf den Widerstand der fortschrittlichen Kräfte dieser Länder. Entgegen den Beschlüssen der UNCTAD versucht die EWG weiterhin, Gegenpräferenzen für Handelszugeständnisse zu fordern bzw. für die multinationalen Monopole oder großen Konzerne der EWG-Länder freien Zugang zu Rohstoffquellen, Kapitalanlagesphären u. a. Konzessionen zu erhalten. Mit der Assoziierungspolitik erweitert die EWG die ihr eigene Tendenz zur Spaltung des internationalen Marktes und der Diskriminierung sowohl einer Reihe von Entwicklungsländern als auch anderer Drittländer, besonders sozialistischer Staaten. Die an der internationalen Profitstrategie der großen EWG-Konzerne ausgerichteten Industrialisierungsmethoden in Entwicklungsländern suchen in erster Linie den Vorteil billiger Arbeitskräfte und die Inbesitznahme von Rohstoffquellen auszunutzen. Durch den Profittransfer beraubt sie die Entwicklungsländer wichtiger Akkumulationsquellen und deformiert die nationale ökonomische Entwicklung dieser Staaten. Die Verlagerung einzelner Teilbereiche, vor allem der innerzweiglichen Produktion großer Monopole oder auch die komplexe Verlagerung wenig profitabler Industrien der Leichtindustrie oder der starke Umweltschäden auslösenden Betriebe der extraktiven, der chemischen und anderen Industrie reproduzieren die Abhängigkeit und Ausbeutung der Entwicklungsländer auf höherer Ebene. Die EWG bietet in diesen Fragen der industriellen Entwicklung kein Konzept für die im Interesse der Entwicklungsländer geforderte Entwicklung einer neuen, gleichberechtigten internationalen Arbeitsteilung.

Auf dem Gebiet der technisch-wissenschaftlichen Zusammenarbeit und anderer Formen der Wirtschaftsbeziehungen mit RGW-Ländern sind die EWG-Organe und imperialistische Kreise der EWG bestrebt, die supranationalen Befugnisse auszudehnen. Nach Auffassung der EWG-Kommission sollen die bereits auf dem Gebiet des Handels störend wirkenden Maßnahmen der sogenannten „gemeinsamen Handelspolitik“ auch auf die technisch-wissenschaftliche und industrielle Zusammenarbeit ausgedehnt werden. Die Projekte der EWG, auf diesem Gebiet sogenannte „gemeinschaftliche Regelungen“, besonders zur Beschränkung der Laufzeit von Krediten, zur Einflußnahme auf Zinssätze und Kreditgarantien durchzusetzen, können nur Hemmnisse für die weitere Entwicklung der Wirtschaftszusammenarbeit bringen. Auch der Versuch, Kooperationsprojekte dem Gemeinschaftsinteresse der EWG unterzuordnen und andere supranationale

Regelungen stellen faktisch eine Ergänzung der protektionistischen Handelspolitik dar. Sie wirken genau so störend wie die gleichzeitig von imperialistischen Kreisen erhobenen Forderungen an sozialistische Staaten, das sozialistische Außenwirtschaftsmonopol „zu lockern" oder die „Eigentumsschranken aufzuheben". Die Monopole streben bei Kooperationsverträgen und gemeinsamen Betrieben in sozialistischen Staaten nicht nur die Verwertung ihrer „Kapitalanlagen" an, sondern wollen auch auf die Entwicklung der Produktionsprogramme, die Leitung der Betriebe usw. Einfluß nehmen.

Da der RGW seinem Charakter nach eine offene Organisation ist, die in keinem ihrer Tätigkeitsbereiche gegen die Interessen dritter Länder gerichtet ist, gibt es im institutionellen und ökonomischen Mechanismus des RGW auch in der wissenschaftlich-technischen und industriellen Zusammenarbeit keine Elemente der Abgeschlossenheit nach außen, der Unterordnung oder Ausbeutung. Im Komplexprogramm des RGW heißt es:

„Die Mitgliedsländer des RGW werden in Übereinstimmung mit ihrer Politik der friedlichen Koexistenz und im Interesse des sozialen Fortschritts sowie ausgehend davon, daß sich die internationale sozialistische Arbeitsteilung unter Berücksichtigung der weltweiten Arbeitsteilung vollzieht, die wirtschaftlichen und wissenschaftlich-technischen Verbindungen mit anderen Ländern unabhängig von deren gesellschaftlicher und staatlicher Ordnung auf der Grundlage der Prinzipien der Gleichberechtigung, des gegenseitigen Vorteils und der Achtung der Souveränität weiterentwickeln. Dabei werden sie der weiteren Ausdehnung des Handels, der wirtschaftlichen und wissenschaftlich-technischen Zusammenarbeit mit Entwicklungsländern besondere Beachtung schenken."[1] Die RGW-Länder unterstützen die Zielstellung der Entwicklungsländer, einen ihren Interessen entsprechenden Platz in der internationalen Arbeitsteilung einzunehmen, damit sie nicht mehr allein Rohstofflieferant der entwickelten kapitalistischen Staaten sind.

Die RGW-Länder helfen den Entwicklungsländern, die Schlüsselzweige der nationalen Wirtschaft möglichst komplex zu entwickeln. Fast 70 Prozent der von den RGW-Staaten gewährten Kredite, die zu günstigen Bedingungen vergeben werden, sind auf diese Aufgabe konzentriert, davon die Hälfte auf den Bau von Betrieben der Schwerindustrie. Die Internationale Investitionsbank des RGW sieht die Bildung eines „Sonderfonds für die Kreditierung von Maßnahmen

[1] Komplexprogramm über die weitere Vertiefung und Vervollkommnung der Zusammenarbeit und Entwicklung der sozialistischen ökonomischen Integration, der Mitgliedsländer des RGW, in: Dokumente RGW Abschnitt 1–3, Berlin 1971, S. 16.

zur wirtschaftlichen und technischen Unterstützung von Entwicklungsländern" vor. Etwa 3000 industrielle und andere Objekte wurden und werden mit Hilfe der RGW-Staaten in Entwicklungsländern errichtet. Großobjekte wie der Assuan-Wasserbaukomplex und das Hüttenwerk von Bhilai sind zu Symbolen der Zusammenarbeit geworden. Gleichzeitig richten die RGW-Staaten ihre Aufmerksamkeit auf die Ausbildung von Kadern. An den Hochschulen der sozialistischen Staaten studieren gegenwärtig rund 12 000 Studenten aus rund 100 Entwicklungsländern. Mit technischer Hilfe der sozialistischen Länder wurden in Entwicklungsländern mehr als 100 Lehranstalten und Ausbildungszentren errichtet.
Das wesentliche dieser wissenschaftlich-technischen und wirtschaftlichen Zusammenarbeit ist, daß der RGW im Unterschied zu den exklusiven kapitalistischen Gruppierungen wie der EWG eine gleichberechtigte internationale Arbeitsteilung entwickelt. Die besonders enge wirtschaftliche Zusammenarbeit der sozialistischen Staaten im RGW hat auch gegenüber den entwickelten kapitalistischen Ländern keinen Abschließungseffekt zur Folge. Die bisherigen Erfahrungen bei der Verwirklichung gemeinsamer industrieller Großprojekte und der Erschließung von Rohstoffvorkommen auf kooperativer Kompensationsbasis, vor allem in der UdSSR, zeugen davon, daß vielseitige Möglichkeiten bestehen, die internationale Zusammenarbeit in beiderseitigem Interesse auszudehnen. Diese Möglichkeiten sind bei weitem noch nicht ausgeschöpft. Sie erfordern die Suche nach neuen Formen der Vertiefung der beiderseitig vorteilhaften wissenschaftlich-technischen und wirtschaftlichen Zusammenarbeit auf der Basis bilateraler, langfristiger staatlicher Wirtschaftsabkommen. Durch multilaterale Formen der wirtschaftlichen Zusammenarbeit, wie sie von sozialistischen Staaten auf der Konferenz für europäische Sicherheit und Zusammenarbeit für gesamteuropäische Projekte vorgeschlagen wurden, eröffnen sich weitere Möglichkeiten in dieser Richtung. Dabei ist der Zusammenhang zur Entspannung, zum Abbau diskriminierender Hindernisse und zur Bereitschaft, nach neuen Formen der Zusammenarbeit zu suchen, unverkennbar. Von der Struktur und den Triebkräften her ist der RGW für eine solche Entwicklung durchaus offen.

4. Es ist von der Realität auszugehen, daß die sozialistische und kapitalistische Integration als ständige objektive Prozesse weitergehen und demzufolge die dem jeweiligen Wirtschaftssystem eigenen Gesetzmäßigkeiten und souveränen Rechte der einzelnen Staaten zur Gestaltung ihres Systems der Außenwirtschaftsbeziehungen in Rechnung gestellt werden müssen.
Unter Berücksichtigung dieser Tatsache sind Schritte zu unternehmen, bestehende künstliche Handelsbeschränkungen der EWG zu besei-

tigen und Vereinbarungen bi- und multilateraler Art zur Förderung des Handels und der Meistbegünstigung für die Stimulierung des gleichberechtigten Warenaustausches zum gegenseitigen Vorteil zu treffen. Die Erleichterungen für den Handelsverkehr erscheinen vor allem auch deshalb unabdingbar, weil letztlich alle Formen des Wirtschaftsverkehrs und der Wirtschaftszusammenarbeit die Realisierung über den Warenaustausch einschließen oder beeinflussen und keine zusätzlichen Störungen aus der Zirkulationssphäre gegeben sein dürfen.

Gleichberechtigung und gegenseitiger Vorteil müssen auch die Grundlage der umfassenden, wissenschaftlich-technischen und industriellen Zusammenarbeit sein. In dieser vertieften Zusammenarbeit müssen Langfristigkeit und Stabilität gewährleistet sein und muß der Komplexität der ökonomischen Beziehungen entsprochen werden. Für diese Erfordernisse können die Integrationen einen bestimmten Beitrag leisten, wenn sie nicht – wie in der EWG – der Zusammenarbeit institutionelle Hindernisse in den Weg legen, Lösungen im Rahmen der Gruppierung zum Schaden Dritter privilegieren und politischen und ökonomischen Druck ausüben.

In der wirtschaftlichen Zusammenarbeit mit den Entwicklungsländern geht es nicht schlechthin um die Gewährung von Krediten und die Errichtung neuer Anlagen, sondern um Fortschritte auf dem Wege neuer arbeitsteiliger Beziehungen, um die Festigung der wirtschaftlichen Selbständigkeit und die politische Unabhängigkeit dieser Länder.

FSC
www.fsc.org
MIX
Papier | Fördert gute Waldnutzung
FSC® C083411

Kolibri 360 GmbH
Ferdinand-Jühlke-Straße 7
99095 Erfurt, Deutschland
produktsicherheit@kolibri360.de